JN312882

新宗教とアイデンティティ

回心と癒しの宗教社会心理学

杉山幸子 著

新曜社

──父と母に──

はじめに

　宗教ほど人によって態度が分かれるものは少ないのではないかと思う。特定の宗教を信じている人もいれば，宗教全般を毛嫌いしたり，まったく無関心な人もいる。宗教を人間にとって大切なものと考える人もいれば，恐い，怪しげと感じる人もいるだろう。

　こうした態度の違いの背景には，そもそも「宗教」という言葉によってイメージするものが人によってかなり違うという事実がある。「それは宗教だ」とか「あんなものは宗教じゃない」といった言い方がよくされるが，実際のところ，多くの人は何を宗教とするかということについて，かなり曖昧なのではないだろうか。

　仏教，キリスト教，イスラム教などについては，たいていの人が宗教だと考えるだろうが，神道や儒教になると判然としない。新宗教はある意味で宗教のイメージを代表するものだが，「宗教ではない」と批判されることも多く，逆に，新宗教と思われている集団の人たちが「自分たちは宗教じゃない」と言うこともある。また，最近は書店で「精神世界」に関する本をよく目にするが，これは宗教なのか，そうでないのかという疑問を抱いたことのある人もいるだろう。

　このような状況には日本の歴史的事情が絡んでいるのはもちろんだが，実は世界的な情勢とも関連している。伊藤（2003）によると，

> 　先進諸国の宗教状況において，過去30年間に生じたもっとも大きな出来事のひとつは，一方で宗教とスピリチュアリティが，他方で宗教と宗教性が分化したことである。……重要な点は，現代社会のなかに「宗教」は嫌いだが「スピリチュアリティ」には興味をもつという人々が増加し，また「宗教」とは呼べないかもしれないが「宗教的なるもの」と考えられる団体やネットワーク領域が出現しはじめたことである。(p.153)

　つまり，制度的な宗教には疑問がある反面で霊的なものには関心が高い人が

世界的に増えているという流れがあり，日本でも特に若い人たちの間でこの傾向が強いように思われる。このような人たちの心性をとらえるためには，「宗教」とは別の言葉が必要になるだろう。

　一方，神社にお参りしたり，先祖供養や祈願をすることについてはどうだろうか。おそらく，これを宗教といわれると戸惑いを覚える人が少なくないだろう。しかし，スピリチュアリティは乏しいかもしれないが，これもまた広い意味で大切な宗教的行為である。こうした宗教的慣習は民間信仰や民俗宗教といったとらえ方がされ，きわめて「日本的」であると同時に，地域による違いも大きい。洗練された信念体系はなくても，それらはものごとに対して「ありがたい」と感じたり，畏れを覚えたりする感情と結びついており，人々に及ぼす影響は依然として根深いと思われる。

　このように，宗教は一人ひとりの価値観や体験，行動基準に深く関わると同時に，地域社会やその時代の情勢と密接に関連しており，その意味で社会心理学の格好の素材であるといえる。だが，これまでのところ，心理学や社会心理学において，宗教を対象とした研究は盛んとはいえない状況である。一部の人たちの間で研究が行われても，それらは点在しているだけで，なかなかひとつの研究領域として認められるには至っていない。

　本書は，私がこれまで新宗教を対象に行ってきた研究のささやかな成果をまとめるとともに，「宗教心理学」あるいは「宗教社会心理学」という分野の枠組みを呈示しようとするものである。8章から構成されるが，後半（5章以降）が前者，前半が後者の試みに相当する。時系列的には，大体後半が先に出来上がり，後から前半を書くという流れになった。つまり，社会心理学の立場から新宗教の研究を続けるなかで，関連文献を収集するのが困難だったり，自分と近い研究をしている人になかなか出会えないという状況に遭遇し，徐々に「宗教心理学」を求める気持ちが芽生えてきたのである。したがって，前半と後半では元になる論文を書いているときの私の態度がかなり異なっており，それらを1冊にまとめるにあたっては，両者をどのように統合するかが大きな悩みであった。後半の論文にかなり手を入れることでその問題を解消するように努めたが，充分に果たせたとはいえないのが残念である。

　さて，ここで私自身の宗教心と研究動機について簡単に述べておきたい。本文中（1章）で述べるように，宗教のように価値判断が伴う研究を行う場合は，研究者自身が自分の研究態度に敏感であるべきと考えるからである。

心理学の研究者で宗教を研究テーマに選ぶ人には宗教性の強い人が多いことが（少なくともアメリカでは）知られているが，私には特別の信仰はなく，「スピリチュアル」でもない。実家の宗派は真言宗だが，それは単なる形式のようなもので，実生活において宗教が大きな意味をもつことはなかった。むしろ，父がかなりの宗教嫌いなため，その影響を受けて，私自身も単純に宗教は過去の遺物だと信じていた。

　その信念が揺らいだのは高校生のときであり，詳しい経緯は分からないが，突然同級生の女子の間で教会に通ったり校内で聖書の勉強会をしたりする人たちが出てきたのである。人数は数人だったと思うが，たまたまその中に中学校から一緒だった人がいて，ある日帰宅途中のバスの中で聖書の話を聞かされた。話の内容からすると，彼女たちの通っていた教会はおそらくエホバの証人だったと思われるが，その時，友人だった人が自分にはまったく理解不能な言葉を話すのを耳にして，その自信に満ちた様子（と私には思われた）に強い違和感と反発心を感じたのを覚えている。その経験が卒業論文のテーマとして新宗教を選ぶことにつながり，結局，今に至っているのである。

　調査のためにいくつかの教団にお世話になり，信者の方たちと直に接するなかで，当初密かに抱いていた拒否感はなくなり，むしろ，人々の真摯で親密な態度に感銘を受けることが多かったが，私自身が主体的に信仰を求める気持ちは起こらなかった。したがって，内側から信仰を体験することはできないが，調査態度としては，部外者の目で，共感的に理解することを心がけた。信者の方たちには的はずれな，あるいは失礼な言動もあったかと思うが，報告書を提出すると，しばしば興味をもって読んでいただけたのが有り難かった。なお，調査を申し込む教団には何もコネがなかったので，断られたこともむろんあったが，ご協力いただいた教団で強引な勧誘を受けたりしたことは一切なかったことを記しておきたい。

　ところで，最近面白いことを知った。恥ずかしながら，本文を書いているときには読んでいなかったのだが，やや古い文献で，堀（1963）の『宗教・習俗の生活規制』というのがある。それに収められている同タイトルの論文は，福島県相馬地方の浄土真宗の農民たち（移民）と元から住んでいた真言宗，曹洞宗など真宗以外の農民たちとの比較を行ったものだが，そのなかに，後者は「菩提寺に関する結びつきは，葬式や年忌以外にははなはだ薄い。仏壇も貧弱であって，本尊である仏像や仏画を持たないものが多く，内部には多数の位牌

が安置してあって，仏壇というよりは位牌壇と称すべきほどのものである」（p.269）とあり，地域は違っても，真言宗である私の実家の様子はまさにその通りだったのである。とすると，その宗教的態度は単に個人的・家族的な宗教観からくるものでも，世俗化した時代の影響によるものでもなく，宗派の文脈による部分が大きかったのかもしれない。これは宗教や宗教学に詳しい人には当然のことかもしれないが，私にとっては新鮮な発見であった（なお，相馬地方の真宗以外の農民の間では民間信仰がひじょうに盛んであることが記されているが，私の地元ではそれはほとんど見られなかった。これが時代の変化によるものなのか，元々の地方による違いなのかは分からない）。

　このことは私に自分の無知を教えるだけでなく，個人の宗教性を理解するにあたって，さまざまなレベルの文脈を重視するのが大切だということに改めて気づかせてくれた。心理学は一般化・抽象化への志向が強い学問だが，宗教心理学は文脈に根ざした研究でなくてはならない。本書に収めた私自身の調査報告でもそのことは心がけたつもりだったが，まだまだ足りない点が多いといわざるをえないだろう。

　最近，日本心理学会第67回大会（2003年，東京大学）におけるワークショップ「実証的な宗教心理学的研究の展開 ── その歴史と現状」を機に，宗教心理学研究会が発足した。まだ活動は始まったばかりだが，発足後少しずつ人数を増やしており，宗教心理学に関心のある人が意外にたくさんいることが分かって，たいへん心強く感じている。

　本書が宗教に，あるいは宗教心理学に関心のある人に何らかの示唆を与えることができれば望外の幸せである。

目　次

はじめに　　　　　　　　　　　　　　　　　　　　　　　　　i

1章　心理学と宗教 ──────────────────── 1
- 1-1　2つの宗教心理学　　　　　　　　　　　　　1
- 1-2　宗教への心理学的アプローチ　　　　　　　5

2章　宗教心理学の歴史（Ⅰ）──西洋編 ────── 13
- 2-1　宗教心理学の盛衰　　　　　　　　　　　　13
  1. 宗教心理学前史　　　　　　　　　　　　13
  2. 初期宗教心理学　　　　　　　　　　　　15
  3. 宗教心理学の復興　　　　　　　　　　　19
- 2-2　その後の宗教心理学　　　　　　　　　　　21
  1. 宗教心理学の現状　　　　　　　　　　　21
  2. 宗教心理学の問題
     ──理論、方法、研究者について　　　22

3章　宗教心理学の歴史（Ⅱ）──日本編 ────── 29
- 3-1　近・現代の宗教事情　　　　　　　　　　　30
- 3-2　明治・大正期　　　　　　　　　　　　　　32
- 3-3　昭和初期　　　　　　　　　　　　　　　　37
- 3-4　戦後から現在まで　　　　　　　　　　　　41
  1. 宗教学的宗教心理学の変遷　　　　　　41
  2. 青年の宗教意識の研究　　　　　　　　43
  3. 宗教的態度の研究　　　　　　　　　　45
  4. 新宗教へのアプローチ　　　　　　　　49
  5. パーソナリティ心理学からの寄与　　　51

　　　　　　　　6．禅とシャーマニズム　　　　　　　53
　　3-5　結び——再び、方法について　　　　　　54

4章　回心の心理学 ———————————————— 57
　　4-1　回心研究の流れ　　　　　　　　　　　　57
　　4-2　初期宗教心理学　　　　　　　　　　　　59
　　　　　　1．スターバックとジェイムズ　　　　61
　　　　　　2．社会的視点の導入　　　　　　　　63
　　　　　　3．初期宗教心理学の功罪　　　　　　67
　　4-3　新宗教運動の社会学・社会心理学　　　　68
　　　　　　1．回心の社会的要因——対人的絆　　69
　　　　　　2．回心モチーフ　　　　　　　　　　72
　　　　　　3．回心体験から回心物語へ　　　　　74
　　　　　　4．回心研究における2つのパラダイム　78
　　4-4　日本の回心研究　　　　　　　　　　　　79

5章　宗教と癒し ———————————————————— 83
　　5-1　宗教と医学　　　　　　　　　　　　　　84
　　5-2　伝統的な宗教における癒し　　　　　　　86
　　　　　　1．キリスト教　　　　　　　　　　　86
　　　　　　2．仏教　　　　　　　　　　　　　　89
　　5-3　新宗教における癒し　　　　　　　　　　92
　　　　　　1．新宗教の精神医学的研究　　　　　92
　　　　　　2．癒しの3つのかたち　　　　　　　94
　　5-4　癒しとアイデンティティ　　　　　　　　98
　　　　　　1．癒しの変容　　　　　　　　　　　98
　　　　　　2．新宗教と心理セミナー　　　　　100

6章　信仰の現場 ——————————————————— 107
　　6-1　概要　　　　　　　　　　　　　　　　107
　　　　　　1．真光の歴史　　　　　　　　　　107

                2．世界観　　　　　　　　　　108
                3．手かざし　　　　　　　　　110
        6-2　お浄めの場　　　　　　　　　　　114
                1．初級研修会　　　　　　　　114
                2．「清浄化」の学習　　　　　116
                3．道場という場　　　　　　　121

7章　宗教的社会化とアイデンティティ ───── 125
    7-1　回心・宗教的社会化・生涯発達　　　125
    7-2　入信状況　　　　　　　　　　　　　129
            1．問題　　　　　　　　　　　　129
            2．調査の方法　　　　　　　　　130
            3．家族内の組み手の構成　　　　131
            4．入信動機　　　　　　　　　　133
    7-3　事例による検討　　　　　　　　　　134
            1．事例1──かよ　　　　　　　134
            2．事例2──ようこ　　　　　　137
            3．事例3──ゆか　　　　　　　138
    7-4　宗教性の多元性　　　　　　　　　　140
    7-5　宗教的社会化と発達　　　　　　　　144
            1．性・年齢・入信年数　　　　　144
            2．調査の概要　　　　　　　　　145
            3．宗教性の次元　　　　　　　　148
            4．二世の組み手の宗教的発達　　149
            5．一世の組み手の宗教的社会化　152

8章　民俗宗教と宗教性 ─────────── 157
    8-1　日本人の宗教性　　　　　　　　　　157
    8-2　日本におけるモルモン教　　　　　　160
    8-3　モルモン教への入信　　　　　　　　165
            1．調査の概要　　　　　　　　　165

　　　　　　　2．入信の状況　　　　　　　　　　　　　　166
　　8-4　民俗宗教とモルモン教のダイナミクス　　　169
　　　　　　　1．宗教性の構造　　　　　　　　　　　　　169
　　　　　　　2．宗教性の強さ　　　　　　　　　　　　　172
　　　　　　　3．民俗宗教性とモルモン信仰のダイナミクス　174
　　　　　　　4．一世・二世の宗教的社会化　　　　　　　175

あとがき　　　　　　　　　　　　　　　　　　　　　179
文献　　　　　　　　　　　　　　　　　　　　　　　183
人名索引　　　　　　　　　　　　　　　　　　　　　201
事項索引　　　　　　　　　　　　　　　　　　　　　206

装丁・本文挿絵　中原周作

1章 心理学と宗教

 1-1　2つの宗教心理学
 1-2　宗教への心理学的アプローチ

1-1　2つの宗教心理学

　「宗教心理学」という言葉は，ひとつの研究領域を表すものとして至極普通に聞こえる。おそらく，多くの人が「宗教について研究する心理学の一領域」であると考えるだろうし，それは間違いではない。しかし，日本における宗教心理学の状況を眺めてみると，そう単純にいいきることもできないのである。
　以前から指摘されているように，実は宗教心理学には2つのタイプのものが存在する。松本（1979）はそれを「宗教心理学」（心理学的宗教心理学）と「宗教心理学」（宗教学的宗教心理学）であるという。これは今田（1947）のいう「心理学者の宗教心理学」と「宗教学者の宗教心理学」に相当し，要するに宗教心理学が心理学者と宗教学者の共通の研究領域であり，両者のアプローチが併存しているという事情を指す。このような状況は特に珍しいものではなく，たとえば社会心理学（社会学的社会心理学と心理学的社会心理学）についても当てはまるだろう。そして，こうした場合，2つのアプローチにはしばしば微妙な，もしくはかなり大きな違いが存在する。宗教心理学に関しては，宗教学者による宗教心理学は宗教そのものの理解を目指すのに対し，心理学者の宗教心理学は宗教を人間心理のひとつの特殊な形態と見なし，人間心理一般のなかに還元する傾向がある（そのため，宗教理解という点では不十分である）といわれる。こうした基本的な研究関心の違いのためか，両者の交流は活発とは言い難いまま今日に至っている。
　ところが，交流が不活発なだけでなく，そもそも宗教心理学はどちらの分野においても盛況とはいえない状況にある。というのも，まず，宗教心理学は心

理学の世界において下位領域として認知されているとはいえ，心理学的宗教心理学といっても，その実体はきわめて曖昧なのである。たしかに，研究の歴史は決して浅くなく，数は多くないが宗教の研究を行っている心理学者は現在もいる。しかし，そうした人々の研究が「宗教心理学」という名称で括られてはいないのが現在の心理学の実状である。つまり，たとえば「大学生の宗教的態度に関する社会心理学的研究」や「禅瞑想の生理心理学的研究」は，それぞれ社会心理学や生理心理学の研究として認められはしても，ともに「宗教」という対象にアプローチしているという意味で同じカテゴリーに入る研究だとは受け止められない。したがって，それらの研究成果が「宗教心理学」の名の下に積み重ねられることもないのである。

このような状況の原因のひとつに，研究領域の特性そのものを指摘することができる。つまり，宗教研究には社会心理学，パーソナリティ心理学，臨床心理学，生理心理学などのさまざまな角度からのアプローチが含まれうる。この多様さの故に，それらを統合する枠組みを確立するのは困難であり，そのため，各研究はそれぞれのアプローチの下に留まっているのかもしれない。しかし，これは多くの応用分野についていえることであり，だからといってそれらが必ずしもひとつの研究領域として認知されないわけではない。

これに対して，研究者の側に存在する原因もある。すなわち，心理学者のなかには宗教が心理学の研究テーマにふさわしくないと考えている人が少なからず存在するが，そうした人々は「宗教心理学」を心理学の一部にふさわしいものとは考えないだろう。おそらく，そこには宗教学者による宗教心理学の存在も関係していると思われる。宗教学者の松本（1979）によれば，宗教学的宗教心理学も心理学的宗教心理学も「いずれも実証的研究という共通の基盤に立ち，心理学的な観点や方法や洞察を広く援用しつつ，宗教現象という複雑多様な対象にアプローチする学問である」（p.3）というが，心理学者である今田（1947）は宗教学者の宗教心理学には「時々概念的となる傾向がある」（p.1）と指摘する。研究の価値とはまったく別の問題だが，現代の科学的心理学のパラダイムとは相容れない宗教心理学的研究の存在が，もともと宗教に対して一種の「偏見」がある心理学者の宗教心理学に対するイメージを歪めているのかもしれない。

しかし，最も大きな理由は，宗教を研究する心理学者自身のなかにあるといえるだろう。初めに指摘したように，心理学者の宗教心理学は人間心理を理解

するひとつの機会として宗教を扱い，宗教そのものを重視しない傾向がある。そうした研究態度が宗教を研究する研究者自身に「宗教心理学」への帰属をためらわせ，結果として，研究領域としてのアイデンティティの確立を阻んでいるものと思われる。歴史的に見て，この背景には宗教心理学と心理学（特に社会心理学）との相克があると考えられるが，これについては第3章で検討する。

一方，宗教学のほうに目をやると，宗教学のテキストはもちろん，心理学や社会心理学のテキストにおいても，宗教心理学に関する記述の多くが宗教学や宗教社会学の研究者によってなされてきたという事実からいって（たとえば，対馬，1987），心理学分野よりはるかに充実しているように思われる。しかし，宗教学者の手による宗教心理学のまとまった著作は最近ではまったく出ておらず[1]，松本（1979）が指摘したときのままに，宗教心理学は「（宗教研究の）他の領域と比べると業績がきわめて少ないのが実状といっていい」（p.182；括弧内は筆者）状況である。

宗教学的宗教心理学の大きな特徴としては，1960年代から現在に至るまで多くの研究を輩出してきた，アメリカを中心とする近年の宗教心理学にほとんど関心を払っていないということがある。たとえば，高田（1989）は次のように述べる。

> 「宗教学」や「宗教社会学」の問題としては，19世紀末から20世紀初頭の草創期の頃の状況が基本的には現在まで存在し続けているといえよう。むしろ，現在のほうが，経験科学としての心理学の内部の分化が進み，議論がより精緻になった分だけ，また，科学的世界観がより自明なものになった分だけ，総合的・全体的視野が見えにくく，一面的になってしまったともいえるのである。（p.122）

そして，彼が議論のなかで取り上げるのがジェイムズ（W. James）やスターバック（E.D. Starbuck）による約1世紀前の宗教心理学と，フロイト（S.

---

[1] 最近，久しぶりに『宗教心理の探求』（島薗・西平，2001）という意欲的な書物が出たが，これは研究成果をまとめたものというより，さまざまな角度から宗教心理の研究に対して問題を提起したものである。

Freud），ユング（C.G. Jung）である。その少し後で，久保田（1992）はユングとマズロー（A. Maslow）に基づいて，宗教と自己実現について論じている。

それより以前に著された松本（1979）の『宗教心理学』は「宗教心理学」を冠した現時点で最後の書物だが，19世紀末以降の宗教心理学の歴史を概観した上で，近年の社会心理学的研究にも目配りしている。しかし，それが及ぶのは50年代までである。彼は人間の発達段階を幼少期，青年期，成人期に分けて，各段階における宗教心理について広範な心理学的・宗教心理学的知識に基づいて論じており，そこでは特にフロイト，ユング，エリクソン（E. Erikson），ジェイムズ，オルポート（G.W. Allport）らが重視されている。

このように，宗教学的宗教心理学において，今日の欧米の宗教心理学プロパーによる研究が影響を与えている痕跡を探すのはきわめて困難である。最近，渡辺（1995）は宗教心理学の歴史を概観するなかで，60年代以降はむしろ「代替宗教としての心理学」，「心理学と宗教との融合」という心理学そのものの相対化，流動化に注目している。こうしたことからも，現在の欧米の宗教心理学が宗教学者にとって魅力を感じさせるものでないことが窺われる。ただし，渡辺は今後の宗教心理学的研究の展望として，意識調査などの形による社会心理学的な研究にも言及している。

現在のアメリカ中心の宗教心理学が宗教学に立脚する学者にとって魅力に乏しい理由としては，広範なデータ収集と統計的分析が行われながら，それが理論化へと向かっていないということが指摘できよう。アーガイルとベイト‐ハラーミ（Argyle and Beit-Hallahmi, 1975）は宗教心理学の問題点として，事実の記述にとどまって体系的な理論をもたないということを指摘するが，このことがどちらかというと概念化への志向が強い宗教学の研究者にとっては物足りなく映っているのではないだろうか。また，そもそも統計的手法によって宗教心理を探求するということに対して，基本的な不信感が存在するようにも思われる。理論の問題については次章で，統計的手法については3章において改めて取り上げてみたい。

さらに，日本の心理学分野での宗教心理学が不活発であることの責任も見逃せない。上記のような研究は，松本の言い方でいえば宗教心理学，あるいは宗教社会心理学である。したがって，心理学の研究に積極的に取り入れられてもよいはずだが，実際にはそうした例は少ない。このため，国内のルートで宗教

学に影響を及ぼすには至っていない。

1-2　宗教への心理学的アプローチ

　研究上の関心から何らかの対象に接近しようとするとき，われわれはともすると1対1の，しかも研究者から研究対象へ向かう一方向的な関係をイメージしてしまいがちである。しかし，研究は研究を試みる者と対象となる人々との相互作用から生まれるし，対象者からみれば，ある研究上の立場はその他の多くの立場のなかのひとつに過ぎない。また，対象者から当の学問への積極的なアプローチも行われうる。ここでは，両者の関係を相対的にとらえることによって，宗教心理学の問題と今後の課題について考えてみたい。

　まず，基本的な事実として，心理学は宗教と取り組む多くの学問のなかのひとつである。むろん，心理学の他の領域についても，それが当該対象を研究するいくつかのアプローチのひとつであるという事情は共通している。おそらく，医学や社会学との共存は多くの研究テーマで認められるだろう。しかし，宗教の場合は関わり合う分野が際立って多い。宗教学はもちろんのこと，神学，歴史，哲学，現象学，文化人類学，民俗学，社会学，精神医学がその主なものである。しかも，宗教を研究対象とする分野のほとんどは，それぞれの学問の下位領域であると同時に「宗教〇〇学」という形で宗教学のなかに位置づけられる。つまり，宗教を研究する学問は単に種類が豊富だというだけでなく，全体が広い意味でひとつの学問であると考えられるのである。

　ここで，本筋からやや離れるが，宗教学の成立の事情について簡単に眺めてみよう（薗田，1989；井上・月本・星野，1996を参照）。「宗教学[1]」という学問は1870年頃にドイツ系のイギリス人学者マックス・ミュラー（Max Müller）によって提唱された。宗教を研究する学問としては，それ以前からキリスト教，イスラム教，仏教などさまざまな宗教の神学，宗学が存在していたが，それらの学問が特定の宗教についての学であるのに対して，宗教学の特質は，特定の宗教的立場を離れてさまざまな宗教的現象を客観的かつ体系的に眺めることにある。

　1）　ミュラーはドイツ語の Religionswissenschaft を訳して science of religion といった。ただし，英語の学名としては comparative religion あるいは history of religions が一般的である。

宗教学の下位領域をどのように設けるかは，宗教学という学問の範囲をどうとらえるかによって変化し，最も広いとらえ方によれば，規範的・主観的方法による宗教研究である神学，宗教哲学，宗教史もその一部に含まれる。しかし，一般的なのは記述的・客観的な方法論をもつ諸領域を中心とするとらえ方であり，そこには宗教心理学，宗教社会学，宗教民族学（人類学），宗教民俗学，宗教現象学などが位置づけられる。宗教心理学は，姉崎正治が1905年に東京帝国大学に宗教学の講座を開設した際の構想にも含まれていたといい，宗教学の諸領域のなかでも重要なポジションを占めている。

　前述のように，実際には宗教心理学は心理学に位置づけられるものと宗教学に位置づけられるものが併存するかたちになっている。しかし，これはあくまで研究者サイドの世俗的な事情による棲み分けであり，個々の研究をとってみればその違いは連続的なものである。すなわち，極端に心理学主義的なものから現象学的なアプローチのものまでさまざまなタイプの研究が存在し，そこには研究者の問題意識，研究の視点，研究対象の取り扱い方，資料（データ）のまとめ方など多くの問題が絡んでいる。

　心理学者の行う宗教研究を眺めてみると，そこにはむろん，さまざまなタイプのものが含まれる。そして，宗教心理学という領域の発展についていえば，やはり心理学志向と宗教学志向の2つの方向が考えられよう。すなわち，心理学の一部としてのあり方を重視し，その枠組みのなかで多くの実りを生み出す方向と，宗教研究であるという点に重きをおき，宗教学の諸領域とも積極的な交流を図る方向である。

　宗教心理学が発展するためには，むろん前者の方向性が不可欠である。宗教研究が心理学や社会心理学の豊かな土壌であることが証明されなければ，研究の絶対数の増加は見込めない。しかし，同時に後者の方向への進展も欠くことができないだろう。そのためには従来指摘されてきたような「宗教そのものの理解を重視しない傾向」の修正が要求されるため，困難はより大きいと思われるが，前述のように，心理学において宗教心理学のアイデンティティが確立しない真の理由がそこにあるとすれば，その点の変革なくして大きな発展は望めない。逆にいえば，宗教研究としての意義を見いだせないなら，あえて宗教心理学という枠組みにこだわる必要はなく，多様な心理学研究のなかに組み込まれればよいわけである。この2つの方向の具体的な可能性は3章で探ってみよう。

次に，宗教と心理学の関係の第2の特徴として，宗教は決して単なる研究上の主題に留まるものではなく，宗教の側から心理学へのアプローチも行われているということに注目される。いうまでもなく，宗教には制度としてのそれを支えている人々，すなわち聖職者がいる。仏教では僧侶，カトリックでは神父，ユダヤ教ならラビといわれる人々である。宗教と心理学の関係にはこうした聖職者と心理学者の関係，また聖職者と心理学の関係という側面も含まれるのである。

宗教心理学の発祥の地であるアメリカのキリスト教社会においては，心理学は当初からキリスト教会の「ライバル」と見なされていたという。アメリカの宗教心理学事情については次章で詳しく述べるが，簡単にいうと，キリスト教会は心理学に対して「乗っ取り」という手段で対抗し，現在も牧会心理学（pastoral psychology）というキリスト者（神学）の立場から行う心理学研究が盛んに行われているのである。この牧会心理学を初期宗教心理学の後継者と見なす立場もある（Brown, 1987）。

さらに，アメリカ社会における心理学の勢力拡大に応じて，心理学をキリスト教神学のなかへ積極的に導入する動きも認められる。すなわち，社会の世俗化とともに，現在では神学が個人の私的な領域へと追いやられつつあるため，宗教を心理学的経験と見なす見方を反映した，神学の心理学化というべき傾向が生まれているといわれる（Beit-Hallahmi, 1984）。

一方，日本においては，聖職者が宗教学にアプローチする —— たとえば，僧侶であると同時に宗教学の研究者でもある —— ことは頻繁に見られるが，心理学においてはむしろ稀なようである。ただし，宗教を研究する心理学者には特定の信仰をもつ人（特にキリスト者）が比較的多いという印象はある。とはいえ，彼らの研究に護教的な気配を感じることは（まったくないとはいえないが）ごく少ない。日本ではキリスト教にしろ仏教にしろ，伝統宗教の側から心理学へのアプローチは積極的には行われていないように思われる。

しかし，心理学を宗教の側が実践的に活用するという現象は日本においても認められる。たとえば，新宗教においては，「心なおし」といわれるような個人の心のあり方についての指導が行われており，そこにはカウンセリングや集団療法と共通する機能があることが以前から指摘されていた（佐々木，1969）。ただし，新宗教の側がどの程度意識的にそれを行っているのかは明らかでなかったが，最近ではそれが変わってきている。島薗（1996）によると，日本を含

めて世界的に新霊性運動という動きが起こっているが，それは心理‐宗教複合的運動といえる性質を有しており，そのなかに位置づけられる新新宗教（1970年代以降に起こった新しいタイプの新宗教）や疑似宗教においては，心理療法の考えや手法を応用した心理統御技法が用いられているという。

　牧会心理学の発展や最近の宗教と心理学の融合といった状況は，心理学と心理学者が決して無色透明で公正無私な存在ではないということを思い起こさせる。一般に「科学的」研究では表に出てこないが，実際には研究者がその研究を行う背後にはさまざまな動機がありうるし，研究の成果はそれが優れたものであるほど色々な分野で活用される。プルイサー（Pruyser, 1987）は宗教心理学に見られる7つの動機を指摘しているが，そこには「宗教の心理学的必然性を記述することで宗教を擁護しようとするもの」という宗教支持派のものから，「宗教が時代に逆行するアナクロの塊であることを示そうとするもの」という宗教否定派のものまで幅広く含まれている。研究者自身が自覚しているかどうかはともかく，こうした動機がもたらす弊害は小さくないだろう。バトソンらは，こうした「隠れた動機」が宗教心理学が心理学の主流からはずれた「淀み」に留まっている原因だと指摘し，研究者は宗教心理学に特有のこうした動機を振り捨てて，心理学の主流に回帰するべきであると主張する（Batson, Schoenrade, and Ventis, 1993）。

　しかし，ここで心に留める必要があるのは，いかに客観性を重んじる学問とはいえ，研究者がひとりの人間として研究対象に対して何らかの価値観や態度をもつのは避けられないということである。むしろ，それが研究の原動力として働くこともあるに違いない。問題なのは，それが周囲から，あるいは自分自身から「隠れている」こと，そして客観性を装った結果のみが呈示されることである。どんな研究についてもいえることだが，特に宗教のような価値を含んだ対象に接近する場合，どのような視点から対象を眺めているのか，どのような立場から対象に接近しているのかという点に関して，自分の研究でも他人の研究でも，もっと敏感になる必要があるだろう。そのためには，それらを研究のなかで意識的に顕にするという作業が欠かせない。宗教心理学が「隠れた動機」による弊害を斥けて発展するためには，それをただ「捨てろ」というのではなく，研究者の研究との関わり方を明らかにすることで，それを暗闇から引き出すような「作法」が必要なのではないだろうか。

　さて，宗教と心理学の関係の第3の特徴として，研究対象である宗教の範囲

がきわめて多岐に渡っているため，実際には「宗教」の研究というより，特定の（あるいはいくつかの）グループや個人を対象とした研究が行われているに過ぎないということがいえる。

　宗教心理学は当初からアメリカを中心に，ユダヤ - キリスト教，特にプロテスタント宗派を主な対象として発展してきた。しかし，米国内の宗教事情も現在はきわめて多彩であるため，もはや宗教全般について語ることはできず，ただ，特定の宗教，信仰グループ，宗派，セクト，カルト，個人について，それもリベラルや根本主義といった形容詞による限定付きでしか語れないという（Pruyser, 1987）。

　日本という国に住む身からすれば，もとよりキリスト教が宗教の代表というわけではない。宗教には，世界各地に信者が広く存在するものだけでも，仏教，キリスト教，イスラム教などがある。日本の事情に目を向ければ，その他に日本の民族宗教である神道，宗教か宗教でないのか意見が分かれているという意味でやや特殊な存在である儒教（池田，1998），何百とある新宗教，そしてそれらの基盤にあると考えられる民俗宗教の存在が指摘される。さらには，最近では島薗（1996）のいう新霊性運動に含まれるような疑似宗教的グループも多数存在する。したがって，宗教を研究する場合に，どこにアプローチするのかという問題は大きく，宗教全般について語ることなど生半可にできるものではない。

　しかし，心理学的な宗教心理学において，対象の問題は実際にはさほど大きく取り上げられてはいない。それは，宗教の個性はまず教義や儀式の「内容」に認められるが，心理学のパラダイムでは内容には踏み込まず，普遍的な心的プロセスを追求するからである（Beit-Hallahmi, 1984）。そして，プロセスに注目した場合，個々の宗教間の差異はもとより，たとえば宗教の集会もロックコンサートも「熱狂」という点で大差ないものとなる。したがって，個々の研究では対象としてどの宗派や宗教集団に接触したかが問題となっても，たとえば「年齢と宗教性との関係」についてレビューする場合，対象を異にするさまざまな文献が同列に扱われ，共通して認められる現象が「普遍的」として抽出されるのである。それは心理学のもつ人間観── 普遍的で抽象的な存在としての ── や還元主義的傾向を率直に反映しているといえる。こうしたあり方が，「心理学」としての研究方向，すなわち，エティック（etic）な視点による研究の大きな特徴であるといえよう。

しかし，宗教心理学において「対象」の問題が看過されやすいもうひとつの理由として，宗教心理学への非西洋社会からの貢献の少なさがあるのもまた間違いないだろう。ブラウン（Brown, 1987）によると，ヨーロッパやオーストラリアで非キリスト教徒の移民が増え，社会が多文化・多宗教へと変化しても，依然として宗教心理学はほぼ完全にユダヤ－キリスト教の伝統の枠内に留まっている。非キリスト教圏を射程に入れた研究としては，仏教やイスラム教に内在する心理学を西洋的観点から分析したものが中心的であり，それ以外にはエッセイ的なものと西洋的な研究のレプリカとしての通文化的研究がわずかに認められるだけだという。

　たしかに，欧米の宗教心理学関係の雑誌に掲載される非キリスト教圏の論文は少ない。1991年には「国際」を冠した雑誌 *The International Journal for the Psychology of Religion* が創刊されたが，それにおいても同様であり，欧米のカルトの研究をのぞけば，ユダヤ－キリスト教以外の研究はごく少ない。しかも，非欧米の現地の研究者によるものはさらに少なくなる。それらの内容はブラウンのいうようにイスラムや仏教，道教を（西洋の）心理学の観点から分析したものがほとんどである。たとえば，トルコに住むイギリス人のイスラムへの回心に関する調査の報告があるが，そこではエリクソンの発達段階説による解釈が行われている（Köse, 1996）。これはブラウンの言によれば，「西洋的研究のレプリカ」ということになるかもしれないが，そもそも心理学自体が西洋で生まれ，発展したものであることを考えると，厳しすぎる評価という感がある。ただし，地域の文化や宗教の文脈を重視した研究を望むという意味での批判なら理解できる。たとえば，ブラウン自身がレプリカ的研究の例としてあげている論文では，神概念と両親のイメージとの関連の様相がキリスト教徒とヒンズー教徒の間で比較されているが，インドの親子関係やヒンズー教の神々の性質についての言及がなく，宗教上の所属だけで文化差が説明されてしまっているからである（Vergote and Tamayo, 1980）。

　このように，現在のところキリスト教文化圏の外からの英語圏への発信は少なく，あったとしても，その地域の社会・文化の文脈が重視されていないことが多い。これは宗教心理学に限らず，多かれ少なかれ心理学全体に共通する傾向であろう。しかし，心理学が扱う宗教は紙に記されたものでも歴史的遺産でもなく，現在，その地に生きている人々が信じ実践しているものである。そして，人が生きているその土地の環境そのものと宗教は不可分の関係にある。こ

のことは自明でありながら，ひとつの文化圏のなかだけで研究が行われているときには，研究者も読者も文脈を共有しているために，あまり意識されないかもしれない。したがって，宗教心理学のメインステージである欧米（特にアメリカ）以外の土地においてこそ，文化の文脈を重視した，すなわち，イーミック（emic）な視点に立った研究を行う意味が大きいだろう。日本を初めとする各地域からのそうした研究の発信を通じて，研究の「対象」の見える研究が広まっていくことが，宗教心理学をより豊かなものにしていくのではないだろうか。

2章　宗教心理学の歴史（I）——西洋編

　　2-1　宗教心理学の盛衰
　　2-2　その後の宗教心理学

　心理学全体がそうであるように，心理学的宗教心理学の「本場」は欧米（特にアメリカ）である。この章では欧米の宗教心理学の歴史を概観することによって，日本の宗教心理学，宗教社会心理学の今後について考えてみたい。

2-1　宗教心理学の盛衰

1．宗教心理学前史
　心理学の歴史は，1879年にヴント（W. Wundt）が世界で初めて心理学実験室をライプツィヒ大学に開設したのをもって始まったとされる。したがって，宗教心理学の歴史の幕開けも自動的にそれ以降と考えられるわけだが，宗教に関する心理学的な思索がそれ以前に存在しなかったわけではない。近代心理学，いわゆる「科学的」心理学の成立はヴントを待たなくてはならないとしても，その遥か以前から心理学的な思惟は存在したし，宗教の起源はそれよりさらに遡るからである。
　とはいっても，宗教心理学の歴史を19世紀より以前に遡って論じる者はあまりいない。それは，心理学の起源をギリシア哲学に求めるという点では合意が得られても，あえてその時点から心理学の歴史をひもといている書物が多くは見られないのと同じである。そのなかで，現代の宗教心理学の背景としてギリシア哲学以来の西洋思想の流れを重視したのがグレンステッド（Grensted, 1952）とスピンクス（Spinks, 1963）である。両者はともにプラトンとアリストテレスから出発する。グレンステッドによれば，「心理学をば"人間行動を記述する科学"と定義するならば，プラトンのもっとも有名かつ影響力大なる対

話『国家篇』などは，その大部分が"心理学"の枠内に問題なくはいるであろう」そして，プラトンが基本徳目として知恵，勇気，賢明，正義を示したことを「純粋に心理学的」と評し，「宗教心理学本来の端緒は，早くもプラトンにおいて見いだしうるのである」という。

しかし，彼らがそうした歴史を重視するのはそれが心理学の源流だからであり，宗教心理学に及ぼした直接的な影響を評価してのことではない。ギリシア哲学以降のアウグスティヌス，スコラ哲学，時代を下ってデカルト，ロックを取り上げるに当たっても同様である。そして，彼ら自身，「真の」宗教心理学の誕生は20世紀もしくは19世紀末のことだと述べる。

宗教心理学はやはり近代の産物である。それは，科学的心理学という学問の成立を待つ必要があったという意味ではなく，「宗教」に対する客観的な態度が可能になるのがその時代だからである。それ以前，キリスト教が強力な権威を保っていた時代においては，「キリスト教」を研究対象として冷静に眺める作業は生まれ得なかったし，エリアーデとクリアーノによれば，もっと以前の古代ギリシアの哲学，特にプラトンにおいては，哲学は宗教を内包しつつ，それ自体が宗教へと展開しうるものであった（Eliade and Couliano, 1990）。したがって，そうした時代の哲学的・心理学的な思惟は，宗教についての思索というより，むしろそれ自体が宗教的な思惟なのである。実際，ジェイムズの『宗教的経験の諸相』（James, 1902）などにはプラトンを初めとして，マルクス・アウレリウス，中世のスコラ哲学者，ロック，カントなどが多彩に引用されているが，それはその時代の宗教的心性を表す資料として扱われているのであり，その意味ではトルストイやホイットマンの作品（これらもしばしば引用されている）と同列なのである。

宗教に対する研究態度に注目すると，比較宗教という研究関心の芽生えは，宗教心理学の成立よりしばらく遡って，18世紀の前半において認められるという（Spinks, 1963）。その時代，海外に散ったキリスト教の伝道者たちによって，世界のさまざまな（主に「未開」の）地域の宗教に関する知識がもたらされ，それらとキリスト教との共通の特徴を見いだそうという関心が生まれた。そうした関心による企てはドイツにおいて本格化したが，そのひとつの表れが，宗教心理学の直接の先駆者といわれるシュライエルマッハーの『宗教論』（Schleiermacher, 1799）である。彼はそのなかで宗教の本質を「絶対依存の感情」であると述べ，このことによって，諸宗教に共通の基盤を与えた。これをもっ

て，宗教心理学の本格的な幕開けへの序曲と見なすことができる。
　その後，比較宗教の動きは進化論の流行と結びつき，「未開人」の心性や行動を現代人の子どもから大人へと至る発達途上に位置づけるという見方をもたらすこととなった。そうした研究の発展にはタイラー（E.B. Tylor）やフレイザー（J.G. Frazer）ら人類学者が大きく寄与しているが，この頃には既に宗教心理学も本格的に始動し，両者はそれぞれ別の歩みを進めていった。

2．初期宗教心理学

　宗教心理学は19世紀後半に成立するが，それから現在に至るまでの歴史は3つの時期に分けてとらえられる。研究者によって区分の年代に若干の違いはあるが，第1期は19世紀の終わりから1930年頃まで，第2期はそれから1950年代まで，第3期は1960年頃から現在までというのがほぼ定説である。
　第1期の初期宗教心理学は古典的宗教心理学ともいわれるが，ここで「古典」という言葉が用いられるのは，単に「古い」「昔の」という意味からではない。これは，質量ともに優れた研究が輩出された宗教心理学の黄金時代ともいうべき時代であり，現在でも宗教心理学の成果というと，必ずこの時代の研究に言及される。あまり喜ばしいことではないが，宗教心理学の概説に紹介されているのが，この時期の成果のみということすらある（たとえば，高田，1989）。初期宗教心理学の内容については，4章の「回心の心理学」で検討するので，ここではその時代の宗教心理学の隆盛の様子とその要因について触れるにとどめたい。
　初期宗教心理学の特徴のひとつは，心理学全般の動向から見ても驚くには当たらないが，その舞台が一貫してアメリカ中心であったこと，そして，その背景に密接な人的交流があったことである。一般に，この時期の研究者としてはまず，ジェイムズとスターバックが挙げられる。ジェイムズの『宗教的経験の諸相』は宗教心理学に多大な理論的影響を与え，現在でも古典的名著として読み継がれているが，ハーバード大学で教鞭を執っていたジェイムズに師事し，質問紙法による回心の体系的研究に着手したのがスターバックである。最も有名な者というとこの2人だが，ベイト‐ハラーミによると，初期宗教心理学には彼らのほかに2人のリーダーが存在した（Beit-Hallahmi, 1974）。そのひとりがホール（G.S. Hall）であり，彼はクラーク大学において「青少年の道徳的・宗教的教育」についての講義を行い，彼の下で多くの宗教心理学の研究者が生

まれたので「クラーク学派」の創始者として知られている。また，ベイト‐ハラーミはホールが1882年に発表した論文をもって，初期宗教心理学の幕開けとしている。スターバックも後にホールの下に移り，回心の研究をまとめ上げたのだが，ホールの弟子のなかで最も精力的な研究者として，一時期スターバックとともに特別研究員となり，その時代の宗教心理学を押し進めたのがリューバ（J.H. Leuba）である。この4人を筆頭として，多くの研究者がこの時代の宗教心理学に参画したのだが，このように見ると，研究のある大きなうねりが生まれるに当たって，人と人とのダイナミックな交流が大きな役割を果たしていたことが分かる。

　初期宗教心理学の特徴として，もうひとつ，それが当時の心理学会において主流の地位にあったということが指摘できる。宗教心理学というと，現在，日本でもアメリカでもマイノリティの印象が否めないが，この時代，心理学そのものの草創期においては，決してそうではなかった。むろん，当時の心理学は現在のように細分化されておらず，ひとりの研究者が広範なトピックの研究を行うのが珍しくなかったのだから，現代の感覚で主流，傍流という言葉を用いるのは当たらないだろう。しかし，当代の一流の心理学者が宗教研究に手を染めるのが不自然でなかったということは，やはり特筆に値する。たとえば，初期宗教心理学のリーダーのひとりとされるジェイムズはアメリカで最初の心理学実験室を作ったといわれる人物で，情緒に関するジェイムズ＝ランゲ説で有名であり，『心理学原理』や『プラグマティズム』の著者でもある。同じくホールはアメリカ心理学会の創始者で，児童心理学や教育心理学の開拓者であり，精神分析学をアメリカに導入した人物でもある。また，近代心理学の父といわれるヴントも，一方のライフワークである民族心理学のなかで，宗教に関する研究を行っている。このように，宗教は決して一部の研究者による閉ざされた研究分野ではなく，心理学の研究テーマとして広く認められていたのである。このことは，宗教心理学の研究論文が*The American Journal of Psychology*や*Psychological Bulletin*などの主要な心理学雑誌に相次いで発表されていたことによっても明らかであろう。

　では，なぜこの時代において，宗教が心理学のメインのテーマとなり得たのだろうか。この問題は，30年余りの隆盛の後でなぜ宗教心理学が急速に衰退したのかという疑問と表裏一体の関係にある。この点については，多くの研究者が考察を行っているが（たとえば，Strunk, 1957; Beit-Hallahmi, 1974, 1984;

Gorsuch, 1988)，それらはほぼ2つの視点にまとめられる。ひとつは「科学としての心理学」，もうひとつは「宗教との関係」である。

　まず，当時の心理学は哲学からの独立を果たしたばかりであり，自らを「科学」として確立することに懸命であった。宗教は古くから哲学の主題のひとつであったため，当時の心理学にとって，それを研究の対象として引き継ぐことは自然であると同時に，哲学の主題に科学のメスを入れるという興奮を呼び起こすものでもあった。スターバックが行ったような経験的な研究は，科学としての心理学の自尊心を満足させるものであったに違いない。

　しかし，そうした「科学としての宗教心理学」は結局のところ，長続きしなかった。そこには「宗教との関係」の要因が絡んでいる。すなわち，前章でも触れたように，心理学が宗教へと手を伸ばしたのは宗教の側にとっては脅威であり，宗教はそれに対して「乗っ取り」という対抗手段にでた。すなわち，4人のリーダーらに続いて宗教心理学に参加したプラット（J.B. Pratt），コー（G.A. Coe），エイムズ（E.S. Ames）らは第一に神学者であり，その立場から心理学的研究を行ったといわれる。4章で検討するように，彼らの研究には興味深い点が広く認められるが，結果として，宗教心理学に護教的・神秘的な傾向を持ち込み，「科学」としての宗教心理学の権威を失墜させることとなったという（Strunk, 1957）。

　また，精神分析学も宗教心理学の発展を阻んだ原因のひとつである。フロイトの『トーテムとタブー』が出たのが1912年であり，それ以後，精神分析学的な宗教研究は広く関心や議論を呼んだ。松本（1979）のいうように，初期宗教心理学の時代に続いて，フロイトやユングによる深層心理学の立場からの宗教研究の時代が訪れたことになる。しかし，「科学としての心理学」の視点から眺めれば，精神分析学の興隆は宗教心理学をアカデミックな心理学の世界，厳密な経験の学としての心理学の世界から遠ざける一因となったのである。

　このように，宗教心理学そのものが当初の方向性を離れていったところに，心理学全体の動向に大きな変動が起こった。すなわち，行動主義が席巻し，宗教心理学が扱うような複雑な内的プロセスや行動は心理学の関心の対象ではなくなったのである。ゴーサッチ（Gorsuch, 1988）によると，この時期，認知心理学を初めとする多くの心理学の領域が同様に衰退の憂き目にあった。それは，心理学が自らの学問としてのアイデンティティを確立するために，出身母体である哲学が扱う主題，すなわち，心や精神から離れ，行動を研究対象とするよ

うになったためである。つまり，それこそが行動主義が覇権を確立した理由であり，それによって宗教が「科学としての心理学」からはじき出されたことが，最終的に初期宗教心理学の息の根を止めたと考えられる。

一方，初期宗教心理学の発展と衰退を「宗教との関係」の視点から眺めると，近代心理学が成立した19世紀の後半というのは，同時にミュラーによって宗教学という学問が提唱された時代でもあった。つまり，先にも触れたように，その時代，欧米の社会においてはキリスト教と他の宗教との比較という知的作業が許容されるほどにキリスト教の勢力・権威が低下し，また，世界のさまざまな地域に関する情報が得られるようになっていた。そのため，19世紀後半から20世紀初頭にかけて，宗教に関する優れた研究が輩出されたのであり，オットーの『聖なるもの』(Otto, 1917)やデュルケムの『宗教生活の原初形態』(Durkheim, 1912)もその一部である。したがって，初期宗教心理学そのものはアメリカの比較的限られた世界のなかで繁栄したが，それは制度としてのキリスト教の衰退と宗教研究の興隆という世界的潮流のなかに位置づけられる。実際，スターバックはミュラーの著作に刺激されて回心の研究を始めたといわれているのである (Beit-Hallahmi, 1974)。

また，アメリカという社会の宗教事情に目をやると，当時は信仰復興運動 (revivalism) が盛んだった上にモルモン教が社会問題になるなど，宗教の研究者を刺激する要素が社会にあふれていた。そうした社会的要因も見逃すことはできない。

宗教もしくは神学の側から眺めると，こうした社会情勢のなかで宗教心理学やその他の宗教研究が進展してきたことは，自らの領土を土足で踏み荒らすものとして，大きな脅威を感じさせたであろうことは想像に難くない。そこで，前述のように，「敵」である宗教心理学の領土を乗っ取るという対抗手段に訴え，それは目論見どおり，あるいはそれ以上の成果を上げた。すなわち，初期宗教心理学が衰退する一方で，神学者の心理学的関心，言い換えると神学的関心による心理学が牧会カウンセリング (pastoral counseling) や牧会心理学 (pastoral psychology) という形へと発展し，繁栄したのである。喩えてみれば，心理学と宗教とが出会った結果，心理学を母，宗教を父として生まれたのが宗教心理学であり，神学を母，心理学を父として生まれたのが牧会心理学といえるのではないだろうか。

さらに，「宗教との関係」からの衰退の要因は心理学者についても認められ

る。既に1921年の時点で科学者，特に心理学者はアメリカ人一般よりも宗教的でないことが示されているが，このようにアカデミックな共同体の雰囲気が宗教的でないことが，宗教は既に力を失ったという印象を与え，心理学者に宗教への関心を失わせたのかもしれないという (Beit-Hallahmi, 1974)。学会の情勢に照らして考えれば，神学的関心に基づいた宗教心理学はまったく時代遅れなものと映ったに違いない。こうした「象牙の塔」の現象は，おそらく日本の事情にとっても無縁ではないだろう。

3. 宗教心理学の復興

さまざまな要因が絡み合って初期宗教心理学が終焉を迎えた後は，しばらく宗教心理学にとっては冬の時代が続く。しかし，それは宗教に関する心理学的研究が途絶えたという意味ではない。一方で牧会心理学はその間も着々と発展を遂げ，これをもって宗教心理学の後継者として高く評価する向きもある (Brown, 1987)。他方では，精神分析学の観点からの宗教研究が花開き，この時期を彩ってもいる。たとえば，1950年にはフロム (E. Fromm) の『精神分析と宗教』が，1958年にはエリクソンの『青年ルター』が出ている。また，研究論文の動向を見ると，1950年代の前半に宗教心理学関係の論文を最も多く掲載した雑誌では，10本のうち7本が精神分析もしくは精神医学関係のもので占められており，このことからも，この時期における宗教心理学の動勢は明らかであろう (Hunsberger, 1979)。したがって，逆にいえば，心理学のいわゆる「主流」を中心とした世界観においては，30年代以降，宗教心理学はまったく鳴りを潜めた状態だったのである。

宗教心理学の本格的な復興は1960年代以降といわれることが多いが，それに向けての助走は50年代から始まった。ハンスバーガーは，宗教心理学関係の論文が1950年代の後半には前半の倍以上に増えており，しかも，掲載している雑誌がそれまでとはまったく違ってバラエティに富んでいる（たとえば，*American Psychologist, Journal of Counseling Psychology, Psychological Reports*など）ことをその証左としている (Hunsberger, 1979)。また，1950年に出たオルポートの『個人と宗教』のもつ意味も大きい。ブラウンによると，オルポートは1930年以降の宗教心理学の冬の時代においても，宗教的態度や宗教と偏見に関する研究を行っていた (Brown, 1987)。いってみれば，宗教心理学は社会心理学や人格心理学の研究のなかに，姿を変えて生き延びていたのである。そ

の経緯に関して，今田恵（1953）は次のように述べる。

> …心理学は，人間性の研究からは遠くはなれ，宗教心理学は，いたずらに現象的記述に流れ，したがってむしろ宗教学者の手に委ねられて，心理学の中においては，限定された特殊的小領域となってしまった。しかるに最近心理学が人間性の具体的科学的把握として人格の問題をとりあげ，人格の重要にして本質的な一部として宗教を認めるに至って，宗教心理学は，その重要性を増し，心理学者の問題となるに至ったのである。(pp.i - ii)

初期宗教心理学の衰退についてはさまざまな要因が指摘されているが，60年代の宗教心理学の復興に関してはほぼひとつの説明に集約される。すなわち，ロジャーズ（C. Rogers）やマズローを代表とするヒューマニスティック心理学と呼ばれる勢力が力を得るなど，心理学の世界において行動主義に対する見直しの気運が強まってきたことである。これは，心理学が科学としての地歩を固め，哲学の主題を扱うことができるくらいに自信を深めたことを意味するものであろう。

60年代を本格的な復興と位置づける根拠となるのは，宗教心理学の専門雑誌の創刊である。前述のように，初期宗教心理学の時代には主要な心理学雑誌に宗教心理学の論文が多数発表されたが，同時に，1904年にはホールによって *American Journal of Religious Psychology and Education* という宗教心理学の専門の雑誌が創刊され，それは途中で名前を変えて1915年まで続いた。これに対して，1960年代の復興を象徴するのが1959年の *Review of Religious Research*，1961年の *Journal for the Scientific Study of Religion* の創刊である。とりわけ，The Society for the Scientific Study of Religionの学会誌である後者は，宗教を科学的に研究しようとする者にとってはアメリカ心理学会の学会誌に匹敵する影響力をもっているといわれる（Beit-Hallahmi, 1974）。この雑誌の影響力の大きさは，60年代の後半には早くも宗教心理学の論文を掲載する最大の媒体へと発展したことからも窺われる（Hunsberger, 1979）。

なお，1960年代以降，宗教心理学は現在まで順調に発展を続けていると考えられているが，それを支持するのが，1981年の *Journal of Psychology and Christianity*，そして「国際」を銘打った1991年の *The International Journal for the Psychology of Religion* の発刊である。宗教心理学関係の雑誌としては，その

他にも *Journal of Psychology and Theology*, *Journal of Religion and Health* などがある。このように，60年代以降，宗教心理学の研究論文を発表する媒体は順調に増えており，隆盛ぶりを窺わせるに十分である。

2-2 その後の宗教心理学

1. 宗教心理学の現状

研究雑誌の動向が示すように，現在，宗教心理学が広範な盛り上がりを見せているのは間違いなく，さらに，アメリカに活動範囲が限定されていた初期宗教心理学の時代には見られなかった国際性をも獲得したように見える。実際，本書で頻繁に引用される研究者にはカナダ，イギリス，オーストラリア，イスラエルなどの大学に所属する人たちが含まれており，少なくとも，宗教心理学が西洋の英語圏にかなりの広がりを見せているのは間違いない。また，制度的には，1975年にアメリカ心理学会の第36部門である「宗教問題に関心をもつ心理学者」部門が設立された[1]のも重要な意味をもっている。しかし，宗教心理学が本当の意味で繁栄を迎えているのかどうかについては，もう少し詳しい検討が必要だろう。

ここで問題となるのは，心理学全体における宗教心理学の位置づけ，すなわち，宗教心理学と他の（いわゆる「主流」の）心理学領域との関係である。パルーツィアンがいうように，宗教心理学の現状を正しく認識するためには，ひとつの「自足した」（self-contained）領域として発展しているだけでなく，心理学全般に対して何らかの影響を与えているかどうかが重要だからである（Paloutzian, 1996）。

この問題に関して判断の根拠となるのは，多くの場合，心理学のテキストにおける宗教心理学，もしくは宗教そのものの扱われ方である。ベイト-ハラーミによると，○○心理学と呼ばれるもののなかで，宗教心理学は本や論文の数からいって，かなりの地歩を得ているが，心理学のテキストのなかで宗教や宗教の心理学的研究に触れられることは滅多にないという（Beit-Hallahmi, 1984）。例外的に大きく取り上げたのが，1969年発行のリンゼイとアロンソン（Lindsey and Aronson）編の *Handbook of Social Psychology*（second edition）で

---

[1] 現在は「宗教心理学（Psychology of Religion）」部門となっている。

あり，そこには「宗教心理学」の章が設けられていたが，その後の第3版（1985年），第4版（1998年）では姿を消してしまった。

心理学のテキストのより詳しい動向分析を引用すると，心理学の入門書で宗教に触れているのは1950年代では40％だったのが70年代には27.5％に低下した。また，引用される文献のほとんどはジェイムズやフロイト，ユングなどの古典で，調査研究は見過ごされている。これに対して，社会心理学のテキストの4分の3は宗教に触れているが，そこでもごく僅かの研究に言及するだけで，調査研究を無視した議論が繰り広げられているという（Spilka, Hood, and Gorsuch, 1985）。

一方，80年代になると，宗教的な内容にふれたテキストは84.5％と大幅に増加した（Lehr and Spilka, 1989）。このことは，心理学者の間で宗教への関心が増していることを意味するといってよいだろう。しかし，言及される研究はそれ以前と変らず，一般的にも有名な人物ばかりであり，心理学の入門書の著者が最近の宗教心理学に通じている様子は認められていない。つまり，宗教への関心は高まっても，それが必ずしも宗教心理学への関心に結びついていないのである。したがって，宗教心理学が現在いかに隆盛を迎えているといっても，心理学全体との関係から見ると，初期宗教心理学の時代とは比肩しうるべくもなく，その意味では日本の宗教心理学の現状ともつながっている。

2．宗教心理学の問題 ── 理論、方法、研究者について

では，宗教心理学が復興後30年以上を経ても，いまだに心理学のなかで十分に認められるに至っていない理由はどのようなものだろうか。この問題は，研究そのものとそれを生み出す研究者，そして研究領域のあり方の点から検討する必要があるだろう。

まず，研究自体のもつ問題についてだが，その前に，ここでは主に経験的アプローチによる研究について述べることを断っておかなくてはならない。むろん，広い意味での宗教心理学の範疇には，経験的，実証的研究だけでなく，さまざまなタイプの研究が含まれる。しかし，ここではそうした研究は取り上げない。ベイト－ハラーミとアーガイルのように「宗教心理学はそもそも経験的なものである」（Beit-Hallahmi and Argyle, 1997; p.8）とはいわないが，特に心理学的な宗教心理学においてはそれが中心となるべきと考えるからである。

では，経験的研究としての宗教心理学のもつ問題とはなにか。ベイト－ハラ

ーミとアーガイルは続いて,「宗教心理学は心理学理論の用語を用いて, 宗教という現象の観察と解明を行う」と述べるが, このなかに問題の所在を突き止めることができる。すなわち, 用いるべき理論と, 観察・解明のための方法の問題である。

宗教心理学における理論の問題について, 復興後の70年代に, アーガイルとベイト-ハラーミは「宗教的行動に関する体系的な理論はほとんど見られず, 存在するものの多くは単に記述的であるに過ぎない」(Argyle and Beit-Hallahmi, 1975; p.178) と言明した。この問題に関して, カプスらは1950年から74年までの宗教心理学関係の論文と本の内容を分析した結果, 70年以降の傾向として, 研究関心が細分化した研究領域に限定されてしまい, 新しい理論的な展望が生まれないと述べる (Capps, Ransohoff and Rambo, 1976)。具体的には, そうした傾向は70年以降急速に増加した変性意識状態, 宗教的態度, 認知的・道徳的発達に関する研究において顕著だという。同じように, スピルカは過去10年間の宗教心理学に関する論文と著作を調べ, 理論の構築を意図したものやそれに関連したものは6%に過ぎないことを示した (Spilka, 1978)。そして, 宗教心理学の大きな弱点は理論にあり, それは宗教心理学と心理学とのつながりが十分に確立していないことを意味するという。

80年代になっても「不幸にして, 精神測定学という強みも複雑で難解な統計手法も, 高速のコンピュータを用いてさえも, 体系的な理論に代えることはできない。ここに基本的な弱点がある。理論という点から見れば, 宗教心理学の組織化はお粗末である」(Spilka, Hood, and Gorsuch, 1985; p.320) といわれ, 同様の指摘はその後のフッドらにおいても認められる (Hood, Spilka, Hunsberger and Gorsuch, 1996)。

このように, 宗教心理学は多くの経験的研究を生み出しつつも, 理論的な基盤に弱さを抱えていることが指摘されており, これが宗教心理学の心理学としての弱さに結びついているのは間違いあるまい。

一方, 方法に関するポイントは「実験」にある。というのも, 宗教心理学において, 現在の心理学の主流である実験法 (あるいは擬似実験法) による研究が行われることはきわめて少ない。古いデータだが, クラウスナーは1950年から60年にかけての130の研究を調べ, 実験室実験によるものは2%しかないことを示した (Klausner, 1964)。こうした状況はその後も続いており, それが宗教心理学を心理学の主流から孤立させる一因となっているという

(Hunsberger, 1980)。また，このことが宗教心理学において理論の開発や検証が進まないひとつの要因であるとも指摘される（Batson, 1977）。

　宗教研究と実験法については，主に実用性と倫理性をめぐって議論が重ねられているが（Batson, 1977, 1979; Yeatts and Asher, 1979），突きつめていくと，結局は宗教研究に限らず，心理学の手法としての実験の抱える問題へと行き着くようだ。そのため，そうした危険性を充分に考慮した上で積極的に宗教研究に実験を適用すべきとの見方もあれば（Gorsuch, 1982），実験の利点を認めつつもそれが生態学的妥当性を欠く点に留意を促す立場もある（Beit-Hallahmi and Argyle, 1997）。実験の枠組みをどう設定するかも人によってさまざまだが（Deconchy, 1985），実験法あるいは擬似実験法（quasi-experimenal design）が導入されることで宗教心理学的研究が活性化する可能性はあろう。

　しかし，逆に心理学全体については，実験への過度の依存ということもいえよう。ベイト-ハラーミは，宗教を研究する領域であって当然と思われる社会心理学が実験室に閉じこもって自然な社会的行動から離れたことが，宗教研究が心理学に統合されない原因であるというが（Beit-Hallahmi, 1984），より自然で包括的な「現場」に密着した宗教研究が増えることを契機に，心理学と社会心理学においてフィールドワークが活性化することを期待してもよいのではないだろうか。

　このように，方法に関しては，宗教心理学と心理学との間で実験という問題を挟んで表裏一体の関係にあるといえよう。この他に，日本では特有の事情として質問紙法における問題があるが，それは次章に譲る。

　次に，研究に携わる人間について眺めてみよう。前章で述べたように，宗教心理学を研究する者の動機にはさまざまなものがあり，そこには研究の信頼性を失わせかねない「隠れた動機」というものも存在する。それが宗教心理学に対する評価を不安定にしている一因であることは否定できない。だが，それ以前に，そもそも宗教を研究しようとする者としない者，すなわち，宗教心理学に携わる研究者とそれ以外の心理学の研究者との間に大きな違いがあり，それが両者を隔てる原因になっているということはないだろうか。

　一般には，個人が選ぶ研究主題がその人の個人的な背景に深く根ざしているとは限らない。尊敬する教授がやっている研究だからとか，流行の研究だからといった理由で研究テーマを選ぶ人も少なくないだろう。しかし，ジョーンズ（Jones, 1985）がいうように，一群の研究者を際限なく魅了する研究テーマが，

別の研究者にはまったく取るに足りないものに見えるということはよくあり，この魅惑の原因のひとつが，研究者の個人的な生活空間のなかでその問題が突出していることにあるというのは理にかなっている。つまり，宗教についていえば，それを研究テーマに選ぶ人にとっては，宗教が個人的に大きな意味をもっていることが多く，それ以外の心理学者との間で宗教性に大きな差があるということが考えられる。

　先にも述べたように，一般に学者や研究者といわれる人は普通の人々より宗教性が低いと信じられているが，実際の調査でもこのことは確かめられている（Rogers, 1965）。この点についてやや詳しいデータを紹介すると，まず，一般のアメリカ人と研究者では宗教的出自の構成に大きな違いがあり，研究者にはカトリック出身の人が極端に少なく，逆にユダヤ人の割合が大きい。そして，出身がどの宗教であっても成長とともに信仰を失う人が増え，最終的には無宗教の人が2割から3割に達するという（Argyle and Beit-Hallahmi, 1975）。この数字は30年程前のものであるが，当時アメリカ人全体では無宗教の人が約2％だったことを考えると，驚くべき高率である。さらに，自然科学と社会科学の研究者を比較すると，社会科学者のほうが宗教的志向が低く，なかでも心理学者の宗教性が最低であることが見いだされている。

　これに対して，アメリカ心理学会の会員を無作為抽出した調査によると，宗教に研究上の関心をもつ会員はそうでない会員と比べて，イデオロギー，儀式への参加度，宗教経験，知識のどの次元においても，はるかに宗教的であるという（Ragan, Malony, and Beit-Hallahmi, 1980）。つまり，宗教を研究する心理学者は，世俗的傾向の強い心理学という世界にあって，例外的に宗教性の高いマイノリティ・グループなのである。ちなみに，日本の事情に関しては統計的な資料は見当たらないが，筆者が日本の文献をレビューしたところでは，宗教を研究する心理学者には一般より宗教性の高い人（特にキリスト者）が多いように見受けられた（次章参照）。

　このように，多くの心理学者にとって「過去のもの」である宗教を研究する人が，自分たちとは「異質」な宗教性の高い人たちであるということが，宗教心理学を心理学から孤立させる要因となっているのではないだろうか。

　しかし，現実世界においては，むしろ，宗教を過去のものと見なす見方そのものが過去のものになりつつある。60年代に明らかと思われた世俗化の傾向は70年代以降変化を見せ，現在ではアメリカだけでなく，日本を含めて世界

各地で宗教復興の動きが認められる。大学でも学生の宗教，特に新宗教への関与は無視できない状況である。80年代以降，心理学者の間で宗教に対する関心が高まってきているということは，そうした現実への気づきの表れであろう。そうした意味では，今後の宗教心理学の発展は，現実の社会で宗教という現象がどのように展開していくのかということと切り離せない問題なのである。

最後に，宗教心理学の研究領域としてのあり方について見てみよう。ハンスバーガーによると，この領域には焦点と境界が欠けており，それが心理学の主流に受け入れられない一因となっている（Hunsberger, 1980）。つまり，宗教研究に関心を抱いているのは心理学者だけでなく，文化人類学者，社会学者，歴史学者，哲学者と多様であり，そうした人々による研究はかなり重なり合う部分がある。特に，心理学と社会学の間ではその傾向が大きい。そのことは，研究論文の発表形態にも表れており，*Journal for the Scientific Study of Religion* のような宗教研究の専門誌には，心理学や社会学といった研究分野を超えて論文が寄せられている。このため，一般の心理学者から見ると，「宗教心理学」といわれるものの境界とその焦点が見えにくいのである。

これは，行われている研究そのものの見えにくさという問題も引き起こす（Hunsberger, 1980）。というのも，宗教心理学の論文を発表する媒体は *Journal for the Scientific Study of Religion* を初めとしていくつか存在するが，どれも宗教関係の専門誌である。したがって，心理学者でも社会心理学者でも，特に宗教に関心をもたない限り，そうした雑誌に発表された研究には気づきにくいのである。専門誌以外では *Journal of Personality and Social Psychology* や *Journal of Social Psychology* が宗教心理学の論文を比較的受け入れているが，そうした雑誌も論文の数も，従来あまり多いとはいえなかった。その意味では，心理学のテキストの著者が最近の宗教心理学の動向に疎いとしても，勉強不足とは責められない。

専門誌の充実は，特にさまざまな分野の研究者との知識の交換を促すという意味で重要であり，今後もその必要性が減じることはない。しかし，宗教心理学と心理学の関係を確かなものにするためには，やはり心理学の「主流」の雑誌に論文が多数掲載されるようになる必要があるだろう。そのためには発表論文の質的な問題はもちろんだが，雑誌の側に宗教を扱った論文を受容する姿勢がなければならず，編集者の柔軟な態度が望まれるのだが。最近，パルーツィアンは宗教心理学の隆盛を裏づける指標のひとつとして，*Annual Review of*

*Psychology*や*American Psychologist*などの重要な雑誌に宗教心理学の論文が掲載されるようになったことを指摘した (Paloutzian, 1996)。これは，宗教心理学の将来を占う上で，明るい材料だといえるだろう。

3章 宗教心理学の歴史（II）——日本編

　　　　3-1　近・現代の宗教事情
　　　　3-2　明治・大正期
　　　　3-3　昭和初期
　　　　3-4　戦後から現在まで
　　　　3-5　結び——再び、方法について

　他の多くの学問と同様に，日本における心理学は海外からの輸入によってスタートした。佐藤・溝口（1997）によると，明治期の輸入以前に心や精神についての学問がわが国になかったわけではないが，心理学的な発想は認められなかった。しかし，一方で，心理学がまだ哲学からの独立を果たしていなかった頃からその積極的な受容が始まっていたため，ヴントによる心理学実験室の設立という世界史的出来事にそれほど遅れることなく，日本にも心理学が根づいていったという。
　では，宗教心理学についてはどうだろうか。現在，日本では宗教心理学は心理学の下位分野として広く認められているとはいえない。宗教に関連した論文や学会発表が見られても，それは宗教を研究対象とした社会心理学や教育心理学や何かであって，宗教心理学とは認知されないのがむしろ普通である。
　しかし，これは過去に「宗教心理学」がまったく存在しなかったという意味ではない。さほど多くの研究を輩出してはおらず，現在では忘却の淵に沈んでいるものが大半かもしれないが，明治以降，宗教心理学に積極的な関心を抱いた心理学者は確かに存在したのである。本論ではそうした人々による研究の系譜をたどることによって，現在の心理学，社会心理学における宗教研究の可能性を探ってみたい。
　ここで留意すべきなのは，前述したように，宗教心理学には心理学的宗教心理学と宗教学的宗教心理学の2通りが存在するということである。松本（1979）によれば，この「両者の基本的な問題関心のちがいは微妙ながらきわめて重要で，それが研究の態度や視点，さらには研究成果の上におよぼす影響はけっして無視できない」。といっても，研究者が心理学者であろうと宗教学者であろ

うと，どちらも宗教心理を対象とする点で変わりはなく，宗教心理学の歴史を厳密に振り返るためには両者を公平に扱う必要があるだろう。しかし，本書の立場は，心理学という学問のなかで宗教研究がどう変遷していったかをたどることにある。したがって，ここでは心理学者（と社会心理学者）による宗教心理学を中心に眺め，宗教学者による宗教心理学はそれと対比させるかたちで扱うことにする。

だが，その前に，明治以降の日本の宗教事情を簡単に振り返ってみよう[1]。宗教という個人的・社会的現象に関する研究の発展は，その時代の社会の状況と無縁ではありえず，逆に，社会的状況のなかでとらえることで見えてくるものがあると考えられるからである。

3-1 近・現代の宗教事情

明治維新は宗教界全体に多大な変化をもたらした。それ以前，近世においては宗教は幕藩体制による宗教統制の下にあり，仏教と神道のみが公認の宗教であった。特に仏教は檀家制度によって封建体制と一体化し，特権を享受していた。それに対し，明治維新政府は仏教諸宗から封建的特権を剥奪し，神仏分離を強行して天皇を頂点とする国家神道体制をつくりあげた。神道は「非宗教」として他の宗教から区別され，教育制度に組み込まれて国民道徳と一体化したのである。明治22（1889）年に発布された大日本帝国憲法では信教の自由がうたわれていたものの，安寧秩序を妨げず，臣民としての義務に背かない限りにおいてという制限が課されており，民衆宗教のなかには厳しい監視・干渉・弾圧を被ったものが少なくなかった。

キリスト教もまた維新によって情勢が大きく転換した。そもそも，キリスト教（カトリック）は天文18（1549）年にザビエルによって日本に伝えられ，一時は信徒が数十万といわれるほどに布教が進展したが，その後の厳しい迫害と禁圧のもとに一部の潜伏キリシタンを除いて根絶された。幕末に至り，鎖国が解かれると，安政6（1859）年にまずプロテスタントの宣教師が渡来し，

---

[1] 宗教史に関しては主に弘文堂発行の『日本宗教事典』および『新宗教事典』を，本文中に出てくる明治・大正期の研究者の経歴に関しては主に佐藤・溝口（1997）を参考にした。また，引用に際しては特に断りなく，仮名遣いや漢字を現代のものに改めている。

続いてローマ・カトリック，ギリシア正教も相次いで伝道を開始した。明治期に入ると，文明開化の風潮に乗って布教は急速に拡大したが，信者数が飛躍的に増加したのは明治の初期までであり，その後教勢は停滞する。しかし，教育・社会事業の面で大きな役割を果たしたことや，学者・文学者など知識階級に信者が広がったことから，日本の社会に与えた影響は小さくない。

　一方，民衆の宗教運動に目を向けると，幕末から明治維新期はさまざまな民衆宗教が出現し，教勢を拡大した時期であった。法華系の本門仏立講などを別として，神道系の宗教運動や団体は徐々に教派神道として公認されてゆくが，なかでも勢力の大きかった金光教と天理教はたびたび弾圧を受け，公認を得た後も干渉・圧迫は続いた。これらの最も古い新宗教に加えて，明治末から大正期にかけては大本教を初めとする非公認新宗教が大きく発展した。当時は維新後急速に進められた近代化への反動か，社会全体で超能力・超自然現象への関心が高まっており，福来友吉による有名な千里眼実験が行われたのもこの時期である。

　昭和に入ると，終戦に至るまで社会のあらゆる分野で統制色が強まり，宗教分野では不敬罪，治安維持法による新宗教の大規模で苛酷な取り締まりが行われた。特に厳しい弾圧を加えられた新宗教としては，大本教，ほんみち，ひとのみち教団（現在のＰＬ教団），創価教育学会（同創価学会）などがある。また，キリスト教界に対してもさまざまな圧迫が加えられ，結局は時勢に同調せざるをえなかったものの，多くの犠牲者が出ることになった。

　昭和20年に終戦を迎え，天皇の人間宣言，国家神道の廃止という宗教体制の大変革が行われると，戦後の復興期にいわゆる「神々のラッシュアワー」が到来する。戦時下に鳴りを潜めていた多くの教団が，初めて得た信教の自由の下でいっせいに躍り出たのである。キリスト教もまた足早な回復の道を歩み，キリシタン時代，明治の文明開化期と並ぶ日本キリスト教史上三大発展期を迎えるが，この時期は長くは続かず，戦後の混乱が一段落を告げるとともに教勢は停滞し，現在も信者数は日本人の人口の1％に満たない状況である。

　高度経済成長期に入ると，乱立・繁栄した新宗教教団も徐々に淘汰されていくが，そのなかで最大の発展を遂げたのが，ともに法華系の創価学会と立正佼成会である。さらに，高度経済成長が終わりを告げた70年代半ば以降は世界的な潮流にのって社会全体，特に若者層を中心に神秘・呪術への関心が高まっているが，この時期に発展した新宗教は新新宗教ともいわれ，その代表的なも

のとしては阿含宗，真光系教団，ＧＬＡ系教団があげられている。現在の新宗教情勢としては，これらに加えて，大きな社会問題を引き起こしている統一教会とオウム真理教（現アーレフ）に注目せざるをえないだろう。

3-2 明治・大正期

　日本人による宗教心理学の概論書で最も古いものは，おそらく伊藤堅逸（1921）による『宗教心理学』であろう。これより以前の1915年に出ている小倉清三郎の『宗教心理学』は実際にはスターバックの*The Psychology of Religion*を省略や要約を加えて訳出したものであり，オリジナルの著作ではない。

　伊藤によると，日本における宗教心理学的研究は元良勇次郎が1900（明33）年に「現在学生の宗教心に関する調査」を発表したのを嚆矢とする。周知の通り，元良は日本で最初の心理学者であり，研究の範囲は精神物理学から障害児教育までと幅広く，心理学界に多大な影響を与えた人物である。また，敬虔なキリスト教徒であり，宗教学研究会において「宗教観念に関する研究」という題目で講演を行ったり，『宗教と教育の関係』を上梓するなど，宗教に関して積極的に発言もしていた（元良，1900）。恩田（1992）によると，彼は東洋の思想・文化にも深い関心を寄せ，1905年にローマで開かれた第7回万国心理学会議では「東洋哲学に於ける自我の観念」を発表し，このなかで禅に関する心理学的考察を行っている。

　しかし，上の調査は実は元良の発案で行ったものではない。東京帝国大学の大学院生や学生だった17名の者が研究の計画を立てるが，まったく前例のない調査であるために方法に窮し，「意を決して」元良に助言を仰いだというのがその経緯である。元良は1885年から88年までアメリカの宗教心理学の草分けでもあるジョンズ・ホプキンズ大のホールの下に留学していたため，その間に得た知識に基づいて助力したものと推測される。ただし，元良の助力の範囲は単に調査の方法を教授するに留まらなかった。院生たちが当初知人や同窓生を対象に数十人程度の調査を行うつもりでいたのが，元良のリーダーシップによって質問紙の発送数4,561，回収した数942という大規模な調査に膨れ上がったのである。質問の内容は家庭や学校における宗教的影響と現在の宗教心に関するものであり，記述式の回答を調査者がカテゴリーに分類し，数量的に分析するという手法を取っている。したがって，日本で最初に実証的な宗教研究を

行った心理学者として、あるいは元良の名前を挙げてもよいであろう。前章で述べたように、アメリカにおいては19世紀末から20世紀初頭にかけてのおよそ30年間、宗教心理学の「黄金時代」（初期宗教心理学あるいは古典的宗教心理学）が訪れるが、スターバックがその記念碑的著作である *The Psychology of Religion* を著した1899年とほぼ同時に、日本においても宗教心理学の萌芽が認められたというのは興味深い。

　だが、その後の研究はすぐには続かなかった。宗教に関する心理学的研究が次に出てくるのは10年が経過してからのことであり、この際には京都帝国大学の教育学講座の教授だった谷本富が大きな役割を果たしている。1916年に出版された谷本の『宗教教育原論』によると、彼が「宗教教育論」と題する講義を行ったところ、受講生のなかから宗教をテーマとする論文を提出する者らが現れた。まず、柳原貞次郎が1910（明43）年に「宗教教育の一研究」という大学卒業論文を提出した。これは未発表だが、谷本や今田（1947）による引用を見ると、キリスト教徒の学生百数十人を対象に入信についての調査が行われている。次は心理学講座の学生だった石神徳門であり、彼は1912（大正元）年1月に発刊された雑誌『心理研究』の第1巻第1号に「青年の宗教心」を発表している。内容は400人以上の学生を対象とした入信に関する質問紙調査であり、学生の宗派はキリスト教、神道、仏教などさまざまである。石神は同年9月に『宗教心理の研究』を出版しており、そこにはその調査の詳しい内容に加えて、多くの歴史的資料に基づいた出家に関する分析が収められている。さらにその2年後、教育学講座の学生だった田中廣吉が谷本の指導の下に児童と青年の宗教心に関する綿密な調査を行い、その成果を『信仰を基とせる道徳的陶冶の研究』として出版した。この頃はアメリカで宗教心理学が全盛だった時期であり、これらの研究はいずれもその影響を色濃く反映している。しかし、当時は心理学全体としてはヴントの影響が強く、彼がアメリカ風の宗教心理学に批判的だったことから、なかなかそれが受け入れられないという状況だったようだ。石神（1919）はこの問題意識に立って、アメリカの宗教心理学について機能主義の観点から詳しく論じている。

　ところで、この時期に宗教心理学的研究が現れた背景に、もうひとり大きな役割を果たした人物がいたことを忘れてはならない。当時心理学講座の教授だった松本亦太郎である。彼の研究の中心は実験心理学であり、著作目録によると、宗教に関する研究は特に行っていない（桑田、1931）。目録に記されていな

いもので，1910年に丁酉倫理会倫理講演集に発表した「実在の信仰に対する心理的見解」が見られる程度である。しかし，彼が大正期の宗教心理学に与えた影響は無視できない。

　まず，石神だが，彼は谷本の講義の受講生だったことは確かだとしても，そもそも松本の研究室の学生であった。実際，石神の著作は松本の監修による出版であり，そこには研究に際して松本の指導を受けたことが記されている。そして，松本が1913年に東京帝国大学の心理学担当教授に転任後，そこから少なからぬ宗教心理学的研究が生み出されたのである。

　当時の心理学書のシリーズとして，松本らの編集による『心理叢書』があった。これは大学の卒業論文を中心に刊行されたものだが，そのなかに宗教に関するものが何点か認められる。その最初のものが，1916年に出版された桑田芳蔵の『霊魂信仰と祖先崇拝』である。桑田は松本が講師を務めていた1905年に東京帝国大学を卒業したが，出版当時には既に留学から戻って助教授になっていた。『霊魂信仰と祖先崇拝』は副題を「民族心理学的研究」といい，桑田がライプツィヒ大のヴントの下で主に民族心理学を学んでいたときに資料の収集に着手したものである。このため，桑田の研究に松本の影響がどの程度あったものかは不明だが，松本もまたヴントの下に留学していたため，両者にはヴントの民族心理学という共通の関心があったものと思われる。

　ここで桑田の宗教心理学について見てみると，ヴントの下で学んだ人らしく，「宗教心理学に於けるゼームズ対ヴント」ではW．ジェイムズとヴントの研究方法を比較し，ヴントのものが宗教心理学にふさわしいと論じている（桑田，1913）。しかし，翌年の「宗教心理学の研究法及び参考書」という文章を見ると，やはりジェイムズに対しては批判的なものの，その優れた点は認めており，さらに，スターバック，リューバ，プラット，エイムズら古典的宗教心理学の主立った人々の研究も紹介している（桑田，1914）。このことから，彼がドイツだけでなく当時の宗教心理学全般に詳しかったことが明らかであり，この後に松本・桑田の下から生まれる研究に対して，実質的には桑田が与えた影響が大きかったのではないかと推察される。

　『心理叢書』からは，宗教に関するものが他に2点出版された。飯沼龍遠（1918）の『現代日本人の信仰』と入谷智定（1920）の『禅の心理的研究』であり，2人はともに松本・桑田の研究室の学生だった。飯沼の研究は石神（1912）や田中（1914）と同様，質問紙と文献調査による入信の研究であり，その意味

では特に目新しさはない。一方，入谷の研究はやはり質問紙と文献調査によるものだが，禅を研究対象としている点が斬新であり，これはその後の禅の心理学的研究の先駆をなすものと位置づけられている（恩田，1992）。

　飯沼と入谷はともに1916年の卒業生だが，同年卒業の城戸幡太郎と西澤頼應もまた宗教に関する研究を行った。城戸は子どもの神に対する態度の発達を調べており（城戸，1918），彼自身は触れていないが，田中（1914）の児童の宗教心に関する研究に連なるものといえる。一方，西澤（1918）の「現代青年の宗教心に関する調査」は宗教経験に注目し，経験の内容，経験に及ぼす影響，年齢との関係などについて，全国の多種多様な学校の学生千人以上を対象に質問紙調査を行っている。入信という概念は用いていないが，石神（1912ab）や飯沼（1918）と同じ系譜に連なるものだろう。珍しい研究としては，澤田頼應（1917）の盲学生の宗教経験に関する調査がある。澤田については，論文中に東京帝国大学の出身であることが示されており，澤田自身，松本を「恩師」と呼んでいるが，佐藤・溝口（1997）による大正時代の東大の心理学専攻卒業生リストには名前が見当たらない。西澤頼應と同一人物という可能性も考えられるが，この点は不明である。

　これらに対して，松本・桑田の研究室以外で行われた研究としては，堺榮之介（1922abcd, 1923）の子どもの宗教心の発達に関する研究に注目される。これは，富山県内の50の尋常および高等小学校において神仏の観念や宗教的行動に関する質問紙調査を行ったものであり，千数百名の生徒から得たデータをほとんど生のまま記した長大な論文である。

　こうした大正期の研究の多くに言及した概説書としては，前出の伊藤（1921）の『宗教心理学』がある。伊藤は明治・大正期に活躍した教育学者・高島平三郎の弟子であり，この他に，自分の「キリスト教徒としての立脚地」から『児童宗教教育の基礎』を著している（伊藤，1919）。

　これらの研究のうち，著者が自分でデータを得たものについて概観すると，ヴントの民族心理学に基づいて，民族学的資料を考察の対象とした桑田（1916）を除くと，方法としては質問紙法と文献法（教典などの文献資料の分析）が中心である。質問紙法は，当時は「発問法」や「質問法」といっていたが，現在のようにカテゴリを調査者が用意して選択させるのではなく，問いに対して自由記述で答えさせるやり方だった。多くの場合は大学・学校において調査を行っており，対象者である学生・生徒の宗教は神道，仏教，キリスト教などさま

ざまである。これに対して、飯沼（1918）は広範な年齢・職業のさまざまな宗教に属する人々から回答を得ている。対象者の宗教を特定したのは柳原（1910）であり、幅広い年齢のキリスト教徒を対象に調査を行った。

　研究のテーマとしては、入信と子どもの宗教心の発達が主なものである。元良（1900），柳原（1910），石神（1912ab），飯沼（1918），西澤（1918）らは青年もしくは成人を対象として、家庭における宗教的背景、現在の宗教心、信仰をもつに至った年齢・動機などについて調査しており、一方、田中（1914），城戸（1918），堺（1922abcd, 1923）は子どもを対象として宗教心のあり方を探究した。

　これらの特徴から、当時の研究が古典的宗教心理学の強い影響を受け、その方法を宗教と文化の違いを越えて日本の青少年に当てはめたものであることが分かる。このことは、その頃から日本の心理学が海外の動向にきわめて敏感であったことを示している。ただし、これらの研究の多くは在学中になされており、その後の進展が認められるものは多くない。確認できた範囲では、西澤がこの後も宗教研究を継続している。したがって、この時点では宗教研究が心理学に深く根づくには至っていなかったといえよう。

　一方、宗教心理学に関心を寄せた研究者のなかには、谷本（1916）や伊藤（1919）のように、宗教教育に関する書物を著した者も見られる。宗教学の祖・姉崎正治（1912）の『宗教と教育』を初めとして、宗教教育、特にキリスト教教育に関する書物は現在に至るまでに相当の数に達するが、これらはその魁である。

　この時代に日本で宗教教育に関心が寄せられた理由は、やはり当時の社会的事情と切り離しては考えられない。飯沼（1918）によると、「…明治維新の大変以来、急転直下、物質文明の輸入に日も足らざる有様となり、…一般国民の精神生活殊に宗教生活は全く貧弱となり、…学校教育に於ては、表面宗教的信仰と無関係を標榜せしも、小中学校に在りては、生徒の宗教の事に関係するを喜ばざるの風ありしを以て、家庭の感化によりて、かつかつ養い得たる信仰も、中学校における科学的教育の為に、全く其萌芽を朽たし果つるもの、蓋し甚少にあらざりしなるべし」（pp.6-7）という状況であり、これは今の時代に指摘されることと驚くほど共通している。こうした事情を背景として、明治の近代化運動が一段落を迎えた大正時代には早くも青少年の教育に危機感をもつ人々が出てきたのである。特に、前述のようにキリスト教会は当初から教育に大きな関心をはらい、多くの学校を設立していることから、伊藤（1919）のようなキ

リスト教徒による宗教教育論が今後頻出することになる。

3-3 昭和初期

　大正期における心理学の専門誌としては『心理研究』と『日本心理学雑誌』があった。石神（1912a）を初めとして，前者には宗教心理学の論文がいくつか発表されているが，後者ではまったく見当たらない。この2つの雑誌はともに1925年に廃刊となり，翌年（大正15年1月），両者を統合する形で新雑誌『心理学研究』が発行され，まもなく昭和を迎えることになる。そこで，まず『心理学研究』に発表された論文を手がかりに，昭和期の宗教心理学を追ってみよう。

　戦前の『心理学研究』に宗教に関係する論文を複数回発表した者は2人いる。城戸幡太郎と大場千秋である。城戸は前述のとおり，在学中に子どもの宗教心に関する研究を行ったが，この頃は既にライプツィヒ大学への留学から帰国し，法政大学教授となっていた。論文の内容は「古代日本民族の言霊信仰」や「マドンナの芸術」に関する心理学的考察であり（城戸，1928, 1929），以前のものとはかなり異なるが，この他に日本宗教学会の機関誌である『宗教研究』にも宗教論や宗教史に関する論文を載せており（城戸，1930, 1931），彼が宗教に深い関心を寄せ続けていたことが分かる。

　一方，大場は松本の定年後の卒業生であり，1931年には大正期の『心理叢書』をリニューアルした『心理学叢書』のシリーズから『呪の信仰』を出版した。後年，『民族心理学』や『文化人類学』などの書を著したことから分かるように，彼は桑田以来の民族心理学の伝統を受け継いだ研究者であり，『心理学研究』に発表した論文のタイトルは順に「呪術の心理」，「鳥居について」，「石占について」である（大場，1928, 1930, 1932）。

　その他に注目される論文としては，鈴木榮吉（1932）の「基督教に関する意見の調査──現代人の基督教観について」がある。これは，東京基督教青年会に所属する著者が，指導者と信者のキリスト教思想の傾向について調査したものであり，副題から連想されるような一般人のキリスト教に対する態度を扱ったものではない。これに対して，当時の日本人のキリスト教観に的を当てたのが，同じ頃に別紙上に発表された松宮一也（1933）の「現代日本人の観たる基督教──基督教に対する態度の研究」である。それによると，1931年に「太

平洋問題調査会文化部」において「我国文化に及ぼしたる基督教の影響」に関する総合的研究が行われたもようで，松宮の論文はそのなかの心理学的研究の部分についてまとめたものである。これは，まさに太平洋戦争へと向かいつつあった当時の日本の社会的関心を反映したものとして興味深い。また，この研究は当時の最新の態度尺度構成法であるサーストン法を採用しており，その点でも意義のある論文である。

　この後数年間，『心理学研究』に宗教に関連した論文は発表されず，1939年に竹中信常の「海濱児童の宗教関心の動機」（資料）と今井義忠の「民間信仰としての縁起」，そして，直接に宗教を扱ってはいないが，宗教と深く関連した「死」に関する調査である山崎末彦の「死に対する青年の心的態度」が1940年に出たのを最後に，学会発表の抄録を除いては現在に至るまで姿を消したままである。このうち，今井は桑田の下の学生であり，この論文は当時水戸高等学校の教員となっていた大場の指導を受けて，民族心理学の立場から著したものである。

　『心理学研究』以外の雑誌では，松宮（1933）のほかには久保良英（1930）による「宗教心理学の研究法」と橘覺勝（1936）による「老人の宗教経験」を確認している。このうち，後者は在宅と施設の老人を対象に死の観念や信仰態度に関する質問紙調査を行ったもので，現在の高齢社会にこそ注目されるべき問題を先取りしているといえる。また，前出の西澤は1930〜40年代に日本宗教学会の大会でしばしば研究発表を行っており，その中には入谷（1920）以来の禅の心理学的研究の系譜に位置づけられるもの（西澤，1938，1943）や戦争に動機づけられたもの（西澤，1940，1941）などがある。

　一方，著作として発表されたものには，1932年に出版された海老澤亮の『宗教教育の心理的基礎』がある。これは伊藤（1919）と同じくキリスト教徒の立場から宗教教育について論じたものであり，心理学的というより宗教的な色合いが濃いが，なかに青年信者の回心に関するデータが収められている。

　それに対して，1934年の今田恵の『宗教心理学』は，伊藤（1921）以来の包括的な宗教心理学のテキストである。今田はさらに，1947年に別の出版社から同じタイトルの著作を出版するが，これは彼自身の説明によると，34年度版がキリスト教系の出版社から宗教教育叢書の一部として出されたために，執筆に多少の制約が加えられていたのに対して，より一般的な立場から書き直したものである。具体的には，全体に渡る加筆修正のほかに「入信に関する統計

的研究」という章が新たに加えられている。この本は古典的宗教心理学の知見と国内における諸研究の成果を総合した労作であり，日本人による宗教心理学の古典といえよう。今田は松本が東大に在任中の卒業生だが，47年度版が出版されたときにはその定年後20年以上が経過し，松本は既に鬼籍に入っていた。そのためか，序文で「恩師」とされているのは桑田芳蔵のみだが，今田を松本門下の最後の宗教心理学者と位置づけてもあながち間違いではあるまい。

　しかし，実証的研究という点で見ると，戦前に最も多くの成果を生んだのは関寛之であろう。関は児童・教育心理学者であり，執筆した教科書も少なくないが，一方で『宗教研究』など宗教学関係の雑誌に児童の宗教心理・宗教教育に関する論文を数多く発表している。関（1944）によると，彼は初め仏教日曜学校の生徒を対象に質問紙法による調査を行うが，その資料の大部分を関東大震災によって失ってしまう。その後，昭和4～6年に帝国学士院研究費を受けて児童の宗教心理の研究を，さらに昭和12～14年にも再び同院の研究費を得て児童の宗教と迷信の関係についての研究を行い，それらをまとめ上げたのが終戦も間近い1944年に出版された大著『日本児童宗教の研究』である。そこでは質問紙法に代わって「生活法」という方法を柱としているが，これは児童と一定の期間生活をともにし，「口頭問答・臨床・個性観察・個人知悉・自然表現観察等」によって研究する方法を指している。前節で見たように，これまでの研究は青年・成人のみならず，児童を対象とした場合でも質問紙法が中心であったのに対して，これは観察とインタビューによる初めての調査である。実のところ，この後も心理学者による宗教心理学的研究の多くは質問紙法に基づいており，また，児童を対象としたものはほとんど見られなくなる。関の文章はやや大仰で読みにくく，データの分析も分かりやすいとはいえないが，この点，たいへん貴重な研究である。

　このようにいくつかの重要な研究が生み出されてはいるものの，昭和初期の20年間の成果について概観すると，散発的との印象を免れない。量的にはそれ以前の大正期にも決して多くはなかったが，それらが共通した傾向を有する研究群だったのに対して，この時期の研究にはそうしたまとまりが欠けているからである。これは，ちょうどその頃にそれまで強い影響を及ぼしていた古典的宗教心理学が衰退したことと無縁ではあるまい。ただし，アメリカで宗教心理学が衰えた最大の理由は行動主義の隆盛であるといわれるが，日本に行動主義ないし新行動主義の研究が続々と入ってきたのは戦後のことであるため（佐

藤・溝口, 1997), その直接的な影響ではないだろう。おそらく, 日本の文化的風土に根ざした宗教心理学が発展するに至っていなかったため, 海外からの推進力が衰えるのに応じて勢いを失ってしまったのではないか。その意味では, 今田 (1934, 1947) は大正期の宗教心理学の総決算であるといえる。

さらに, 昭和初期は宗教心理学がひとつの節目を迎えた時期でもある。この時期に生まれた新しいタイプの研究に松宮 (1933) があり, これは研究の発想がそれまでのものとは大きく異なっている。というのも, それ以前の研究では入信や神概念のように宗教とパーソナリティの出会いから生じるユニークな心理に関心があり, そこから研究が生まれたのに対して,「基督教に対する態度」にはそうしたユニークさはなく, 宗教は態度という概念のひとつの対象として位置づけられる。つまり, 宗教心理学というより, 社会心理学の視点から研究が発想されているのである。

ジョーンズ (Jones, 1985) によると, 社会心理学は1930年代に入って態度という概念を独自の研究対象とし, 信頼性と妥当性を兼ね備えた態度尺度を次々と開発することによって, 自らのアイデンティティを強化した。そして, 後述するように, 戦後の宗教心理学的研究には社会心理学, 特に態度研究の枠組みにおいて行われたものが多い。これは社会心理学がアカデミックなアイデンティティを確立するとともに, 宗教の心理学的研究の多くが社会心理学のなかに取り込まれ, それによって「宗教心理学」としてのアイデンティが失われたことを意味する。むろん, それ以前にも社会心理学的な研究は行われていたが, あくまで宗教研究のひとつの立場ととらえられていたのが, 逆に, 宗教が社会心理学のひとつのテーマとなったわけである。こうした流れが明らかになるのは戦後の50年代以降のことだが, 松宮 (1933) はその予兆であるといえよう。

さて, これまで主に心理学者による宗教研究を追ってきたが, 昭和期の宗教心理学の特徴として, 宗教学者によるものが増えてきたということが指摘できる。

宇野円空は心理学的な立場を重視した宗教学者で, 既に大正期から活躍していたが, 昭和に入って執筆された宇野 (1929, 1931) の『宗教民族学』や『宗教学』は宗教に関心を抱く心理学者にとっても重要な書物となった。ただし, 宗教心理学の概説書としては, 宗教学者によるもので最も古いのは, おそらく上野隆誠 (1935) の『宗教心理学』であろう。この本は「宗教学の一分科」とし

ての欧米（特にアメリカ）の宗教心理学についてまとめたものであり、多角的・包括的な内容を含んでいるが、日本における宗教心理学的研究への言及は見られない。上野と前出の関が『宗教研究』に頻繁に論文を発表しているため、昭和初期の宗教学界において宗教心理学の占める位置は、小さいながらも無視できないものであったろうと推測される。また、太平洋戦争の前後には古野清人（1940, 1948）も『宗教心理の研究』、『宗教心理学説』などの概説書を出版したが、これらはフランスの精神病理学的な宗教心理学を重視しているという点で他のものとは立場を異にしている。

3-4 戦後から現在まで

1. 宗教学的宗教心理学の変遷

戦後、まず注目されるのは竹中（1957）である。竹中は幅広い活躍をした宗教学者で、60年代以降は仏教関係の著作を多く発表しているが、前節で触れたように、昭和初期には『心理学研究』にも論文を寄せていた。1957年の『宗教心理の研究』は今田（1947）と同じく、海外と国内の宗教心理学を広範にさらった概説書であり、特に詳細な学説史と国内文献の豊富さでは他に類を見ない。宗教学と心理学の双方の分野に目配りしている点も評価される。各論としては、伝統的な宗教心理学の流れを反映して、児童の宗教心理と回心研究に特に力点がおかれており、現在でも宗教心理学を学ぼうとする者にとっては重要な一書である。ただし、その当時の新しい研究の動向を表したものではなく、古典的な宗教心理学書としての価値が高い。

一方、より新しい研究動向を反映したのが「宗教とパーソナリティ」という問題である。オルポート後の人格心理学の発展は、古典的宗教心理学が衰退した後の宗教心理学の動向を考える上で重要な要因であり、柳川（1959）は新しい宗教心理学の一方を人格心理学（精神分析理論を含む）に基づくものであると述べる。この人格心理学に基づいた宗教心理学の研究テーマに「宗教的パーソナリティ」があるが、これについては、野村（1951, 1954）がキリスト教、仏教、神道の信者と特定の信仰をもたない一般人を対象に、質問紙形式とTAT風の写真を用いたパーソナリティ・テストを実施し、それぞれの群のパーソナリティの特徴を描き出した。また、後には刺激語に対する自由連想の内容から、キリスト教と神道の宗教者に特有の意味づけ・価値づけのパターンを見い

だすよう試みている（野村，1983）。

　しかし，「宗教とパーソナリティ」に関しては，むしろパーソナリティ理論を宗教研究に取り入れようとする方向のほうが主流である。たとえば，渡辺（1960）はカーディナー（A. Kardiner）のパーソナリティ理論に，脇本（1967）はマズローを中心とした人間性心理学に注目し，それと宗教学との関連について論じた。また，脇本の編集による宗教心理学のテキストは主にフロイト，ユング，エリクソン，オルポートを取り上げて宗教的人格やその成熟について論じており（脇本，1977），「宗教心理学」を冠した現時点で最後の書物において，松本はエリクソンを軸としてフロイト，ユング，ピアジェ，オルポート，ジェイムズらを援用し，発達段階にそって宗教心理の特徴を論じた（松本，1979）。最近では，久保田（1992）が宗教学のテキストにおいてユングとマズローの自己実現論に関して論じており，また，「宗教心理」に関する最新の意欲的な書物である島薗・西平（2001）においてもジェイムズ，フロイト，ユング，マズローらが論じられている。さらに，渡辺（1994）のように，ユング心理学の立場から心理学という学問を相対化し，宗教と併置して論ずる動きも見られる。このように，人格心理学や深層心理学の観点から宗教心理を検討するという作業は現在も活発に行われており，学会発表の動向を見ると，とりわけユングへの関心が高いようである。

　これに対して，柳川（1959）が重視したもうひとつの方向である宗教の社会心理学的研究に関しては，1950～60年代に宗教的態度に関する学会発表が多くなされた点にその一端を見ることができる。それらの研究のなかには高木（1952）のような日米の比較調査も含まれるが，この時代の議論の大きな特徴は，その多くが宗教的態度の概念やその測定法に関心を傾けているという点にある（たとえば，家塚，1956）。後述するように，心理学者による宗教的態度の研究では一般的な態度研究の方法がそのまま宗教という問題に応用されているのに対して，これは宗教学者による研究の大きな特徴である。両者の宗教という問題に対する研究態度の違いが如実に表れているといえよう。

　しかし，60年代の後半に入ると「宗教的態度」が学会発表や論文のタイトルから消え，代わって出てきたのが質問紙法による大規模な宗教意識調査である。質問の範囲は広く，信仰の有無をはじめとして，信ずる宗教，入信の年齢・経路・動機，信仰の程度，神仏・霊魂・来世観，宗教への関心や必要性，日常営んでいる宗教行動に至るまで，すべて含まれる（鈴木，1965）。実際には

世論調査中の数個の項目からなることもあれば，宗教的態度に関する詳細な項目群を含む場合もあるが，心理学における宗教的態度調査との違いとしては，質問の範囲の広さ，調査規模の大きさに加えて「学術的な目的と並んで実践的な目的をもつ」(家塚，1972)ことが指摘される。特に教育場面での要請に応えて行われることが多く，90年代にも全国の宗教系中学・高校・大学と非宗教系の大学において大規模な調査が行われた(國學院大學日本文化研究所，1997)。また，石井(1997)は戦後50年間に行われたさまざまな世論調査や統計的資料から，日本人の宗教性や宗教団体の変化を概観している。

　宗教学分野における宗教心理学は，このようにユングやパーソナリティ心理学への関心と大規模な意識調査とに二分しているのが現状である。この両者の隔たりは一見して大きく，ともに「宗教心理学」という領域に収めるには困難を感じざるをえない。こうしたことから，「今日，狭い意味での古典的な宗教心理学は，すでに解体したといえるかもしれない」という意見も見られる(渡辺，1995)。このような状況に至る要因はさまざまであろうが，そのひとつとして，質問紙法を宗教心理の研究に用いることに対する拭いがたい不信感があるように思われる。たとえば，今日の欧米における宗教心理学の先駆となるアーガイル(Argyle, 1958)の*Religious Behavior*について，松本(1979)はその「実証的統計的研究」の長所を認めつつも「短所としては，被験者の言語能力に依存せざるをえないこと，質問の範囲内の事柄しか明らかにならないこと，またさらに重要な点としては，宗教的信仰の深い次元，個人的特色などをつかむことが不可能であることを指摘しうる」という。アーガイルに対しては，野村(1960)のように批判しつつも積極的に評価する向きもあるが，結局のところ，そうした質問紙法と統計的分析による仮説検証型の研究は宗教学に定着せず，質問紙法はより社会的・実践的な意味合いの強い宗教意識の調査へと展開していったのである。

2．青年の宗教意識の研究

　では，戦後の心理学者による宗教研究にはどのようなものが見られるだろうか。
　ややまとまって出てきた研究としては，初めに戦中・戦後に行われたいくつかの宗教意識調査をあげることができる。まず，西谷(1944)が戦時中の学生を対象として，家庭の宗教や本人の信仰，宗教への関心などについて調べてい

る。これと同じ質問紙を用いて，結果を戦後直後の学生のものと比較したのが河合（1947, 1948ab, 1949）である。また，戦前，戦後を通じて長く宗教心理学的研究を続けた学者に岡道固[1]がいるが，彼は1950年に出たオルポートの *The individual and his religion* に触発され，それと自分のデータを比較することで，戦後学生の宗教意識の特徴を明らかにしようとしている（岡, 1955）。同じくオルポートに準拠しているのが中島・津島（1960）であり，調査対象者はキリスト教系，仏教系，無宗教の3つの大学の2,500名を超える学生という大規模なものである。質問の内容は本人の宗教への関心とそのきっかけ，入信動機，宗教への態度など幅広い。

　1940〜50年代に行われたこれらの調査の背景には，太平洋戦争による社会の変動とそれに伴う青年の変化があるようだ。たとえば，河合（1947）は「敗戦以来『精神の荒廃』が云われ，その救い手として宗教に新なる期待がかけられつつも，その現実を動かす力の虚弱なることが嘆かれている反面，爾光教が一つの社会問題となり，或は大本教その他一連の類似宗教復活等が伝えられる」という認識の下に，「この時代の激しい変動と混乱によって表面に洗い出された最も本質的なるものとして，如何なる宗教意識を現在青年の中に見出すことが出来るであろうか」という問いを発している。中島・津島もまた，「終戦直後の経済，社会の極度の混乱の時期からぬけでて漸く落ちつきをみせはじめたとはいえ，大東亜戦争の終了にともない，人々が思想的枠組みを失って混迷をつづけていたといわれる時期において，時代の変遷を最も敏感に感じとりうる青年期にある学生が，生きるより所として，どの程度，またどのように宗教を求めていたか，その動機は何であったか」と問いかけ，特に戦後のキリスト教への入信者の急激な増加とその足早な終焉に注目している。このように，この時期の研究は社会の情勢を敏感に反映したものであることが分かる。

　これらの研究では青年の宗教意識の解明が目的とされており，内容としては石神（1912ab），飯沼（1918），西澤（1918）らとさほど大きな違いは見られない。特に西谷と河合については従来どおりの自由記述式の質問紙が用いられているのでその感が強いが，選択肢法を用いている中島・津島についても同様である。つまり，宗教意識の構造や機能や関連要因ではなく，内容そのものに強い関心が寄せられている点が共通しているのである。その意味で，これらの宗

　1）　著書に『信仰の心理学的解明』（1966）がある。

教意識研究は従来の宗教心理学を受け継いだものといえる。

　このような青年心理学的な研究は宗教心理学の有力な領域のひとつであろう。その後，社会情勢の変化に伴ってこれらの研究の源となった問題意識が失われたためか，それまでのような宗教意識調査はあまり見られなくなる[1]が，このひとつの応用として，比較文化的研究への進展が興味深い。

　石黒らは一連の研究によって，日本，米国，カナダ，台湾の青年の宗教意識を比較することによって，日本の青年の特質を明らかにしようとしている（石黒・酒井，1984, 1987；石黒・酒井・許（Sheu），1988；石黒・酒井・許・山田，1986）。また，張（Zhang）・高木（1989）は日中の大学生の比較研究を行っており，おそらく，この他にもこうした比較文化的な宗教心理研究は行われているのではないかと思われる。さらに，石黒（1984）は日本の小学・中学・高校および大学生の宗教意識の年齢・性・地域（奈良と愛知）による違いを示し，石黒・許・酒井・山田（1986）は同様の調査を台湾において行っているが，これらは宗教的発達に関連した研究としても興味深い。こうした調査は宗教という文化による文脈の違いの大きい問題を扱っているだけに，その方法への疑問も生じやすいが，資料としても貴重であり，こうした成果がより手に入りやすくなることが望まれる[2]。

3．宗教的態度の研究

　さて，宗教学における流れとは逆に，宗教意識調査に代わって活発に行われるようになったのが宗教的態度に関する研究であり，これが宗教の社会心理学的研究の本格的な始動である。前述のとおり，戦前では松宮（1933）のキリスト教に対する態度の研究があったが，これは戦後の研究の先駆けとなり，彼が作成した態度尺度はその後もしばしば引用された。以下の研究の特徴としては，因子分析という手法の発展を受けて，態度の構造を明らかにすることに主眼をおいている点があげられる。

　まず，河合（1956ab, 1957）はサーストン法によるキリスト教に対する態度の測定尺度を作成し，因子分析のRテクニックとQテクニックを用いて態度の分

---

[1]　最近行われた宗教意識調査としては，石黒・酒井・山田（1985, 1987），石黒・酒井・宮本（1990）などがあり，高校生・大学生の宗教意識と宗教教育，及び家の宗教との関係を検討している。これらは宗教学分野での研究と重なる部分が大きい。
[2]　日本の宗教意識調査に関する徹底したレビューとして，松島（2002）がある。

析を試みた。さらに，その結果に基づいてリッカート法による態度尺度を作成している（河合, 1959）。安藤（1962, 1963, 1965）もまたキリスト教に関連した尺度を作成しているが，そこでは態度という概念を考慮しつつも，それとはやや異なったものとして「宗教的情操」と「宗教的行為」を扱い，リッカート法による尺度の構成，因子分析，尺度の標準化という作業を行った。彼はまた松宮の用いたキリスト教に関する意見項目を改訂して，サーストン法による態度尺度を作成している（安藤, 1974）。

　宗教的態度は宗教を社会心理学の俎上に載せる上での重要な概念だが，一般的に態度という概念がそうであるように，研究者によって想定するものがかなり異なることが少なくない。そして，宗教学において概念や測定法に関する議論が盛んに行われたのとは異なり，心理学ではその枠組が明確にされないままに調査が行われる傾向がある。

　ここで，松宮らの研究における態度の内容について見てみると，まず，対象となる宗教はすべてキリスト教である。彼らの研究への動機づけはそれぞれであろうが，対象者が日本人である以上，たとえキリスト者でもキリスト教以外の宗教に関わる宗教性（あるいは特定の宗教に関わらない宗教性）をもたないということは考えられないため，キリスト教のみを対象とした研究は宗教性の一部を扱っているに過ぎないという批判は可能である。だが，これはそもそも研究の目的に関わることであり，それが「キリスト教に対する態度」「キリスト教的情操」「キリスト教的行為」と明確に規定されている限り，その批判は当たらないだろう。ただし，それをもって「宗教に対する態度」「宗教的情操」「宗教的行為」に替えることができないのはいうまでもない。

　注目されるのは，これらの研究は同じキリスト教に関する態度でも，その異なった側面を検討しているということである。家塚（1966）は宗教に対する態度を宗教的態度とは切り離し，宗教的態度では態度そのものがどれほど宗教的かということが問題になるというが，これはむしろ態度の多面性に由来する問題であろう。というのも，態度は認知，感情，行動の3つの成分からなるとする見方が広く認められているが，宗教に対する態度はこのうちの認知の側面（の一部）を表していると考えられるからである。これを扱っているのが松宮と河合，そして安藤（1974）であり，それに対して，安藤（1962, 1963）の宗教的情操と安藤（1965）の宗教的行為はそれぞれ感情の側面と行動の側面に相当するといえよう。

これらの態度尺度間の関係について見ると，安藤（1965）は作成した宗教的行為インベントリーの妥当性を検討する過程で，それが宗教的情操尺度（の4つの下位尺度）およびキリスト教への態度尺度とそれぞれ有意な相関をもつことを示しており，また，後には自分が作成したこれらの尺度に因子分析を施して二次因子の抽出を試み，すべての尺度が第一因子に高い負荷を示すことを見いだした（安藤，1976）。このことは，それらの尺度がひとつの態度領域の異なった側面をとらえていることを示唆しており，したがって，それらを総合して用いることでキリスト教に関する宗教的態度をかなり広範にカバーすることができると考えられる。

このような宗教的（キリスト教的）態度の構造を明らかにしようとする研究に対して，真野（1976）はやはりキリスト教を対象としつつ，態度と行動の一貫性という観点から，現実の宗教的行動の予測を試みている。そこでは態度は予測変数となり，その認知，感情，行動の3つの側面がともに考慮されている。真野はその後も宗教的行動の予測に関する研究を行い，関連要因として学力レベル（真野，1977），宗教的価値観（真野，1978），結婚観（真野，1979）などを検討している。

このように，宗教的態度の研究はキリスト教を対象として行われることが多かったが，そこには宗教性の範囲を限定することで得られる利点がある一方，日本人一般の宗教性の解明という点では弱いことは否めない。これに対して，金児（1990ab）は浄土真宗の信徒および住職を対象に調査を行ったが，宗教性の内容を真宗に限らず，宗派を越えて広く日本人の宗教心の根底に認められる固有信仰（民俗宗教性）を同時にとらえようと試み，宗教性に関連する要因や2つの宗教性（真宗宗教性と民俗宗教性）の関連のしかたについて検討している。さらに，金児（1993a）は病気治しや商売繁盛の神様として庶民の信仰の厚い2つの寺社において，そこに集う人々を対象に調査を行い，比較的民俗宗教性の薄い真宗の信徒においては「民俗宗教性」というひとつのまとまりを示していた宗教性が，より民俗宗教性の濃い人々の心性においてはどのように分化しているかを示した。この2つの研究は対象者，ひいては日本人一般の宗教性（宗教的態度）の構造を明らかにしようとしたものといえるが，金児はその他に大学生を対象として，そうした宗教性が親子間でどのように伝達されるか（金児，1991a），民俗宗教性と対人関係観がどのように関連しているか（金児，1993b）などの観点からも調査を行っている。

民俗宗教性に注目した研究としては，他には杉山（1997）によるモルモン教徒を対象にした調査があり，そこではモルモン教の信仰と民俗宗教性の関係や，第一世代と第二世代の信者の宗教心の違いが検討されている[1]。

　さらに，研究の関心としては異なるが，実際には宗教的態度の研究と重なり合う部分が大きいものに，精神的健康や死の問題がある。

　戦前でも既に橘（1936）や山崎（1940）など，死に関する調査研究が認められたが，最近になって社会のあちらこちらで盛んに議論されるようになった背景には，現代医学の発展によって脳死および臓器移植が大きな問題となり，その反面，終末医療の重要性に気づかされたこと，また，急速に進む高齢社会の到来によって「いかに死を迎えるか」という問いがクローズアップされてきたことなどがある。そもそも死は宗教の起源であるといわれるように，宗教と密接に関連しているが，こうした世情を反映して，海外では主に70年代以降，宗教と死生観，宗教と自殺などの宗教と死に関係する研究が盛んになった（Spilka, Hood, and Gorsuch, 1985）。また，この問題も含めて，精神的（あるいは身体的）健康と宗教との関係についても注目度が高く，多くの場合，宗教心の高い人はより健康度が高いことが見いだされている（Schumaker, 1992）。

　この分野の主要なテーマとして，宗教と死の怖れとの関係，すなわち，宗教は死の怖れを和らげるかというテーマがあるが，そこでは宗教的態度と死に対する態度の相関が検討されることが多い。日本では金児（1991b, 1994）がこのタイプの研究を行っており，その後も死に対する態度，脳死・臓器移植に対する態度など，死をめぐるテーマに関する研究が徐々に進められている（河野・金児, 1998, 1999；熊野・金児, 1999；渡部・金児, 1998, 1999）。また，西沢（1998）は大学生を対象として精神的健康と宗教心に関する調査を，金児（1998）は大学生と一般人を対象として心理的充足感と宗教に関する調査を展開した。このように，健康や死についての研究は態度調査のパラダイムにおいても実りの多いことが示されているが，それだけでなく，たとえば，老年心理学（生涯発達心理学）との関連，キリスト教を背景としたターミナル・ケア施設であるホスピスや，同じく仏教を背景としたビハーラでのフィールドワークなど，従来の枠組みを超えてさまざまに発展していく可能性を秘めていると思われる。

---

[1]　この論文に修正を加えたものが本書の8章である。

4. 新宗教へのアプローチ

次に，かつての宗教心理学の中心的なテーマであった入信及び宗教心の発達について眺めてみよう。

まず，前述のとおり，後者に関する研究は現在ではほとんど行われていない。少なくとも，海外で活発に行われているような，子どもの神観念や宗教的志向性の変容を発達心理学の立場から検討した研究は見当たらず，これは宗教学分野においても同様である。子どもの宗教心に関する調査研究としては，川崎（1971），鍋倉（1979）などがわずかに認められる。

発達心理学の理論や手法は用いられていないが，宗教的発達に関連した研究としては，近藤（1950）が小学生，中学生，高校生を対象とした質問紙調査によって，神を信じる・信じないといった宗教的態度が各年齢でどう異なるかを明らかにした。また，最近では杉山（1993）による崇教真光をフィールドとした研究が認められる。これは質問紙調査によって，信者の信念，行動，宗教的体験などが発達段階（および性と入信後の年数）によってどのように変化するのかを探ったものであり，生涯発達と集団内社会化の2つの視点からの検討が試みられている[1]。

一方，入信についてだが，これもまた最近行われた研究は少ない。しかし，宗教心理学における重要なテーマであり，また，初期の頃と現在ではその概念が大きく変容している点でも興味深いので，ここで少し詳しく取り上げてみよう。なお，回心，入信，入会，コミットメントなどの類似概念については，研究者間で見解が微妙に異なるが，ここではその点にはこだわらない。

回心（conversion）は古典的宗教心理学の重要な研究テーマであり，スターバックが質問紙調査によって回心の平均年齢を抽出したことはあまりにも有名である。このため，その影響を強く受けた明治・大正期の宗教心理学には信仰を得た動機，背景，年齢などについて調査したものが多くみられた。しかし，古典的宗教心理学が衰退し，50～60年代に復興するという経緯をたどるなかで，回心の概念は大きく変化し，かつてはいわば「真の信仰への目覚め」という神秘的な体験を指していたのに対して，現在では信仰・帰属する宗教が主に伝統的な宗派から非伝統的な宗派へと変わるプロセスに適用されるようになっ

---

[1] これに修正を加えたものを本書の7章に収めている。

た。つまり，非伝統的な宗教の勢力拡大という世界的な潮流に応じて，新宗教への入信が重要な研究対象となったのである。

このような情勢を考えると，現在のほうが回心研究のための土壌は整備されているといえるだろう。かつての欧米での研究はあくまでキリスト教の枠内で行われており，したがって，それを非キリスト教文化にそのまま輸入するには無理があったのに対して，現在ではかなり国際的な共通性が期待されるからである。しかし，そうした研究上の事情と，日本では新宗教の活動がひじょうに活発であるという事実にもかかわらず，新宗教に入信する人々に関する研究はあまりなされていない。これは心理学のみならず，社会学や宗教学，文化人類学などの分野においても同様である。むろん，新宗教に関する研究のなかで入信する人々の属性や動機などに関して明らかにされることはあるが，入信（回心）そのものに焦点を置いた研究は必ずしも多くなかった。そうした研究の例には次章で触れるが，特に最近では松岡（1993）や伊藤（1995）のように，新宗教を対象とした国際的なフィールドワークによる研究が行われているのに注目される。

心理学においては，まず，池上・名尾・池田（1955ab）による病気治療の研究が重要であろう。これは，善隣会という新宗教で行われる講習会が集団的精神療法を施しているのではないかという問題意識に立ち，講習会前後に質問紙調査を行うとともに，実際に学生らとともに5日間の講習会の模様を観察して，その結果をグループ・ダイナミクスの立場から解明しようとしたものである。池上らは入信という概念を用いてはいないが，講習会は入信過程における重要なイベントであり，実際に対象者のほとんどは初回か2回目の受講生（すなわち，まだ入会していないか，信者としてのキャリアをあまり積んでいないと思われる人たち）であったため，これを入信との関連でとらえることが可能である。彼らは結論として講習会が指示的・権威主義的方法による一種の集団的精神療法を施し，一定の成果を上げていると述べるが，新宗教の病気治しに対するこうした見方は，現在ではかなり一般的になっている。新宗教の集団療法的活動としては，他には立正佼成会の法座，創価学会の座談会，真光の手かざしなどが注目を集め，主に宗教学や社会学の研究者によって調査が行われている（井上・孝本・塩谷・島薗・対馬・西山・吉原・渡辺，1981）。

入信者に焦点を当てた研究としては，作道（1984）は宗教集団の発展段階によって入信の過程に異なった特徴が見られることに注目し，事例を用いて分析

した。フィールドとなった宗教集団はキリスト教会だが、ひとりの人物が独力で作り上げた教会であり、入信者はすべて青年期以降に教会と接触しているため、新宗教研究と重なり合う部分が大きい。その後、その教会そのものの発展過程についても検討が加えられている（作道, 2000）。また、杉山・丸山（1990）と杉山（Sugiyama, 1990）はエリクソンの心理‐社会的発達段階説に沿って真光の青年信者の事例を検討し、さらに、学童期から成人期までの各段階で入信の動機や導き手にどのような違いが見られるかを示した[1]。その他に、前出の杉山（1993）は新宗教への回心を集団内社会化の過程ととらえ、それを入信後の年数という変数を用いて明らかにしようとしており、また、杉山（1997）は新宗教への回心が日本人の民俗宗教性にどのような影響を及ぼすかを探っている。

これらの研究が宗教集団に対してどちらかというと親和的な立場から行われているのに対して、西田（1994, 1995）はマインド・コントロールを行っているとの批判の大きい教団の脱会者を対象に、彼らが教団に接触し、入信し、信者として熱心に活動する過程で、ビリーフ（belief）・システムがどのように変容していったかを分析している。西田はそれを信者の側の内的な変容の過程であると同時に、教団の側の伝道（マインド・コントロール）の影響の過程でもあるとして、個人と教団の両方向から入信過程をとらえている点が独自である。これはまた、最近の新宗教事情に敏感に反応した研究としても注目される。

入信に関するものではないが、新宗教への心理学者からのアプローチとして、その他には真田（1979）による認知的不協和理論の立場からの研究があげられる。これは有名なフェスティンガーら（Festinger, Riecken, and Schachter, 1956）の*When prophecy fails*に依拠して、日本のある新宗教の教祖の大地震予言がはずれた後で信者がどのように対応したかについて調査し、アメリカと日本の事例の類似点と相違点を論じたものである。宗教心理学的研究のなかでも、既存の心理学理論による説明という立場を明確に示した数少ない研究のひとつであるといえる。

5．パーソナリティ心理学からの寄与

これまで見てきた研究はほとんどが社会心理学的なものだが、柳川（1959）

---

[1] これらの論文も修正を加えて本書の7章に収めている。

が宗教心理学のもう一方の柱として重視する「宗教とパーソナリティ」について眺めると，西洋のパーソナリティ理論の応用でない独自の論考として，佐藤（1951）の「菩薩的人間」や北村（1991）の「無我」論，同じく北村（2001）の業の心理学的考察を見ることができる。

　しかし，人格心理学の立場からの実証的研究は意外なことにわずかである。注目される研究としては，まず，堀内・斎藤・山本・山本（1960）が新宗教の教祖や布教者20名を対象にロールシャッハ・テストを行い，反応の特徴を検討している。また，牛尾（1972；後に堀尾）は複数の新宗教の学生や修養科生を対象にパーソナリティ・テストを行い，パーソナリティの特徴や宗教的行動とパーソナリティの関係，宗教教育によるパーソナリティと宗教的行動の変化などを示した。彼女はその後，「自我の強さ」尺度とロールシャッハ・テストを用いて，新宗教の学生とキリスト教の学生のパーソナリティ特性を調べている（堀尾, 1977, 1978）。これと同列に位置づけられる研究に西山（1975, 1985）があり，カリフォルニア権威主義尺度（Fスケール）とカリフォルニア人格検査（CPI）を用いて，浄土真宗，禅宗，カトリック，プロテスタント，天理教の信者のパーソナリティの様相を，特に自我確立と社会性の面において比較検討している。また，未発表だが，小幡（1996）は崇教真光の信者を対象として，特性不安，ローカス・オブ・コントロール，教条主義というパーソナリティ特性と宗教的信念との関係を調査した。これらはどれも興味深い結果を示してはいるが，量が少ない上に互いに無関係に行われているので，まとまった知見を得るには至っていない。

　これに対して，やや異色の研究として，沖縄のシャーマン（ユタ）のロールシャッハ反応から，そのパーソナリティ特性と世界観を明らかにしたものに注目される（Matsui, Horike, Ohashi, 1980；松井・堀毛・大橋, 1982；大橋, 1998）。これは堀内ら（1960）を先行研究として上げているように，手法としては彼女らや堀尾と共通しているが，結果の扱い方が大きく異なっている。すなわち，堀内らの研究がロールシャッハのスコアの分析に留まっているのに対して，大橋らの研究はそれに加えて，ユタの生活史とロールシャッハ反応との関連を検討したり，反応からユタの世界観を窺ったりと，反応の内容を重視しているのである。それはロールシャッハ・テストを行う目的がユタをより深く理解するためであるからにほかならない。このように，パーソナリティ・テストを宗教研究に活用するには，それを単独で行うより，むしろ，他の手法（面接や質問

紙調査）と組み合わせて，対象者への多角的なアプローチの一部として利用するのが有効なのではないかと思われる。

6．禅とシャーマニズム

さて，このように，戦後は宗教的態度に関してややまとまった量の研究が見られるものの，それ以外は散発的にしか研究が生み出されていない。しかし，実はこれらとまったく異なったテーマの下で活発に研究が行われてきた領域がある。すなわち，禅もしくは瞑想に関する心理学的研究だが，この領域に関しては『心理学評論』第35巻第1号（1992）の「東洋的行法の心理学」という特集で詳細に論じられているので，ここではごく簡単に触れることにする。

本論ではこれまであまり取り上げなかったが，恩田（1992）によると，古くから仏教の影響を受けた独創的な心理学説が発表されている。先にあげた元良（1905）や入谷（1920），また，佐藤（1951）や北村（1991, 2001）もそうだが（後の二者については恩田は言及していない），恩田はその他に井上円了の仏教心理学，黒田亮の勘の研究と禅の心理学，佐久間鼎の神秘的体験の科学，千葉胤成の固有意識の研究などをあげている。それらを源流として1960年代以降急速に発展し，海外でも関心の高いのが禅の心理学的研究である。研究関心は禅（瞑想）が身心に及ぼす効果を探ることにあり，生理的指標を用いた研究が中心だが，その他に面接や質問紙などの心理学的尺度を用いたもの，心理療法としての治療的効果を検討したものなどがある。これらの研究では宗教性の主要な次元のひとつである「信念」が取り上げられることが少なく，また，瞑想の実践には宗教集団への帰属が必ずしも伴わないため，宗教心理学に位置づけることには異論もあるかもしれない。しかし，禅にしろ，ヨーガにしろ，東洋的行法の根本が宗教にあることは間違いない。したがって，ここではそれを宗教性の別の主要次元である「宗教的経験」および「宗教的行動」に関する心理学的研究であるとしたい。

ところで，禅などの瞑想によって得られる宗教的経験を変性意識状態（ASC）ということができるが，それに関連したもうひとつの重要な領域としてシャーマニズムをあげることができる。シャーマンが神霊と交流する際に陥る特異な精神状態がやはり一種のASCであり，それに関して人類学，宗教学，精神医学などの多くの分野から研究が行われているのである。社会心理学の立場からは大橋（1998）による貢献が大きく，主に沖縄における詳細なフィールドワーク

に基づいて，そうした一見異常な精神状態のもつ心理学的な意味，ASCを含む心身の不調を契機として平凡な主婦がシャーマンになっていく過程の心理的・社会文化的メカニズム，主婦の社会化過程とシャーマン（ユタ）への依存の関係，沖縄シャーマニズムが有する信仰治療としての機能など，シャーマニズムのさまざまな側面に光を当てている。

3-5　結び —— 再び、方法について

　本章では日本の宗教心理学の歴史と現状を概観した。その作業において，心理学と宗教学という学問分野による宗教心理学のあり方の違いに注目し，両者を対比することで心理学における宗教心理学の特徴を明らかにするよう試みたが，簡単にいえば，その違いはまさに両者の学問の名称に表れているとおりである。すなわち，宗教学においては宗教そのものの理解を深めることに関心があるのに対して，心理学では宗教は人間心理の理解のためのひとつの特殊な現象として扱われる。そのため，心理学者による宗教心理学は宗教学サイドから見ると，無味乾燥な事実の記述か，もしくは過度の一般化という印象を与えやすく，宗教そのものに肉薄する程度が低いと感じられる。一方，心理学者にとっては宗教学者の概念的考察は尊重すべきものであるが，事実を超えて観念的になりすぎる，あるいは，宗教的事例の説明に留まっていて人間心理への踏み込みが足りないという物足りなさを感じさせることがある。

　とはいっても，大村・金児・佐々木（1990）の例が示すように，こうした齟齬を超えた協同の作業や議論も十分に可能だと思われるが，実際にはそうした交流が行われることはまれなようである。これはどちらにおいても活発とはいえない宗教心理学の現状を考えると，不幸なことといわざるをえない。ただし，最近の島薗・西平（2001）による宗教心理学的研究への問題提起の書物には心理学者も参画しており，今後の発展が期待される。

　既に述べたように，現在の宗教心理学的研究においては，宗教は社会心理学や人格心理学や生理心理学のひとつの主題として位置づけられる。これが昭和以降の心理学的宗教心理学の特徴であって，個々の研究者が宗教に対して払う個人的な関心の強さには違いがあっても，このことに変わりはない。このため，多くの研究が相互にばらばらに存在することになり，研究の積み重ねが阻害されると同時に，新たに宗教に関心をもった人にとっては関連文献の収集が困難

となる。このため，人々を引きつける研究テーマとしての魅力という点で，大きく遅れをとることになる。

　この問題を乗り越えるには2つの方向が考えられる。ひとつは，ある研究領域のなかで，宗教研究が実りの多いテーマとしての可能性を示すことである。つまり，宗教に個人的に強い関心をもっていない人であっても研究上の関心を抱くような，既存の枠組みのなかでの魅力を目指す方向であり，そのためには宗教がその領域で広く用いられる方法によって扱われやすい主題である必要がある。そうした研究としては，本論において示した一連の宗教意識，宗教的態度の研究，宗教的パーソナリティに関する研究，禅瞑想に関する実験的研究をあげることができよう。

　これに対して，もうひとつの方向としては，宗教という現象に強い関心をもってこそ生まれうる，独自の宗教心理学的研究を目指すことが考えられる。そのためには，「モデル構成を目指す現場（フィールド）心理学」（山田，1986）という発想が大きな意味をもつのではないだろうか。モデル構成まで視野に入れた，宗教という現象を扱ってこそのオリジナルな研究が生まれることで，宗教心理学という領域の失われたアイデンティティが再生されるかもしれない。そうした研究はやはり，入信や宗教的発達などの古典的なテーマにおいて発展しやすいと思われる。松島（2000）による宗教的人格形成過程のモデル化をめざす研究などはその一例であろう。また，死と宗教に関する研究にもそうした可能性を認めることができる。

　このどちらの方向を目指すとしても，方法の問題を避けて通ることはできない。前者においてはまず，実験法という問題がある。というのも，宗教心理学においては，禅の生理心理学的研究を除いて，心理学の中心的な手法である実験法による研究がほとんど行われていない。これが海外の研究においても同様であることは既に見たとおりである。また，質問紙法を用いた研究においては，宗教性の測定という問題が伴う。日本人の宗教性が複雑かつ曖昧であるのは誰もが認めるところだろう。西洋のキリスト教文化圏であれば，大まかにいって宗教イコール・キリスト教であり，宗教性を測定して独立変数として扱うことも比較的容易である。事実，教会に通う頻度や聖書を読む頻度などの2，3の項目で宗教性を代表している研究も多い。これに対して，日本人の宗教性を表す項目を作成するのは困難であり，そのために，質問紙調査（あるいは実験）の変数に宗教性が取り入れられにくいのは間違いない。とはいえ，むしろ，そ

れゆえにこそ宗教性のありようを問う研究が大きな意味をもつのもまた確かである。

　一方，後者のタイプの研究においては，対象に深く接近したフィールドワーク —— 特に観察とインタビュー —— を欠くことができない。心理学の研究法については法則定立的と個性記述的という問題があるが，最終的にモデル化や心理学理論による説明が試みられるとしても，その前段階において，あるいはそれと平行して充分な個性記述的アプローチが行われてこそ，強い説得力をもった成果が生まれうる。また，これは研究にイーミックな視点を取り入れようとすることでもある。それによって，「宗教そのものに肉薄する程度が低い」という宗教学からの批判に応えることにもなろう。これはむろん，日本人の宗教性の測定という問題に際してもいえることである。

4章 回心の心理学

　　　　4-1　回心研究の流れ
　　　　4-2　初期宗教心理学
　　　　4-3　新宗教運動の社会学・社会心理学
　　　　4-4　日本の回心研究

　本書の後半では筆者が行った調査について報告するが、それは宗教心理学的にいえば、新宗教における「回心」の研究である。そこで、この章では回心という概念を取り上げ、研究の歴史とその知見を整理する。

4-1　回心研究の流れ

　心理学、社会心理学の立場から宗教に接近する場合、おそらく真っ先に出会う概念のひとつが「回心」(conversion) であろう。特に、新宗教に関心をもつ人にとっては、それがひじょうに重要な概念であることは間違いない。しかし、回心とは何か、ということを理解しようとしたとたん、その一見単純な概念のとらえにくさに戸惑う人もまた少なくないと思われる。

　通常、何かのテーマが経験的に研究される場合には、初めに荒削りで魅力的な仮説が呈示され、それがいくつもの検証を経て徐々に洗練されていくというイメージが浮かぶ。ところが、回心に関する研究の場合、1世紀近い研究史のなかで生まれたさまざまな成果が、未だに整理されないまま林立しているような印象を与える。たとえば、1973年に刊行された『宗教学辞典』を見ると、「回心」の項の記述はジェイムズ (James, 1902) やスターバック (Starbuck, 1899) ら20世紀初頭の宗教心理学書の解説がほとんどを占める。脇本 (1977) もまた、最後の部分でエリクソン (Erikson, 1958, 1969) やフェスティンガーら (Festinger, Riecken and Schachter, 1956) による「新しい」研究の方向に言及する以外は、スターバックを中心とする古典的な研究の成果をまとめているのみであり、比較的新しい髙田 (1989) においても同様である。海外においても、アーガイル

とベイト‐ハラーミは「『回心』という話題に関する研究は最近ではほとんど見られない。おそらく，その現象そのものが稀になったからであろう」(Argyle & Beit-Hallahmi, 1975; p.60) という。一方，それとは逆に，ランボーは宗教心理学書のなかでも珍しいことに，回心のみをテキストの中心に据えているが，そこでは回心に関する古典的な知見にはほとんど触れられていない(Rambo, 1993)。

このような回心という概念のとらえにくさは，研究の歴史的事情に由来している。宗教心理学が19世紀から20世紀への変わり目に始まり，短期間に華々しい成果を生んだ頃，「回心」は最も中心的な研究テーマであった。しかし，1920年代も終盤になると宗教心理学への興味は急速に衰え，それとともに回心の研究も鳴りをひそめる。その後も方向を変えて，宗教と宗教心理に関する研究は行われたが，回心という現象が再び大きな注目を集めるのは1960年代になってからのことであり，それを担ったのは心理学者よりもむしろ社会学者であった。

このように，回心に対しては，数十年の開きを経て再びアプローチが試みられたわけだが，当然のことながら，かつてとは社会的・宗教的背景が大きく変化し，回心が注目されるに至った事情も異なっている。そして，研究の中心が心理学から社会学へと移行したことで，必然的に回心という概念の取り扱いも変化した。「回心」という用語にはこのような背景が存在し，そこにはやや変則的な研究史から生じたさまざまな知見が詰め込まれているのである。

井上・島薗 (1985) はジェイムズ，スターバック以来の回心研究の流れをまとめ，初期の宗教心理学以後に回心研究が行われた（あるいは回心論に豊かな示唆を与えた）領域として，深層心理学，精神病理学，社会学，社会心理学，シャーマニズム研究をあげている。このうち，深層心理学は無意識という概念を用いることによってジェイムズらの回心のメカニズムを説明するのに貢献したため，初期の宗教心理学と比較的連続した流れでとらえられる。また，精神病理学においては，特異な宗教経験を得た人のライフヒストリー，人間関係，体験内容の特異性などを勘案しつつ，回心を神経症や精神病と比較考察するというが，これはシャーマニズム研究にも適用される手法である。現在ではむしろ，精神医学的見地から行われる宗教・シャーマニズムの研究に関しては，医療人類学 (Kleinman, 1980を参照) という枠で捉えるのが適当ではないかと思われる。ただし，医療人類学では新宗教における「癒し」や信仰体験について興

味深い報告がなされており，回心研究に大いに寄与しうることが示されているものの，回心そのものを直接に主題とした研究はあまり行われていない。

　残る社会学（と社会心理学）についてだが，これは前述のとおり，近年の回心研究の復興を担った領域である。井上・島薗（1985）によると，そこでは「それぞれの個人が宗教的世界に入っていく固有の局面・行程が注目されるのではなく，人々が宗教的世界に心を向けるようになる社会的状況や一般的条件がもっぱらの関心事」となり，「回心はある集団への帰属過程として捉え直されてくる」という。初期の宗教心理学における回心があくまで宗教体験，神秘体験であったのに対し，社会学的営為は「宗教的回心を脱神秘化」する働きをしたのである。したがって，社会学的研究においては，宗教心理学的な回心の見方 ── 宗教的信念や行動の変化を伴うパーソナリティの変容 ── は採用されつつも実証の論点からは外されるか，または否定されることになった（Spilka, Hood, & Gorsuch, 1985）。したがって，ここで回心の概念は大きく変化したのである。

　本章は，現在の日本の宗教事情において，社会心理学の立場から回心に対してどのようなアプローチをとりうるかを探ろうとする試みである。そのために，まず，初期の宗教心理学における成果，そして近年の社会学における成果を概観してみたい。

4-2　初期宗教心理学

　現在では想像するのも困難だが，20世紀の初頭，宗教心理学はまさしく百花繚乱の状況だったという。高田（1989）が「『宗教学』や『宗教心理学』の問題としては，19世紀末から20世紀初頭の草創期の頃の状況が基本的には現在まで存在し続けている」というように，この時期の宗教研究の所産は今なお重要な意味をもっている。しかし，それらはあくまでその時代，その地域の宗教的事情から発したものであり，歴史的な文脈において捉える必要があろう。

　19世紀から20世紀への変わり目の頃，アメリカには信仰復興運動（リバイバル）が広がっていた。宗教心理学はこの社会的現象によって促進されたといえるし，回心が主要テーマとなったのも，リバイバルが回心を重視していたからであろう（Spilka, et al., 1985）。リバイバルとは，一般に，感情的な高まりのなかで信仰者の告白を引き起こす集団体験運動であると考えられ（小松, 1992），

そこでは回心を初めとする神秘体験や超常現象が重んじられる。リバイバルは18, 19世紀に何度か大きな高まりを迎えており，20世紀への変わり目の頃に始まったリバイバルはペンテコステ運動と呼ばれる（この運動の詳しい内容については島薗, 1992aを参照）。この運動はアメリカ全土，さらには世界各地へと広がったが，30年代に入ると大恐慌の影響もあって停滞した。したがって，初期宗教心理学が隆盛だった時期と，ペンテコステ運動が盛んだった時期とはほぼ重なることが分かる。この時代に発表された宗教心理学の成果のうちの主要なものを，発表された年代に沿って示すと次のようになる。

Hall, G.S.	1882	The moral and religious training of children.
Starbuck, E.D.	1899	*The Psychology of Religion: An Empirical Study of the Growth of Religious Consciousness*[1].
James, W.	1902	*The Varieties of Religious Experience.*
Ames, E.S.	1910	*The Psychology of Religious Experience.*
Leuba, J.H.	1912	*A Psychological Study of Religion.*
Coe, G.A.	1916	*The Psychology of Religion.*
Pratt, J.B.	1920	*The Religious Consciousness.*
Thouless, R.H.	1923	*The Psychology of Religion.*
de Sanctis, S.	1927	*Religious Conversion: A Bio-Psychological Study.*
Clark, E.T.	1929	*The Psychology of Religious Awakening.*

　活字となった宗教心理学的研究で最も古いものはホールの論文である。ベイト - ハラーミによると，これは発達心理学的な関心の元に行われた講義をまとめたものであり，この論文が宗教心理学の端緒を開いた（Beit-Hallahmi, 1974）。2章で述べたように，ホールの下には多くの優れた研究者が集まり，彼がやがてクラーク（Clark）大学の総長となったことから，この一派はクラーク学派と呼ばれたのだが，リューバやスターバックの研究はこのなかから生まれたのである。

　では，以下にスターバック，ジェイムズ，エイムズ，コー，プラットの5人の研究者を取り上げ，彼らの研究が宗教心理学に対して行った寄与について，

---

1) 斜体は著書であることを示している。

なるべく今日的にもつ意味を中心に明らかにしたい。

1. スターバックとジェイムズ

スターバックは，回心研究の個々のテーマを設定したという意味でも，回心の「科学的」研究方法を呈示したという意味でも，回心の心理学的研究に最大の貢献をしたといえる。彼以後，回心の年齢，動機，タイプ，メカニズムなどに関する数々の研究が生まれた。また，彼の採用した質問紙法は，われわれが現在そう呼ぶものとはかなり異なっているものの，大量のデータを収集し，それを「統計的に」分析するという点では同じであり，そこから得られた成果（特に回心の年齢について，それが青年期に特有の現象だと結論したこと）は現在でも大きな影響を残している。

スターバックに遅れること3年後，ジェイムズは今なお名著との誉れ高い『宗教的経験の諸相』を著した。広く宗教心理学（あるいは単に心理学）の立場から見ると，当時の心理学者のなかで最も大きな影響を残したのはジェイムズであろう。久保田（1992）によると，「この著が宗教心理学に果たした役割はきわめて大きい。彼はこの著作のなかで，人間心理と宗教をめぐる諸々の問題を，神学的ではなく，人間的で親しみやすく，生き生きと論じて人々の関心を集めた。ここで彼が取り上げたテーマは，その後の宗教心理学の主要な項目となった」という。また，バーンズは「宗教経験を独特の現象として研究しようと思う大多数の心理学者が，何らかの科学的に有効な方法で記述し，より広い哲学的方法で解釈しようとするならば，ウィリアム・ジェイムズに遡って言及するのである」と述べる（Byrnes, 1984）。

ジェイムズのとった方法は，自己の宗教体験について記した古今の手記的資料を収集し，それに心理学的な分析を加えるというものだった。したがって，ジェイムズとスターバックの研究方法はまったく異なるものだったが，回心という現象をとらえる視点に関しては，共通する点が多かった。すなわち，両者とも個人心理学の立場に立ち，「社会」への言及をあまり行っていないことと，いわゆる「受動型」の回心を重視したことである。彼ら以降の研究は，その2点への批判としてとらえることができる。

ここで，彼らの回心の概念について簡単に記すと，スターバックは通常「受動型」と「能動型」と呼ばれる（彼自身の言葉では「罪からの脱出」型と「精神的覚醒」型という）2つのタイプに回心を分類している。どちらのタイプの

回心も悲嘆や消沈，転回点，歓喜と平安という3つの段階からなるが，前者においては，罪悪感に苦しめられ，自ら救われようとする個人的な意志を放棄した末に突然転回点が訪れるのに対して，後者においては，自らの不完全さを意識し，理想をめざして祈り努力した末に新しい洞察を得るという。つまり，転回点に達する以前の精神的態度が大きく異なるのである。スターバックは統計的には後者のほうが頻繁に認められるとしながら，回心の典型的なタイプとしては前者の受動型のほうを重視していた。

　一方，ジェイムズによると，回心とは「それまでその人間の意識の周辺にあった宗教的観念がいまや中心的な場所を占めるにいたるということ，宗教的目的がその人間の人格的エネルギーの習慣的な中心をなすにいたること」（訳書p.297）であり，それによって「それまで分裂していて，自分は間違っていて下等であり不幸であると意識していた自己」は「統一されて，自分は正しくて優れており幸福であると意識するようになる」（訳書p.287）という。ジェイムズはこうした回心の過程において，スターバックの2分法にほぼ対応する「自己放棄型」と「意志型」の2つのタイプを認めたが，意志型においても必ず部分的な自己放棄が含まれるため，自己放棄が回心の本質的な要素であるとした。

　さらに，ジェイムズによると，自己放棄型の突然の回心を経験する人と意志型の漸次的な回心を遂げる人，あるいは回心を経験しない人では心理的な特性に大きな違いがある。彼の考えでは，回心とは識閾下において発達した潜在意識的な自己が意識との縁を超えて侵略し，第1次的な意識の均衡を打ち崩す経験である。したがって，潜在意識の活動が活発であり，意識と識閾下との境が乗り越えられやすく（催眠術にかかりやすい，衝動的になりやすいなど），受動型の精神的態度を有する（回心のきっかけを得やすい）人が突然の回心を得やすく，そうでないと回心を経験しないか，したとしても漸次的な回心になるという。

　実のところ，「罪からの脱出」あるいは「自己放棄」型の回心は，キリスト教の伝統のなかでも特に神秘体験を重視する宗派から生じたものであることが知られている。スターバックの行った質問紙調査の被験者は大半がメソディストの青年であったが，メソディズムはそのような宗派の代表的なもののひとつである。したがって，彼が自分の回心論を一般論としてではなく，「メソディストにおける回心」として積極的に論じていたならば，より今日的な意味をも

っていたかもしれない。しかし，スターバックもジェイムズも，自分たちの回心論が特定の宗派と密接に関連しているということに気づいていなかったのではないが，そのことを重視してはいなかった。ジェイムズによると，「メソジスト派が，……全体としては，深い霊的本能に従っていることは，確かである。メソジスト派が典型的で倣う価値があるものとして掲げている個々のモデルは，劇的で面白いばかりでなく，心理学的に見ても，いっそう完全なものである」（訳書p.343）という。さらに，「私たちが，いかなる宗教的な関心をももたずに，純粋に自然史的な観点からして，心の歴史を書いたとしても，それでも私たちは，人間が突然にしかも完全に回心しがちな傾向をもっていることを，人間のもっとも奇妙な特性の一つとして書き留めざるをえないであろう」（同p.346）とも述べる。このように，ジェイムズは突然の受動的な回心がメソディズムにおいて典型的に認められ，リバイバルでは「法典化され形式化された手続きとなっている」（同p.343）ということを，それらがたまたま人間性の真実をとらえているからだというように解釈している。こうした見方が，彼が「個人心理学」の立場に立つといわれる所以であろう。これに対して，回心論に社会的な視点を導入したのが以下で取り上げるエイムズ，コー，プラットである。

2．社会的視点の導入

では，ジェイムズ，スターバック以後の回心論を彼らへの批判的回答として位置づけ，概観してみよう。ここで取り上げるのはエイムズ，コー，プラットの三者であり，主著の出版年度にはやや開きがあるものの，それぞれの著作中で互いの研究に触れていることから，ちょうど同時期に活躍していたものと思われる。

エイムズは機能心理学の立場を擁し，心的生活は有機体が環境に適応するための手段であるという見地から，民族における宗教の発達と個人における宗教の発達とを論じた。竹中（1957）はエイムズが急激なタイプのものだけを回心とみなし，漸次的な自然の覚醒を回心の範囲から除外したというが，むしろエイムズは回心の概念を整理したのだと考えられる。

エイムズによると，多くの著者は回心という言葉を2つの意味で使っており，広い意味では子供の世界や態度から成熟した宗教的関心への移行を意味し，狭い意味ではしばしばリバイバルにおいて起こるような急激で感情的で作為的な

変化を指す。そして，後者の回心は両親や教師，伝道者が与える直接的な統制や暗示の成果であり，福音主義のプロテスタントの宗派ではふつうに見られるものだという。前述のとおり，スターバックの調査は大半がメソディストの青年を対象としており，メソディズムはまさに福音主義のリバイバルの一派であるため，エイムズのいう「狭い意味」での回心は，スターバックの受動型の回心とほぼ同じ現象を指しているものと考えられる。

　しかし，エイムズの回心へのアプローチはスターバックやジェイムズとはまったく異なり，それを引き起こす社会的な影響のほうに力点がおかれていた。回心が混乱・不安，転回点，安心・歓喜という3つの段階を有するという見方は同じだが，エイムズによると，混乱・不安の気持ちは人間の本性を悪であるとする教義によって引き起こされるものである。また，リバイバルにおいて起こる回心は催眠の結果であるとし，賛美歌や祈祷や説教，そして群衆のもつ力そのものが人々の注意を高め，暗示にかかりやすくすると述べる。これは，ジェイムズが「興奮した集会に列席している男女の心のなかにそういう変化を生じるにあたって，暗示や模倣がどのような役割を演じていようとも，そのような変化は，個々の無数の実例において，とにかくある根源的な，借りものでない経験であった」と述べるのと対照的である。エイムズの場合，スターバックやジェイムズの理論を批判するというより，彼らとは異なった見地，むしろ社会学的な見地から宗教現象に接近したといえる。

　それに対して，プラットの視点はスターバックらと同じく個人にあり，そのいわば同じ土俵から彼らを痛烈に批判した。彼によると，回心の本質的な要素は新しい理想に向けての人格の統一，道徳的自己の「新生」（new birth）にほかならない。それは，知・情・意のすべてを含む包括的な過程であり，多くの場合，とてもゆっくりと起こるので，当人にも気づかれないほどである。時に，長く苦しみに満ちたあがきや，短くて鋭い急激な危機として意識に上ることはあるものの，それが静かな自己統一よりも価値があるということはまったくない。プラットは回心が青年期の現象であることを重視し，ある意味では青年期に起こる道徳的・宗教的プロセスはすべて回心と呼びうるというが，このことから，プラットのイメージする回心とは，エリクソンのいうアイデンティティの確立に近いのではないかと思われる。

　プラットはジェイムズやスターバックのいわゆる「受動型」の回心については以下のように述べる。すなわち，回心は2つのタイプに分けてとらえられ，

一方のタイプにおいては「人は平安や満足という新しい感覚を得るだけでなく —— それはほんの些細な部分である ——，新しい存在へと生まれ変わる」のに対して，もう一方のタイプでは「すべては感情のドラマであり，そこで起こるのはある感情から別の感情への置き換えに過ぎない」という。いうまでもなく，後者が受動型の回心に相当するものである。

　プラットによると，受動型（彼の言葉ではBunyan-Brainerd Type）の回心のプロセス全体は神学によって規定された伝統的なラインに沿っており，この原点は少なくともルター（Martin Luther）までさかのぼることができる。このような激しい回心は確かに実在はするものの，普通のことではなく，何らかの理由でパーソナリティの分裂した特殊な人に限られるというのがプラットの考えである。

　プラットのいうところでは，激しい体験が報告されるケースの多くは伝統的な神学の示唆によって引き起こされたか，あるいは純粋に想像の産物である。彼は，そのようないわば人工物としての回心体験がどのようにして創り上げられるかについて，こう述べる。信仰心の厚い青年の多く，もしくはほとんどは感情が激化する経験を頻繁に有し，それは数日，数週間，場合によっては数カ月続くが，カトリックなどの回心を重視しない教会では特に注目されることはない。ところが，主観的な面を重視し，回心体験の必要性を教える教会では，青年期における感情の活性化がそのまま回心であると見なされてしまうのである。したがって，プラットによると，福音主義の神学者と宗教心理学者の間には，一種の悪循環が存在する。すなわち，神学者は教育によって人工的な体験を生じさせ，心理学者はそれを後追いして法則を見いだし，それによって科学が神学を正当化するのである。プラットはジェイムズ，スターバックの両者をこのように手厳しく批判した。

　プラットは道徳型の回心の正統性に主眼をおいていたという意味で，あくまで個人心理学者であるが，ジェイムズ，スターバックの考察した回心が人間心理の本性に関わるものであるというより，限られた神学的な枠内から生じたものだということを主張した点で，エイムズと社会的視点を共有していたといえよう。ただし，両者の大きな違いとしては，エイムズが受動型の回心が普遍的な現象ではないとしても，一定の状況下で引き起こされる実体験であるととらえていたのに対して，プラットは受動型の回心のほとんどは体験というより表現の問題であると考えたのである。

一方，コーの『宗教心理学』はエイムズやプラットのように必ずしも明快ではないものの，宗教研究に社会心理学的なアプローチを持ち込んだという点で興味深い。彼は，ミード（G.H. Mead）に触れつつ，次のように論じた。すなわち，人間は本来社会的なものであって，自我意識自体が社会的な意識であり，個性はひとつの社会的事実である。したがって，社会を媒介とした自己実現こそが宗教経験における重要な一面であり，この宗教的な自己実現が熱烈でかつ突然に達成するとき，その変化が回心と呼ばれるのである。竹中（1957）はコーの回心論について，スターバックやジェイムズの個人心理的立場とエイムズの社会心理的立場を止揚し，個人性と社会性を公正に理解しての試みであり，穏健だが特殊性には乏しいと述べる。しかし，むしろエイムズの見方は社会学的であって，コーは個人心理学と社会学の接点に立つという意味で，まさしく社会心理学的な立場にあったといえるのではないだろうか（それがたとえ「特殊性に乏しい」としても）。

　コーは「回心論」の章で，ジェイムズやスターバックなどの著作に見られるケースをデータとして扱い，回心と呼ばれる「突然の」経験は，次のような構造を有すると述べる。(1)回心者は，主に当人の（家庭や日曜学校などにおける）先行経験から再構成した観念に向けて回心する。したがって，もし回心体験にキリスト教の神が含まれていたとすれば，それは当人が他ならぬキリスト教の考えを身につけていたからである。(2)感覚的要素が回心の要件である。それは感動，動悸の高まり，性欲，疲労などの生理的な圧迫によることもあれば，麻酔剤によってもたらされることもあるが，ともかく回心は，まず感覚（緊張と弛緩）から始まり，次いで情緒（平和と歓喜），自己の変革が起こるのである。(3)本能が回心を導く働きをする。すなわち，群居本能はリバイバルをもたらし，本能的な社会性が神の愛による共同体を志向させ，青年期における性欲の拡大が異性との関係を通じて社会的関心を増大させる。(4)観念，感覚，本能などの要素をまとめあげて回心を引き起こすのは，歌や祈りなどによって注意を狭める暗示の作用，それに先行して存在する潜在意識であり，突然の回心後にそれを維持するのは新しい習慣の形成である。

　さらに，コーは回心の機能について以下のように論じる。(1)回心は，古い尺度上の新しい満足をもたらすだけでなく，より満足できる尺度そのものを取り入れる。(2)回心は自己の創造の1段階である。新しい自己実現の達成は永続的に得られるのが普通であり，単なる一時的な感情の激発ではない。(3)回

心は一般に（おそらくは常に）社会の創造の1段階である。低級で迷妄な自己と高級で妥当な自己とは区別されるが，妥当性とは社会的な自己主張なのが常である。したがって，宗教的に妥当な自己は，何らかの団体（実際のものか想像上のものか）に所属することになる。(4)回心者の社会的な自己実現においては，人間との交わりと神との交わりとの間に心理的区別はない。回心は信仰，とりわけ社会的な信仰を生み出すプロセスなのである。

　コーの回心論のうち，回心の構造に関してはスターバックやエイムズの知見を寄せ集めたような印象があり，また，本能論のように現在では適当とはいえない部分も含まれる。そのため，彼のいう回心がどのような現象を指しているのかが，エイムズやプラットの場合のようにはっきりと伝わってこないきらいがある。しかし，回心の機能に関する部分は明らかに宗教的社会化について語っており，宗教研究への独自の社会心理学的アプローチを示している。彼が回心を単なる経験ではなく，集団の信念の受容，態度の変化といった点からとらえたことは，今日の社会（心理）学的宗教研究の基礎となっているといえよう。

3. 初期宗教心理学の功罪

　一言でいって，初期宗教心理学の最もすばらしい点は理論的な議論の豊かさにあると思われる。今日では，2章で見たように，経験的研究はあふれるほどあったとしても，理論の面では貧しいといわれる。ところが，ここで簡単に振り返っただけでも，かつての宗教心理学がどれほど各々ユニークであったかは明らかであろう。そして，それぞれが後の研究への発展の礎となっているのである。たとえば，ここでは触れなかったが，スターバックは回心のメカニズムとして身体的・生理的側面を重視しており，これはその後の洗脳に関する生理学的研究を導いたといわれる（脇本，1977）。しかし，その理論の多彩な豊かさの陰には，実は手放しで礼賛してばかりではいられない事情も潜んでいたようである。

　先に述べたように，初期宗教心理学（回心研究）は約30年間の歴史の後，急速に顧みられなくなった。その理由については既に見たが，そのひとつにエイムズ，コー，プラットの三者に関わるものがあった。すなわち，彼らは神学者としての立場から研究を行っており，そのことが「護教的」であるとして宗教心理学の科学性を失墜させたというものである。彼らの神学的な立場が具体

的にどのようなものであったかは確認できていないが，そうすると，たとえばプラットが急激な受動型の回心を「神学的な人工物」であると批判したのも，彼自身の神学的な見解と密接に関連しているのであろう。

　時代も地域も遠く離れた現代の日本において彼らの主張を目にすると，そうした個人的な事情が窺われにくい反面，それらを離れて成果を検討することが可能である。そうしてみると，彼らの研究がベイト‐ハラーミ（Beit-Hallahmi, 1984）のいう「宗教的心理学」（護教論的な観点に立つもの）に当たるとしても，興味深いものを多く含んでいるのは間違いない。そもそも，スターバックやジェイムズにしても，神学者ではなかったとしても，個人的な宗教心とまったく無縁の議論を繰り広げたとは考えにくいのである。それは前述のように，ジェイムズがキリスト教のなかでも明らかにメソディズムの教えを高く評価していることから窺われる。エイムズ，コー，プラットについては，むしろ，再評価すべき点が多く見られるし，彼らの後に初期宗教心理学が衰退したことについても，井上・島薗（1985）がいうように，その領域において議論が出尽くしてしまったという面があるのではないかと思われる。

　次節では，これ以外にもさまざまな研究上の要因が働き，それに加えて，先にも述べたように大恐慌の影響でリバイバルが停滞して研究の素材であった回心（特に「受動型」の回心）そのものが減少した（Clark, 1929）ことによって，初期宗教心理学が急速に衰退した後，回心研究がどのように復興し現在に至っているかを概観する。

4-3　新宗教運動の社会学・社会心理学

　回心研究が1960年代に入って復活したのは，やはり当時の社会の宗教的状況と無関係ではない。よく知られているように，1960年代は「世俗化」論が盛んに議論された時代であった。すなわち，1950年代の終わり頃から，世界各地のさまざまな世論調査において人々の宗教離れの傾向が指摘され，60年代の半ば頃には世俗化と宗教の衰退というのはほとんど誰もが認める事実となっていた（大村, 1988；金児, 1988）。ところが，その同じ60年代に，アメリカでは服装や音楽，政治意識や道徳が若者の間で大きく変化するのにともなって，カルトといわれるようなさまざまな新しい宗教グループが生まれ，多くの若者がそこに参加するようになっていた（Glock and Bellah, 1976）。そして，1970年

代も後半になると、今度は世界的に宗教回帰の傾向が認められ、政治的にも文化的にも宗教が世界各地で強い影響力を示すようになったのである（この状況は現在も続いている）。宗教社会学という学問はそれ以前からずっと存在していたが、それを主な母体として、回心研究が再び脚光を浴びたのは、60年代のこの新しい運動のなかでのことである。

20世紀初頭の宗教心理学における回心研究と、60年代以降の回心研究の最も大きな違いは、心理学から社会学（と社会心理学）への移行という点を別にすれば、回心という用語の意味する現象自体が変化したということがあげられる。すなわち、既述のとおり回心のとらえ方はさまざまだが、それがある状態から別の状態への（パーソナリティなり態度なり信念なりの）変化を指すとすれば、初期宗教心理学においてはその変化が同じ宗教の枠内で起きていたのに対して、60年代以降の研究では変化の前後で宗教が異なることが多く、この後のほうの宗教は伝統的な宗派ではなく、近年の新しい宗教グループなのがふつうである。したがって、そのようなグループを石井（1992）にならって「新宗教運動」と呼ぶならば（これは日本でいう「新宗教」と区別するためである）、近年の回心研究はまた新宗教運動の研究でもあるといえる。また、ここでは一貫して「回心」という言葉を用いるが、この節で取り上げるような現象に関しては、むしろ「入信」という言葉を用いたほうがしっくりするかもしれない。

1．回心の社会的要因――対人的絆

ロフランドとスタークの回心モデル　新宗教運動の研究の大きな特徴のひとつとして、パーソナリティなどの個人的な要因ではなく、社会的な変数に重点をおくということが上げられる。そして、社会的な要因のうちでしばしば最も重視されるのが、対人的な要因である。

60年代以降の回心研究に最も大きな影響を与えた研究といえば、おそらく文句なくロフランドとスターク（Lofland and Stark, 1965）であろう。まず、彼らは、本人があるイデオロギーのシステムを既に受け入れていてそれに対する関心が増大する場合と、あるシステムから別のシステムへと移る場合とはまったく別個の出来事であり、それぞれ別の用語を当てはめるべきだと主張し、後者を指して回心（conversion）という言葉を用いた。彼らはこのように明言することによって、初期宗教心理学の遺産とは一線を画したといえる。しかし、彼らの回心の定義――どんな人もグループも世界を秩序だった理解可能なもの

とするようなパースペクティヴをもっており，ある人がそのようなパースペクティヴ（世界観）を別のものと取り替えるときに，その過程を回心と呼ぶ——は，コーの流れをくむものとして理解することができる。

ロフランドとスタークは回心をプロセスとしてとらえ，その段階をモデル化したことで名高い。彼らはアメリカのある新宗教運動のグループのメンバーにインタビューを行い，メンバーでない者が真のメンバーになるまでのプロセスを7段階のモデルによって記述した。すなわち，(1)何らかの長くつらい緊張を経験する，(2)それを宗教的な問題解決のパースペクティヴにおいて解釈する，(3)自分自身を宗教的な探求者として位置づける，(4)人生の転回点においてその集団のメンバーと出会う，(5)集団内でひとりかそれ以上の回心者と感情的な絆が形成される（もしくは前もって存在する），(6)集団の外部に愛着が存在しないか，それが無力化される，(7)集団の内部でメンバーとの集中的な相互作用にさらされる。

彼らの回心モデルは多くの研究者に影響を与え，それを検証しようとする研究が数多く生まれた。そのような研究の多くは，ロフランドらとは別の宗教グループを調査し，そこのメンバーの回心過程が彼らのモデルによって説明できるかどうかを検討している（伊藤, 1995; Seggar and Kunz, 1972; Snow and Phillips, 1980）。そこからは，7つの条件の必要性と累積性に関して，往々にして否定的な結果が得られたが，ロフランドとスタークはもともとそのモデルを汎用性のある説明モデルとしてではなく，特定の宗教グループの信者を対象とした記述モデルとして構成したので，そうした批判は当たらないだろう。ロフランドはその同じグループにおいて再調査を行い，かつてのモデルが10年後でも基本的に有効であることを示しつつ，グループの変化をふまえて新しいモデルを構成した（Lofland, 1977）。これに対して，ロフランドらのモデルをより精緻で一般的なものにしようとしたり（Richardson and Stewart, 1977），段階モデルの構成という発想そのものに影響を受け，自分自身の調査結果に基づいて独自のモデルを構成するという試みも行われた（Lynch, 1977; Downton, 1980; Rambo, 1993）。さらに，最近では，ロフランドとスタークのモデルについて，伝統的な心理 - 社会決定論と後述するような新しい「能動的行為者」論の両方の視点を併せ持つという観点から再評価する試みも見られる（伊藤, 1997）。

ロフランドとスタークのモデルは，回心が社会的な文脈のなかで起こる複雑なプロセスだということを示したが，彼らの研究の重要な点は，単にモデルの

形成という点だけでなく，本人とメンバー，あるいは非メンバーとの対人的・感情的な結びつきという要因を強調したことにあった。すなわち，カルト内にそれが存在し，カルト外にそれが存在しないことが肝要なのである。その点では，彼らのモデルはきわめてシンプルだといえる。そして，彼らに影響を受けた上述の諸研究もまた，表現や強調の度合いに違いはあっても，そこに重点をおいていた。

統計的手法による検証 回心過程において，カルトのメンバーとの親密な人間関係が重要な役割を果たすということは，バーガーとルックマンの「重要な他者」によっても広く認識されている (Berger and Luckmann, 1966)。しかし，その点の検証を主眼においた研究は必ずしも多くない。スタークとベインブリッジは，モルモン教に関する自分達のデータに加えて，他の研究者が得たデータを新たに分析することによって，3つの新宗教運動においてメンバー間の社会的ネットワークが非メンバーを回心させるのに重要な役割を果たすことを明らかにした (Stark and Bainbridge, 1980)。すなわち，直接的にしろ間接的にしろ，メンバーと前もって何らかの関係（友人関係や親戚関係）がある人ほど，そのグループに加わりやすかったのである。

これに対して，ハインはカルト外の対人関係に注目し，ペンテコステ派の新宗教運動においてしばしば見られる「異言」が，そのような特殊な行動をとるということによって，メンバーを外社会から切り離す役割を果たすということを示した (Hine, 1970)。メンバーはそうして非メンバーとの絆を断ち切ることによって，いっそう集団への関与を深めているといえる。さらに，ギャランターは，カルト内とカルト外の対人関係が果たす役割を同時に検討し，カルト外の対人関係の希薄さが回心を促進することを示した (Galanter, 1980)。彼は，統一教会への加入のためのワークショップにおいて調査を行い，途中の何日目かで「脱落した」人とそこで「残った」人との間にどのような違いが見られるかを調べた。結果によると，初めの2日間で71％の人が脱落したが，残った29％の人は先に脱落した人よりその集団に親密な感情をもち，教義をよく受け入れていた。ところが，その後最終的に残った9％の人は，その前の脱落者と集団への凝集感については変わらず，違っていたのは集団外の対人的な絆が脱落者より弱いということだったのである。

一方，回心の説明にあたって対人関係だけでなく，複数の変数を同時に組み

込み，それぞれの有効性を検証したのがハイリックである（Heirich, 1977）。彼の研究は回心の経験的研究のひとつの典型的なあり方を示すものだといえるが，その第1に重要な点は，回心者と非回心者の両方を被験者に用いて，両者の違いを検討したということである。この場合，被験者の選択，すなわち回心者と非回心者の定義をどうするかが問題になるが（彼は回心を「根幹にあるリアリティ感覚の変容のプロセス」といったが，調査分析に当たっては，カソリック・ペンテコステ派に加わった人を回心者，加わらなかった人を非回心者としている），経験的研究においては，このような比較の視点はきわめて重要であろう。

第2に，ハイリックは回心を説明すると思われる変数を検証可能な仮説にいい変え，それぞれの仮説が回心者と非回心者の両群を分別する力を検討したが，ここで注目されるのは，その仮説にはストレスなどの心理的に重要な変数だけでなく，兄弟構成や出身地などのデモグラフィック変数や，特に理論的な裏づけのないささいなものまで含めることができるという点である。その結果，彼は過去の礼拝への出席率，社会化の影響（親がメンバーかどうか等），仲間と家族による影響（メンバーの友人がいるかどうか等）などを重要な変数として見いだした。したがって，対人的な絆の重要性はやはり示されたわけである。このような多要因モデルの構成は，近年のコンピュータによる統計処理技術の発達によってますます有効性を増していると思われる。ただし，このような手法は最近のひとつの典型である，理論のない統計的な手法に依存した研究に陥る危険性をはらんでいる。

2．回心モチーフ

上で注目した研究は，回心を新宗教運動への加入のプロセスとしてとらえ，それを促進する要因として主に対人的な絆を強調するものであった。このような研究は，一見してかつての宗教心理学とは異なっており，そこで扱われる回心現象自体もまったく違うもののように思われる。ここでは取り上げないが，洗脳に関する研究もまた回心研究に含めるとすると，そのような印象はいっそう強まることになる。このような場合，ひとつの考えとして，回心自体は本質的に変わらず，研究者の見る目，アプローチのしかたが異なるだけだというものがある。それに対して，多様なバリエーションが存在すること自体が回心の本質的な特徴であり，被験者の語る回心の像が異なるのは，単なる語りの上で

図4-1　Lofland & Skonovd (1981) の回心モチーフ

		回心モチーフ					
		1.知的	2.神秘的	3.実験的	4.感情的	5.リバイバリスト	6.強制的
主要な変数	1.社会的圧力の程度	低いorない	ないorほとんどない	低い	中位	高い	高い
	2.持続時間	中位	短い	長い	長い	短い	長い
	3.感情的な覚醒のレベル	中位	高い	低い	中位	高い	高い
	4.感情の内容	啓蒙	畏敬 愛情，恐れ	好奇心	愛着	愛情 (と恐れ)	恐れ (と愛情)
	5.信念と参加の順序	信念－参加	信念－参加	参加－信念	参加－信念	参加－信念	参加－信念

のつくりごとではなく，実際に主観的な回心はさまざまに異なっていると主張したのがロフランドとスコノヴドである（Lofland and Skonovd, 1981）。

彼らは古今の回心研究を振り返り，6つのモチーフを見いだした。そして，それらを見分けるため，もしくは特徴を明らかにするための主要な変数として，5つの次元を用いている。

図4-1に示した6つの回心モチーフについてそれぞれ簡単に解説すると，まず，「知的」モチーフの回心とは，存在意義や自己実現に関して，本を読んだりテレビを見たりして個人的に探索することから始まるものであり，社会的な関わりをもたずに進展することが可能である。彼らによると，このモチーフはまだあまり一般的ではないが，今後ますます重要になるだろうという。確かに，日本においても，幸福の科学のように主に書籍を通じて会員を増やす「個人参加型」（島薗, 1992b）の教団が盛んに活動していることを考えると，このモチーフの今日的な重要性は容易に理解できる。

第2の「神秘的」モチーフの回心については，ジェイムズらが論じた受動型の回心を思い起こせばよいであろう。ただし，これはエイムズが述べたような，リバイバルの集会において集団で経験されるような回心とは異なる（そのほうは5番目のリバイバリストというモチーフによって表される）。したがって，ロフランドとスコノヴドのアプローチによると，スターバックやジェイムズの見た回心とエイムズのとらえた回心の違いは，単に研究者の視点の違いから生じたのではなく，経験する人の主観的リアリティにおいて異なるものとして存在するということになろう。

第3の「実験的」モチーフの回心とは，まず「試しに」やってみて，信じる

のはそれからというタイプのものである。彼らは，このモチーフがエホバの証人の間で広く認められるというが，日本の新宗教，なかでもいわゆる〈霊＝術〉系新宗教（西山, 1988）のように霊を操作する業を強調する教団では，一般にその傾向は強いのではないかと思われる。

第4の「感情的」モチーフは前節で論じたような感情的・対人的なつながりが強い役割をはたすタイプの回心を，最後の「強制的」モチーフは，いわゆる「洗脳」のようなタイプの回心を指す。

このように，回心モチーフは古今東西のさまざまな宗教現象の調査から導かれるものであり，時代とともに優勢なモチーフが変化したり，新しいモチーフが出現したりする。したがって，このアプローチは歴史的な比較研究において有効だと思われる。

さて，ロフランドとスコノヴドは，回心者が語る回心物語における差異を，現実の回心における差異を反映したものととらえ，そこから上の6つのモチーフを見いだした。これに対して，次には回心物語そのものに注目したアプローチを取り上げる。

3．回心体験から回心物語へ

回心体験と社会的文脈　バーンズによると，「メソジスト派キリスト教やペンテコステ派のなかで支持されるようなグループ内での種々の回心経験は，そのグループが生み出した期待の特別の型に大きく依存しているし，そのグループが与える支持や承認に依存している」という（Byrnes, 1984；訳書pp.23-24）。このような知見は現在では広く受け入れられているが，それを裏づけているのは，宗教グループによって宗教経験が異なることを示した諸研究である。

古くはクラークが，宗派の神学によって信者の回心のタイプが異なる（罪を強調する宗派では急激な回心を経験する人が，愛や許しを強調する宗派では緩やかな回心を経験する人が多い）ことを示した（Clark, 1929）。また，スタークによると，宗教経験を支持する宗派や新宗教運動においては宗教経験を頻繁にもつ人が多く，支持しない宗派では経験を得る人が少なかった（Stark, 1965）。さらに，支持しない宗派で経験を得る人々は，教会の内部に親密なセクト的小集団を形成している傾向があった。すなわち，宗教経験は，あくまでそれを支持する社会的文脈のなかで得られていたのである。また，回心の年齢についても，当人の属する教会における社会的期待によって影響を受けることが示され

ている (Hyde, 1990)。

　宗教経験に関しては，薬物体験や感覚遮断との関連についても研究が行われており (Argyle and Beit-Hallahmi, 1975; Spilka, Hood, and Gorsuch, 1985を参照)，宗教的文脈においては，本来非宗教的な経験が宗教的に解釈されるということが示されている。これは，ベッカーが薬物によってハイになるには単に薬物効果が得られるだけでなく，それをハイな状態として知覚する学習が必要だということを示したのと同じであろう (Becker, 1963)。このように，宗教経験が社会的文脈に依存しているというのは，現在ではほぼ自明のこととして受けとめられているといえる。

宗教経験と儀式　さて，宗教経験と社会的文脈の関わりは，儀式という場において最も明白に認識することができよう。たとえば，ジュールズ - ローゼッタは，アフリカのある教会において調査を行い，トランスという私的な宗教経験が実は偶然の賜などではなく，儀式における巧みな社会的相互作用の産物であり，それを重要なメッセージとして受けとめ解釈する聴衆の存在があってこそ成り立つということを詳細な観察によって示した (Jules-Rosette, 1980)。彼によると，トランス状態で現れる発話やジェスチャーはそれ自体は意味をもたないが，集団の儀式というパフォーマンスのなかで社会的に共有されることによって，社会的な意味づけを得るという。

　一方，マグワイアは，カトリック・ペンテコステ派における異言と証[1]の機能について論じた (McGuire, 1977)。前述のとおり，ハインは異言が当人を外集団から切り離す働きをもつと述べたが，マグワイアによると，彼が調査したグループでは異言は純粋に個人的な祈りにおいてのみ語られ，公的な場では語られないため，そのような働きをもたない。つまり，異言という特殊な現象も，主観的な行為（経験）にとどまって公的な発露をもたないならば単なる象徴にすぎず，実際の機能をもたない。宗教経験が集団外の対人的な絆を断ち切ったり，集団へのコミットメントを強化するような働きをもつには，それが公的に表現される必要があり，マグワイアが調査したグループでは，そのような機能は証 (testimony) において認められた。

---

　1)　異言とは，習得したことのない言語（外国語や霊的な言語）を語ることを指し，証とは，神の実在を示す何らかの体験をもつこと，またはそれについて語ることを意味する。

マグワイアは，集団外の対人的な絆の放棄と集団への関与の強化という2つの機能をもつものとして証を重視したが，それについて詳しく報告したのがクロール-スミスである。調査の対象はペンテコステ派のあるセクトであり，彼はそこでは証がアイデンティティの変容の儀式という意味をもつことを明らかにした（Kroll-Smith, 1980）。彼によると，そのセクトはメンバーの地位に関する段階的な構造の信念体系を有するにもかかわらず，段階間を移行するための公式の通過儀礼をもたず，また，霊的な成長は一連の私的な変容体験によって得られるという信念を有している。このことから，個人を集団のマトリクスに位置づけ，当人の地位を確認したり変革したりする何らかの作業が要されることになり，それを担うのが公的な場で行われる証なのである。証という言語行為には，その集団においてふさわしいと認識される内容や様式があり，各人は適切にそれを行うことによって自分の地位を確認し，さらにはより進んだ地位への欲求を表明する。その欲求がかなえられるかどうかは，儀式の参加者たちによる反応の仕方に依存しており，欲求を承認し強化するような形で応じられた場合，セクトのメンバーとしてのアイデンティティ変容が達成される。

　クロール-スミスによると，霊的な変容体験は私的な文脈において起こり，証はそれを社会的に認めさせるためのパフォーマンスである。彼自身は回心という言葉を用いていないが，おそらくジェイムズのような古典的な宗教心理学の見方では，私的な霊的変容体験を指して回心ということができるであろう。しかし，近年の社会学的回心研究のなかには，証のような言語的パフォーマンスを重視し，語りの世界の変容をこそ回心とする流れが存在する。

　回心物語　インタビューなどを通じて語られる回心談について，その内容を客観的な資料として扱うことに疑問を投じ，その代わりに物語としての価値に注目したのがベクフォードである。彼はエホバの証人を対象に調査を行い，回心物語（conversion account）のストーリーがエホバのイデオロギーと深く関わっていることを示した（Beckford, 1978）。ベクフォードによると，証人の語る回心物語は単なる個人的な経験を表したものではない。その内容は，エホバという組織のイデオロギーの基本的なテーマを個人的に表現したものであり，そこには社会的に適切な語りのパターンといったものが存在するのである。彼によって，語りの世界に注目したアプローチが導かれた。

　ベクフォードに続いて，回心すなわち語りの世界（universe of discourse）

の変容とし，そこにどのような特徴が見られるかを論じたのがスノーとマカレックである（Snow and Machalek, 1984）。彼らによると，回心は価値や信念やイデオロギーの変化をもたらすだけではない。より根本的で重要なのは，新しい，あるいはそれまで周辺にあった語りの世界がクローズアップされることによって，語りの世界の置き換えが起こることである。つまり，回心物語は社会的構成物であり，そのために，回心研究のための資料として用いることができるのである。

ベクフォードやスノーとマカレックのこうした見方は，かつてプラットが「受動型」の回心を「神学的な人工物」と批判したのと通じる面がある。ただ，プラットはそれを表面だけの偽物と見なしていたのに対して，彼らによると，それこそが回心の欠くことのできない特質なのである。

スノーとマカレックは回心の指標として，談話や推論に見られる4つの特性を示したが，そのうち最も重要なのは「伝記的再構成」である。これは過去を分解して組み立て直す作業であり，その過程で過去のあるものは捨てられ，あるものは定義し直され，あるものたちはそれまで思いもしなかったやり方で結びつけられる。これは，ベクフォードの述べた回心物語の特性を意味している。その他の指標としては，「唯一無比の帰属スキーマの取り入れ」（普通の人は何かの原因を帰属するのにいろいろな解釈スキーマを用いるのに対し，回心者はどんなことに対してもただひとつのスキーマを当てはめる），「アナロジーによる推論の停止」（回心者にとって，信念は他のどんなものとも比較できない），「唯一無比の役割への就任」（回心者にとっては，その宗教集団のメンバーとしての役割が全面的に重要なものとなり，その他の役割はその下に置かれるか，または捨てられる）があげられている。

スノーとマカレックによるこれらの指標はアメリカの創価学会の調査から導かれたものだが，ステイプルズとモースによって，キリスト教福音主義の人たちにも適用されることが示された（Staples and Mauss, 1987）。しかし，4つの指標のうち，回心者（と自称する人）にだけ認められたのは伝記的再構成のみであり，残りの3つの指標は回心経験のない生まれながらの信者にも同じく認められた。彼らはこのことから，伝記的再構成以外の指標は，回心ではなく宗教的なコミットメントの指標であろうと示唆する。

だが，ステイプルズとモース及びスノーとマカレックの重大な相違点は，そのような経験的研究から生じた結果よりも，むしろ，ステイプルズとモースが

明確に主張しているように，理論の面にある。すなわち，スノーとマカレックは語りの世界を意識の写し鏡のようなものととらえ，意識に起こる変化（回心）が4つの指標によって表されるような語りの世界の変容に表れると考えていた。それに対して，ステイプルズとモースは回心プロセスは根本的に自己変容（self-transformation）の過程であり，それは主に言語によって達成されるものであるとする。つまり，人は自己変容を達成し，新しい自己をつくり出すための道具として，特殊な言語やレトリックを用いる。したがって，彼らのいう語りの世界の変化とは，単なる回心の指標ではなく，それ自体が回心 ── 自己変容 ── を引き起こしているのである。この視点を前述のクロール‐スミスに当てはめると，証は主観的な体験によって生じたアイデンティティの変容の確認の儀式なのではなく，証そのものがアイデンティティを変容させる道具であるといえる。

　ここで，彼らが述べる回心者の像が，従来の回心研究におけるものとは大きく違っていることに気づかれよう。回心の社会的要因を探る研究では，回心はそれらの外的な要因によって引き起こされる，または促進されると考える傾向があった。このようなとらえ方においては，回心の当人は必然的に受け身の役割を担わされることになる。さらに遡って，ジェイムズやスターバックらの宗教心理学では，受動型の回心は回心者が自らの意志を放棄した末におとずれるものであった。そこに見られる回心者は，いっそう消極的な存在である。それに対して，ステイプルズとモースは，回心の当人が回心を引き起こす過程に主体的に関わっていると考えるのである。この意味で，彼らのアプローチは回心研究における真に新しい視点を示しているといえよう。

4．回心研究における2つのパラダイム

　これまで，初期宗教心理学と60年代以降の新宗教運動の社会学における回心研究の成果を概観してきたが，それらは主に2つの異なったパラダイムを背景としたものであると考えられる。こうした見方は70年代の半ば頃から認められるようになってきたもので，回心者を受動的（passive）な存在と見なす伝統的なパラダイムと，能動的（active）な意味の探求者と見なす新しいパラダイムの対立を意味している（伊藤，1997; Richardson, 1985a; Straus, 1979）。

　前者においては，人は何らかの内的・外的要因によって否応なく回心に巻き込まれると考えられる。そこにはジェイムズやスターバックの受動的な回心は

もちろん，エイムズが示すような宗教的な環境からの暗示によって引き起こされる体験も含まれる。また，ジュールズ-ローゼッタのいう巧みな社会的相互作用によって引き起こされる体験もここに位置づけられるかもしれないが，体験を引き起こすのが「相互」作用である点で，後者のパラダイムに通じるものを含んでいると思われる。

また，社会学的な研究のなかでも，回心の社会的要因を示すもの，すなわち，「剥奪理論」や「洗脳」モデル，本論で示したハイリックの統計的検証は伝統的なパラダイムに沿ったものである。さらに，スノーとマカレックは語りの世界の変容を重視しているものの，これは意識の変容を反映したものであり，意識の変容そのものを引き起こすのは心理的・社会的要因であると考えているので，やはり基本的には伝統的なパラダイムに準拠しているといえよう。

これに対して，後者のパラダイムにおいては，人は意味を求めて回心過程に主体的に参画する存在であり，これを表したものとしてはステイプルズとモースが代表的である。

ロフランドとスタークについては，前述のとおり，両方のパラダイムが混在したものと考えられる。回心の前提条件として何らかの「緊張」を必要としている点は受動主義のパラダイムを示しているが，回心者自身が自らを「探求者」と位置づけることを重視している点では能動主義の視点を含んでいるからである。また，マグワイアとクロール-スミスは私的な宗教的体験を前提としている点では伝統的なパラダイムに近いように思われるが，それを証によって公的に認めさせることを重視しているという点で，能動主義の視点を含んでいるといえる。

一方，ロフランドとスコノヴドの回心モチーフでは両方のタイプの回心が「あれもこれも」同列に論じられている。したがって，受動主義，能動主義のどちらのパラダイムにも準拠せず，それらの外側から，いわば歴史学者の立場に立って行われた議論であるといえよう。

4-4 日本の回心研究

前章のように心理学や宗教心理学という枠組みにこだわらずに眺めてみれば，日本でも宗教研究は盛んであり，昨今の宗教ブームといわれる社会現象のため，新宗教についても活発に議論が行われている。しかし，単に入信動機を

調べたというのではなく，回心あるいは入信という現象に積極的に迫った研究は必ずしも多くない。

　回心論としては，古くは竹中（1957），次いで脇本（1977）が見られるが，どちらもほぼ初期宗教心理学の紹介に終始しており，独自の観点は認められない。日本における実証的研究を視野に入れた回心論としては，まず，塩谷（1978b）が剥奪とその克服の過程について，いくつかの新宗教の例をあげて「人間変革」のプロセスとして論じている。また，井上・孝本・塩谷・島薗・対馬・西山・吉原・渡辺（1981）は新宗教への入信に関する優れたレビューであり，それまでに行われた社会学的，社会心理学的，精神医学的アプローチを広くまとめ上げている。

　井上らによって取り上げられた調査研究のなかで，社会学的アプローチによるものとしては，特に西山（1976）と渡辺（1978）に注目される。前者は剥奪理論に基づいて新宗教の信念体系の受容過程とその効果を明らかにしようとしており，後者はロフランドとスタークのモデルにしたがって，新宗教の受容過程における対人関係の要因（「重要な他者」の役割）について検討している。したがって，どちらも回心の社会的要因に関する研究であるといえる。

　しかし，ここで興味深いのは，両者がともに単なるメンバーシップの獲得である「入会」と信念体系の受容である「入信」とを区別している点である。前節で見たように，一般に欧米における新宗教運動の社会学では集団への入会を回心（入信）と見なすのだが，西山や渡辺が欧米の研究成果を取り入れながらも入会と入信を区別しているということは，その２つの分離が日本の新宗教における回心過程の大きな特徴であることを示唆している。すなわち，新宗教には受動的にせよ能動的にせよ，回心への強い動機づけをもたずに入会する人が少なくなく，多くの場合，教団の側もそれをよしとしているのである。これはロフランドとスコノヴドの「実験的」モチーフに類似しているが，渡辺がいうように，日本ではそこに「義理」という入会動機が絡んでいることが多い。したがって，西山や渡辺の研究を日本独自の「義理」モチーフによる回心の研究であると見なすことができよう。

　井上ら（1981）以降の回心論で重要なものとしては井上・島薗（1985）があり，そこではひじょうに興味深いことに，前節で示した回心物語と共通する視点がまったく独自に呈示されている。彼らは「回心現象が起こるのは，ある場合には偶発的であり，他の場合には社会的条件によって強く規定されているで

あろうが，回心の過程がどのようなものになるか，それが当人によってどう表現されるかは，当人の属する宗教伝統に大きく影響を受けている」というベクフォードやスノーとマカレックとほぼ同じ考察を示す。さらに，「体験発表を行なうことが，それを行なう信徒の信仰強化に役立つであろうことは，容易に見てとれよう。自己が無信仰から信仰へと移行した過程を明確に表現することは，信仰を獲得した自己というアイデンティティを確立することだからである。……回心物語の形成過程そのものが，回心過程の最も重要な局面であることもありうるわけである」と述べ，ステイプルズとモースと共通する能動主義のパラダイムの視点をも示しているのである。

彼らはこうした視点に立ち，体験発表などの回心物語を研究資料として用いることによって，「それぞれの宗教的伝統の中では，どのような回心のパターンが形成されているか，それはどのような宗教史的事情によっているか」を検討する「宗教史的回心研究」を提唱している。したがって，具体的な研究としては，スノーとマカレックやステイプルズとモースのような語りの特性の研究ではなく，個々の教団に特徴的な回心物語のパターンを探ることによって，ロフランドとスコノヴドの回心モチーフのようなものを見いだす研究になるのではないかと思われる。ただし，こうしたアプローチによる実証的研究はあまり進展していない。島薗（1993）は霊友会系の教団を対象として体験談の研究を行っているが，そこでは語りの内容（回心のパターン）ではなく，語られ方の特徴が取り上げられており，回心研究としてはやや物足りない感がある。

このように，日本のこれまでの研究のなかに，前節で示した3つのタイプのアプローチ——社会的要因，回心モチーフ，回心物語——をそれぞれ見いだすことができた。つまり，これらのアプローチはすべて日本の新宗教研究にも応用可能であることが分かる。しかし，社会的要因を除いては実証的研究はまだ乏しく，今後の発展が期待される。

一方，これまで日本と欧米の研究をあえて区別してきたが，今日では新宗教運動は国境を越えて広がっており，海外で発祥したものが日本で発展することも，日本の新宗教が世界各国に進出することもまったく珍しくない[1]。したがって，同じ宗派を対象に国際的な比較をすることも十分に可能なのである。こ

---

1) 新宗教の海外進出の現状と現地での受容の要因に関しては，中牧（1989）と島薗（1992d）が論じている。

うした比較文化的な研究としては，松岡（1993），伊藤（1995）が認められる。また，既に触れたように，伊藤は研究の枠組みとしてロフランドとスタークのモデルに準拠しており，その再評価も行っている（伊藤，1997）。

　最後に，これまで見てきた研究は回心研究のなかでも主に社会学的なアプローチによるものであったが，より心理学的あるいは社会心理学的なテーマとして，回心と宗教的発達の関係，さらに，回心の宗教性への影響という問題が考えられる。この2つの問題は本書のなかで，筆者自身の研究によって探究する。

5章　宗教と癒し

5-1　宗教と医学
5-2　伝統的な宗教における癒し
5-3　新宗教における癒し
5-4　癒しとアイデンティティ

　人はなぜ，どのような時に宗教に惹かれるのだろうか。
　そのきっかけとしてよく知られているのが，新宗教の三大入信動機といわれる「貧・病・争」である。すなわち，新宗教には経済的な困窮，自分や家族の病気，人間関係の悩みを契機として入信する人が多いことが知られており，これが新宗教が現世利益の宗教といわれる所以である。そうした人々が求めるのはそれらの問題からの「救い」であり，教団の機関誌などに目を通せば，入信したことによって問題が解決したという奇跡的な救いの話が枚挙にいとまがないほど見られる。
　しかし，それらの話を注意深く読んでみれば，それが必ずしも問題の直接的な解決を示しているわけではないことに気づく。たとえば，妻のガンを治したい一心で入信した男性の話であれば，奇跡的にガンが治癒したという報告のこともあるが，妻は残念ながら亡くなったが，その後むしろ信心を深めたというパターンも少なくない。後者の場合，男性の入信時の求めは叶えられず，救いは得られなかったはずだが，なぜ彼は信心を失わず，かえって深めていくことになったのだろうか。
　ここで考えられるのが，「癒し」という問題である。
　「癒し」と「救い」はあまり区別なく使われる言葉だが，新屋・島薗・田邉・弓山（1995）は救いを包摂する概念として癒しをとらえ，癒しの本質は苦難の出来事から解放され，安らぎを与えられること，言い換えると，出来事に意味が与えられ，その出来事と和解することではないかという。すなわち，先の男性の例でいえば，妻の病気が治ることは救いであり，癒しであるが，治らなかった場合でも，信心によって男性が妻の病気・死という出来事を受容する

ことができるようになったのなら、それもまた癒しであるといえよう。

この章では、病気治しという、従来は否定的にとらえられることの多かった問題も含めて、宗教による癒しに関するこれまでの知見をなるべく歴史的な変遷に注目して概観し、宗教、特に新宗教における癒しの性質について考察する。

5-1 宗教と医学

宗教と医学との関係は深い。シンガーとアンダーウッド（Singer and Underwood, 1962）によると、科学的医学は古代ギリシャに始まったが、そのずっと以前から人間の医学的営みは行われており、古代エジプトやメソポタミアの医学には、魔術的・宗教的な要素が色濃く見られた。そして、きわめて発達していた古代ギリシャの医学は紀元2世紀に終わりを告げ、その後ヨーロッパはいわゆる「暗黒の時代」に入るが、この時期に医療に携わっていたのは主にキリスト教の聖職者たちであった。ルネッサンス以降、キリスト教と医学との関係は薄れ、近代西洋医学が誕生するに及んで近代社会における宗教と医学との分離は決定的となったが、一方でシャーマンによる病気治療は世界のあちらこちらで生き残ってきた。

ところで、よく知られているように、新宗教には「病気治し」を行うところが少なくなく、これが社会的批判を招く一因ともなっている。つまり、ガンが治るというふれ込みで高額のお布施を要求されたとか、入信して精神病が悪化したという類の訴えが後を絶たないのだ。このような問題はカミサマやユタのようなシャーマニズムの世界にも付きものであり、おそらく今後も消えることはないだろう。新宗教やシャーマニズムが現世利益を扱う限り、最も切実な悩みのひとつである「病い」に対応するのは必然であり、それは宗教の最も古い形を受け継ぐものであるといえる。したがって、そこに現代医療の主な担い手である西洋医学との軋轢が生じるのは避けられないことであろう。

しかし、一方では近年になって、宗教やシャーマニズムによる治療のもつ意味、その肯定的な側面に関する見直しが行われているが、そうした動きの背景には大まかにいって2つの要因があると考えられる。ひとつは、臨床の場で心身症のような病気が注目され、一見身体的な問題の背後にある心の重要性に気づかれるようになったこと、もうひとつは、文化人類学による未開社会や伝統

社会の研究を通じて，近代西洋医学を相対化するような視点が得られたことである。

　文化人類学のなかで，病気や治療を主に扱う分野は医療人類学と呼ばれる。そこでは，いわゆる未開社会だけでなく，文明化された社会に今も残る伝統的な病因論や治療法が発掘され，伝統的な医療と現代医療との調和や相克が描き出される[1]。

　クラインマンは病気に対する対処行動がひとつの文化システムを構成するとし，それをヘルス・ケア・システムと呼んだ（Kleinman, 1980）。彼によると，ヘルス・ケア・システムは民間セクター，専門職セクター，民俗セクターからなり，現代の科学的医療は専門職セクターに，宗教的な治療は民俗セクターに含まれる。民間セクターとは家族や地域社会の素人が担う民間文化の場であり，病気の認識や治療の評価はここで行われる。したがって，民間セクターは専門職・民俗セクターとそれぞれ密接に関わり合うが，他の2つのセクターは互いに独立する傾向が強い。ただし，各セクターの内容や交流の度合いは，地域によってさまざまである。

　現代医療と信仰による治療はどちらも広範な身体的・精神的現象を扱い，病者自身は双方に依存したり，場合によって使い分けたりすることも珍しくないが，異なるタイプの治療者同士は互いに相手に対して反発，軽蔑などの拒否的な態度を示すことが多い。そのなかで，現代医療の側から信仰治療に対する積極的な評価が生まれやすいのは，おそらく心の病いに関してであろう。このことは，クラインマン自身が人類学者であると同時に精神医学者でもあること，また，医学者のなかで信仰治療に関する研究を行っている人の多くが精神科医であることによって裏づけられる。つまり，専門職セクターの人間が信仰治療にアプローチする場合，その実績を最も評価しやすい（もしくは評価せざるを得ない）のが精神医学の分野なのであろう。これは，そのまま心の病いの治療の難しさを物語ってもいる。

1）　たとえば，日本の民間信仰やシャーマニズムによる病気治療については，波平（1984）が詳しく論じている。

5-2 伝統的な宗教における癒し

1. キリスト教

そもそもイエス・キリスト自身が病気治しを行っていたといわれる（山形, 1981）ように, キリスト教もその発祥においては病気治しの要素を強く有していた。そして, いかに科学的医療が発達した社会においても, それが依然として万全のものでない以上, 教会のなかで健康の回復を祈る声が聞こえなくなることはおそらくないだろう。たとえば, スタークとグロックによると, 約4割の教会員が自分の健康について祈ったことがあり, さらに, 8割近くの教会員は他の人の健康について祈ったことがあったという（Stark and Glock, 1968）。ただし, このデータには宗派による差が大きく, 会衆派の教会員が最も低く, セクトのメンバーが最も高かったが, どちらにおいても自分よりも他者のために祈った人のほうが多いという点では同じである。

また, 宗教心と身体的健康との間には実際に相関があるという指摘も見られる。コムストックとパートリッジはさまざまな病気の罹病率と教会出席率との関係を国勢調査のデータを用いて調べているが, その結果, 教会に週に一度以上通う人と比べて, それ以下しか通わない人は, 動脈硬化, 肺気腫, 肝硬変, 自殺による死亡率が2倍以上になることが分かった[1]（Comstock and Partridge, 1972）。彼らはこの関係が因果関係ではないと断った上で, いくつかの説明を試みているが, そのひとつが, 心の平穏と緊張の緩和が脈拍と血流に影響を与えているのではないかというものである。調査対象の病気のほとんどが老人に多く起こるものであり, 宗教は特に老人の心理的な健康への影響が大きいと考えられることから, この仮説には一定の支持が得られている（Argyle and Beit-Hallahmi, 1975）。

しかし, そうした間接的な効果を別として, 現在では一部の特殊な宗派を除いては, アメリカのプロテスタントでは信仰による病気治療は行われていない[2]。しかし, インガーによると,「現代都市においてさえ, 健康の追求はい

---

[1] ただし, 直腸ガンや結腸ガンについてはこうした結果は得られていない。
[2] しかし, これは先進諸国のキリスト教会全体に当てはまることではないらしく, 新屋 (1995) によると, イギリス国教会では今も病気治しの儀式がごく普通に行われているという。

くつかの宗教集団の基本的な関心事であり，それは他の宗教集団ではその活動の背景となっている。そしてそれが全くないような所はどこにもない。肉体的病の治療者を兼ねている聖職者はほとんどいないが，カウンセリングの形式における心理学的治療は多くの聖職者たちの仕事の重要な一部分である」(Yinger, 1970; 訳書p.101)という。このように，アメリカのキリスト教社会では聖職者が心の問題を積極的に取り上げていることから，精神医学との関係は必然的に深くなるものと思われる。

インガーによると，聖職者の側が宗教（キリスト教）と精神医学との関係についてとる態度には大まかにいって2種類ある。すなわち，ひとつは，心理療法などの近代の精神医学は古くからの宗教の理論や方法を応用したものに過ぎないとする立場，もうひとつは，科学と宗教の協力に価値を認め，精神医学からなるべく多くを学ぼうとする立場である。後者の傾向は *Pastoral Psychology* のような雑誌が刊行されていることや，多くの牧師が医療センターで臨床訓練を受けているという事実に端的に表れている[1]。

一方，医学の側が宗教をとらえる見方は，基本的に，宗教は精神の健康にどう寄与しうるのかというプラグマティックな関心に発しており，そこにはポジティブとネガティブの2つの方向の評価が認められる。

まず，ネガティブな評価，すなわち，宗教は精神の健康を阻害しうるという見方についてだが,宗教と精神異常の関係は古くから精神医学者の注目を集め,その分野の研究は宗教精神病理学と称された。小西（1966）によると，「結局，宗教現象は異常心理学的なものであるというのが，洋の東西を問わぬ精神医学者の常識的見解のようである。したがって精神医学者の宗教に対する関心は，いわば否定的な見方において示されているといってよい」という。こうした見方の源泉としては，2つの現象を指摘することができる。ひとつは，精神病者がしばしば宗教的な観念を訴えるということ，もうひとつは，回心や神秘体験のような激しい宗教的経験が精神障害の症状と類似しているということである。

スピルカらは宗教と精神疾患の関係についてのいくつかのパターンを示しているが，そのうちの否定的なものとしては，まず，宗教が精神疾患の現れだとするものがある（Spilka, Hood and Gorsuch, 1985）。つまり，異常で逸脱した思考や行動が宗教システムの枠組みのなかで生起したとき，それは宗教的なもの

---

[1] 牧師のカウンセリングについては，Byrnes（1984）が詳しい。

として受容されるという。この見方を極端に押し進めると、神秘体験はすべて妄想であり、宗教者・神秘家の多くは精神異常者だということになる。また、彼らは別の否定的なパターンとして、宗教は罪の意識を喚起し、これが精神疾患へと向かう動機の源泉となるということも指摘する。これは宗教と精神疾患とのより直接的な関係を示しており、おそらく、宗教のなかでもキリスト教のような原罪を強調する一神教によく当てはまるのではないだろうか。

　宮本 (1976) は、キリスト教の信仰をもたない日本人に宗教的な病態が発生する場合に、キリスト教的内容が浮上する傾向があると指摘し、「宗教経験と分裂病体験との間に存在する相似の関係は、その宗教形態がキリスト教に代表されるような一神教的啓示宗教の場合に限られる」のであり、「要するに、一神教的宗教と分裂病の精神病理には構造上の内密な親和性があると考えてよい」という。しかし、どんな宗教も時代と場所によってあり方が変わるのは避けられず、したがって、宗教と精神病理との関係性もそれに伴って変化していく。

　欧米で宗教精神病理学が盛んになったのは20世紀の初頭だというが、この時期は信仰復興運動（リバイバル）が隆盛し、いわゆる「急激な回心」が注目された時期であった（第2章および第4章を参照）。これは決して偶然ではなく、当時は宗教的な興奮から精神病が誘発された人が多かったといわれる（Argyle and Beit-Hallahmi, 1975）。また、19世紀半ばと20世紀半ばの分裂病[1]患者を比較した研究によって、宗教に熱狂している患者が前者では後者の約3倍に上ることが示されている（Klaf and Hamilton, 1961）。これには文化的な要因が絡んでおり、19世紀の患者に宗教への関心を示す者が多かったのは、当時のビクトリア朝社会においては宗教の社会的影響力がきわめて大きかったためであると考えられている。このように、キリスト教と一言でいってもその影響力は時代と社会によって変化し、それにしたがって精神疾患との関係も変わっていくのである。

　さて、宗教が精神の健康にポジティブに寄与する可能性については、スピルカらは次の3点にまとめている。ひとつには、宗教は社会化および社会統制の媒体として機能しうる、つまり、教義が内在化されるか外圧として作用するこ

　1）　精神分裂病。2002年に日本語の名称が「統合失調症」に変わったが、ここでは引用文献との整合のため、旧称を使用する。

とで「良きクリスチャン」という生きる上での指針が得られ，また，教会など
の宗教的共同体はノーマルでない思考や行動を抑制し，社会的に受け入れられ
やすいよう導くための学習環境として作用するという。第2に，宗教は悩める
人々に人生の苦難からの「安全な港」を提供すると考えられる。すなわち，
日々のあり方に指示を与え，社会的な受容によって孤立感や拒絶感を和らげ，
信仰との強固な一体化によって聖なるものに護られているという感じを与える
のである。さらに，第3の利点として，さまざまな宗教的活動にはより直接的
な精神療法のような働きがあるといわれる。これには祈り，告白，瞑想のよう
な日常的な行為だけでなく，回心，異言，神秘体験などの日常から逸脱するよ
うな経験も含まれる。彼らによると，これらの活動は不安や緊張を軽減し，か
つ「ゆるし」の感覚を与えることで精神の安寧に寄与し，また，混乱した人々
が世界への秩序だった健全な態度を再構成するのに役立ちうるという。回心に
ついては，いわゆる急激な回心が前述のように精神疾患を引き起こすことがあ
るのに対して，緩やかな回心はこのように精神の健康にプラスに作用するとい
われる。

　日本での知見としては，宗教が神経症に治療的に働く場合の心理機制として，
稲垣 (1976) が(1)信仰の指導者ないし先輩からの支持，(2)宗教団体に所属し
たことによって生ずる安心感ないし孤独感からの脱却，(3)指導者に対する告
白等によって生ずるカタルシスの3点を上げているのに注目される。これはス
ピルカらの3点とほぼ重なり合うといえよう。

　稲垣はキリスト教も含めて，すべての宗教はこのような精神的健康に対する
ポジティブな働きをしうるという。また，スピルカらも上記のような知見を伝
統的なキリスト教だけでなく，近年アメリカで議論を呼んでいるさまざまな新
宗教についての研究から得ているのである。とりわけ，第2の「安全な港」の
機能などは，新宗教やカルトと呼ばれる集団にいっそう顕著に認められるよう
に思われる (Richardson, 1985b, 1995)。ただ，そのためには先のインガーの指摘
に見られるように，聖職者が信者の心のケアに強い関心をはらっている必要が
あるだろう。

2．仏教

　では，日本の伝統的な宗教のひとつである仏教についてはどうだろうか。お
そらく，仏教における癒しを考察する以前に，現在の日本人にとって仏教がど

のような存在であるのかを検討すべきであろう。

　日本人の精神構造に仏教が大きな影響を与えてきたことは間違いないとしても，世論調査の結果をみると，現代の日本人の仏教の信仰率は高いとはいえない。1978年のデータによると，「何か宗教を信仰している」人は全体の3割弱であり，「仏教を信仰している」人は2割を切る。また，青年の信仰についてみると，アメリカ，イギリス，西ドイツの青年でキリスト教の信仰をもっている人は8割前後であるのに対して，日本の青年で仏教の信仰をもっている人は13パーセントに過ぎない（杉山，1981）。もう少し詳しいデータによると，宗教や信仰に関連するさまざまな事柄のなかで信じているものを複数回答で答えてもらうと，「仏」を選ぶ人は70～80年代を通じて4割以上に上るが，「おりにふれ，お祈りやお勤めをしている」人となると，15パーセント前後に止まっているのである（ＮＨＫ世論調査部，1991）。これらの結果から，漠然と仏を信じている人は現在でも少なくないものの，それが必ずしも仏教への信仰を意味しないことが分かる。

　仏教への意識的な信仰が希薄なのは，簡単にいえば，近世以来の檀家制度によって仏教が個人の宗教から家の宗教へと変化し，さらに戦後「家」制度が崩壊したことによって，公式には家の宗教としての意味も失われたためであろう。このように，仏教が個人に対してもつ影響力が弱いためか，それとも教義や儀礼の特性の故か，キリスト教の場合とは違って，仏教が精神の健康にネガティブに作用するという報告は少ない。宮本・小田（1965）によると，ヨーロッパの精神医学が古くから宗教（すなわちキリスト教）に注目していたのに対し，日本では「狐憑き」のような土俗的信仰にもとづく精神疾患を除いては，仏教，神道，あるいはキリスト教のようなまとまった教義をもつ諸宗教と関連した病態がきちんと検討されることはなかった。それは「日本人の現世的・人倫的傾向がその信仰の強さを和らげ，他方では仏教自体のあり方とも関連して，病態と信仰とのつながりが薄くなり，または，人目を引くようなものでなかった」ためだという。さらに，宮本（1976）によると，今日では伝統的な仏教が臨床的射程に入ってくることは，分裂病と否とを問わず，ほとんどない。そして，その理由は仏教それ自体の構造にあり，仏教が「神という超越的絶対者への信仰ではなく，仏という最高の人格をめざしての人間陶冶」であるためだという。

　このように，現代の日本で仏教が精神の健康にネガティブに働く可能性が低いことは確かなようである。では，もう一方のポジティブな働きについてはど

うだろうか。

　先に示したスピルカらの3点に即して考えると，まず，「社会化」と「安全な港」機能については，聖職者は別として，一般の人々に対してそれを担っている寺院はおそらく現在では稀ではないかと思われる。仏教の教えそのものも，漠然とした死生観，あるいは「たしなみ」として多くの人々に影響を与えてはいても，行動を強く規制する働きを担っているとは考えにくい。ただし，日本と一言でいっても，実際には地域によって宗教的な事情がかなり異なっている。たとえば，民間信仰のメッカである生駒山地にはさまざまな寺社がひしめいており，今も講の活動の活発な寺が少なくないといわれるが（宗教社会学の会，1985），そうした所ではこれらの機能が生きているのではないかと思われる。また，笠原（1982）は瑞龍寺という寺を紹介しているが，そこには尼僧志願者が多く集っており，彼女らは「逃避型」「あこがれ型」「養老型」の3つのパターンに分けられるという。笠原のいう「逃避型」の志願者とは，おそらくその寺に「安全な港」を求める信者のことを指すのではないだろうか。このように，仏教が今も人々への影響力を失ってはいないのは確かだが，現在の全体的な動向としては，やはり積極的な評価はしにくいといわざるを得ない。

　これに対して，第3の心理療法としての機能については，仏教は豊かな可能性をもつことが示唆されている。それは，ひとつにはキリスト教の聖職者と同じように仏僧が人々のカウンセラーとなっている場合であり，どこでも見られるとはいえないが，先の瑞龍寺はその一例であり，また，浄土真宗を中心に「仏教カウンセリング」の試みも行われている（西光，1995）。

　しかし，この点について問題としたいのは，むしろ，仏教の修行法そのものがもつ治療法としての可能性である。小田（1989）によると，仏教は発生当初から医学との関連が深く，苦悩からの救済を目指すという意味で本質的に心理療法としての面をもっており，その修行法には心身医学的に解釈可能なものが数多くあるという。そうした修行法の代表的なものとしては，禅と内観をあげることができる。

　3章で見たように，日本の科学者には一般に宗教を忌避する態度が見受けられ，心理学者もその例外ではないのだが，伝統的な仏教，特に禅に関してはその限りではないようだ。それは，高良（1976）がいうように「修養の手段として一般に行われる禅は宗教離れがしている」ため，宗教に対するような抵抗が

少ないためかもしれない。そして，禅が精神療法として有効であるという指摘も少なくないが，そうした指摘には禅そのものの療法としての有効性[1]を指すものと，森田療法に影響を与えた[2]という功績を評価するもの（鈴木，1966）の2通りが入り混じっている。

　一方，内観とは吉本伊信が開発した自己探求法であり，浄土真宗のなかでも異端的な一派の修行法である「見調べ」が基盤となっている（三木，1991；村瀬，1989；島薗，1995を参照）。したがって，自力宗である禅と他力宗である真宗の双方が，それぞれ独自の精神療法を生む土台となったわけである。森田療法と内観療法にはどちらも遮断状況で行うなど，共通点が多く認められているが（堀井，1984），逆に大きな相違点としては，森田療法の適応症が森田神経質症と明確化されているのに対して，内観療法は神経症，心身症，アルコール依存，不登校，非行・犯罪などの多様な問題に対応しうるということが上げられる。

　このように，キリスト教を主な対象とした研究から引き出された3つの機能のうちの「社会化」と「安全な港」の2つ，すなわち社会心理学的な意味での癒しの機能は仏教に対してはあまり期待できない状況にあるが，他方，精神医学的な癒しについては大きく寄与しているといえる。

5-3　新宗教における癒し

1．新宗教の精神医学的研究

　新宗教の精神医学的研究に関しては，『新宗教研究調査ハンドブック』に詳しい（井上・孝本・塩谷・島薗・対馬・西山・吉原・渡辺，1981）。それによると，新宗教の歴史は幕末から明治維新の頃に始まるが，戦前は国家権力に弾圧されただけでなく，アカデミズムの世界からも研究に値しない迷信・社会病理であると見なされ，社会学，社会心理学などの分野での研究はほとんど行われてこなかった。しかし，それゆえにこそ精神医学者からは注目され，いわゆる狐憑きのような憑依現象を中心に多くの記録が残されている。

　1）　禅に関する心理学的研究については『心理学評論』第35巻第1号の特集「東洋的行法の心理学」が詳しい。
　2）　ただし，創始者である森田自身は森田療法に対する禅からの直接的影響は否定している。

5章 宗教と癒し

　井上らによると、戦前の精神医学者による新宗教研究の多くは教祖の精神状態を問うものであり、たいていの場合は宗教性妄想や分裂病の患者であると報告されている。一方、戦後は新宗教の信者に目を向けた報告も出てくるが、その多くは精神科医が自らの臨床体験に基づいて、新宗教に関わりをもつ精神障害者の事例に触れたものである。したがって、新宗教が精神病をもたらすと断じてはいないとしても、論調が否定的になるのは避けられない。たとえば、李（1961）は東京と山梨の3つの病院で出会った、信仰と発病との間に密接な関連があると見られる「反応性精神病」の26の事例を報告している。関係していた信仰の内訳は、立正佼成会、霊友会、創価学会などの新宗教が16、その他の民間信仰が10例であり、26例中20例は家族の病気や死、対人関係の問題などの危機的状況をきっかけに入信していた。李は「彼らの人格的態度はやや社会的に未成熟で、民間信仰はこれを助長する傾向をもつ」と述べるのみであり、信仰が危機的状況への対応にどう寄与したかには言及していない。

　これに対して、単なる個々の臨床事例の分析から離れて、社会精神医学的な視点から新宗教をとらえたのが藤沢らである（藤沢・佐々木・小野・菅又・秋元, 1966）。彼らは4つの新宗教における入信プロセスの比較検討を通じて、入信者が「救われる」に至る心的機制を明らかにしている。すなわち、苦悩のはけ口を与えられ、かつ親身に迎え入れられることによって、集団への帰属感を獲得し、次いで、苦悩に新しい意味づけが与えられる。さらに、教団の全体的な価値体系を受容し、主体的な実践的信仰者となることによって、「救い」だけでなく「生きがい」をも与えられるのだという。このような分析はロフランドとスターク（Lofland and Stark, 1965）の回心プロセスに通じるものといえるが、藤沢らの場合、こうした心的機制が神経症者に対して大きな効果を上げていることを示した点が興味深い。

　藤沢らの研究グループのひとりである佐々木は、その後、そうした見方をさらに押し進め、新宗教で行われている病気治しは一種の「集団療法」であると述べた（佐々木, 1969）。また、2つの教団[1]を取り上げて、それぞれの教団の「治療」が神経症の「改善」に著明な成果を上げており、てんかんのように病気に改善が見られない場合であっても、本人がその病いを受け入れるのを助けている様子を示している（佐々木, 1977）。

---

[1] 論文中の記述から見て、創価学会と、崇教真光の前身に当たる教団ではないかと思われる。

新宗教に対する精神医学的評価がこのように変わってきた背景としては、まず、戦後、国家神道体制が崩壊し、新宗教を淫祠邪教と見なす風潮が和らいできたということがあげられる。また、精神医学のテキストでつとに指摘されているように、近年、精神医学の臨床傾向が大きく変化したこと、すなわち、分裂病が軽症化し、妄想が減少したことも無視できない要因であろう。戦前の新宗教の教祖はしばしば激しい宗教的妄想を抱いた狂人と見なされていたからである。藤森（1975）が示唆するように、憑依妄想が臨床現場から消えつつあるとすれば、新宗教に対する「偏見」の源となる事例そのものが減ってきたのかもしれない[1]。

　一方、藤沢らより以前に、社会心理学の領域でも、新宗教が一種の集団精神療法を行っているのではないかという指摘がなされた（池上・名尾・池田、1955ab）。ただし、池上らの関心は臨床的な面というより、グループ・ダイナミクスの手法をフィールドに応用することにあったようだ。その後、ルポルタージュ的なものも含めて、さまざまな新宗教の「癒し」に関連した活動が報告されており、対象となった教団（とその活動）としては、主に善隣会（おすがり）、立正佼成会（法座）、創価学会（座談会）があげられる（たとえば、西山、1968；塩谷、1978a）。このような諸研究を通じて、現在では新宗教が一種のカウンセリング機能を果たしているという見方はかなり広く認められているようである。

2. 癒しの3つのかたち

　新宗教における癒しの性質を考えるとき、ひとつの足がかりとなるのが新宗教の類型論である。どのような類型が抽出されるかは宗教のどの要素に注目するかに依存しており、それに応じてさまざまな類型論が出されるが（島薗、1992cを参照）、ここでは西山（1988）と島薗（1992c）を取り上げてみよう。

　西山（1988）は新宗教を「信の宗教」と「術の宗教」（〈霊＝術〉系新宗教）に分類した。前者は教義信条に重点をおいた創唱（神道）系あるいは経典（法華）系の新宗教であり、後者は操霊によって神霊的な世界と直接的に交流することを重視するという特徴がある。西山の類型論で興味深いのは、どちらのタイプの新宗教が発展するかが社会情勢と密接に関連していることを示した点で

---

[1] ただし、藤森は新宗教に関連した宗教妄想はむしろ増えていると指摘している。

ある。すなわち，近代化の開始期や推進期には信の宗教が発展し，近代化の一段落期には術の宗教が台頭するという。具体的には，幕末・明治維新期に発展した天理教や金光教と，戦後に爆発的な伸びを示した創価学会と立正佼成会が前者に相当し，大正期に流行った太霊道や大本教，そして高度経済成長期後に発展した阿含宗，真光系教団，ＧＬＡ系教団が後者に該当する。また，後者の〈霊＝術〉系新宗教については，新新宗教という表現も用いられる。

一方，島薗（1992c）は教祖の宗教性の発展パターンに注目し，次の4つの類型を示した。すなわち，(1)土着創唱型では，教えの源泉が主に教祖が語ったり書き残した言葉にあり，民俗宗教の要素が強い，(2)知的思想型では，経典のような書き記された思想伝統を重んじ，そこに真理の重要な源泉を認め，その解釈から教えの多くを引き出そうとする，(3)修養道徳型では，教えの主要な内容は日常生活での心のもち方やふるまい方についての平易な指示であり，世間で通用している道徳的言説とあまり隔たりのないものが多い，(4)土着知的思想複合型は(1)と(2)の中間であり，霊の観念に強い関心を寄せることが多い，という。

この2つの類型論から，新宗教における癒しについて，ひとつの示唆が得られる。つまり，癒しの源泉には経典などのテキスト（教え）と呪術（儀礼）の2つがあり，教団によって両者の重んじられ方が異なるということである。西山の類型でいえば，信の宗教では教えの受容による癒しが，術の宗教では呪術的な行為の実践による癒しが中心であると思われる。島薗の類型ではそれほど明確ではないが，(2)と(3)はかなり雰囲気が異なるものの，どちらも教え重視という点では同じであり，(1)と(4)は両者の混合，もしくは呪術重視ではないだろうか。

教えと呪術（儀礼）はどちらも宗教の中核的な要素だが，近代化に伴って，伝統的な宗教では呪術色が薄れ，病気治しなどは行われなくなってきた。現代人には，教典や聖書を読んで教えを学ぶことは知的で高級だが，呪術や業は野蛮で低級だという見方があるように思われる。

癒しとの関連で見れば，前者による癒しはむしろ「救い」と表現されることが多いようだ。たとえば，松岡（1992）は広義の回心には長期的な信仰体系の内面化のプロセスが含まれるといい，それを思考転換と表現する。思考転換とはいわゆる「心なおし」であり，教団の教えに沿って心のもち方を変えていくことによって「救われた」境地に至る過程を意味するという。つまり，教えの

受容による癒し（救い）とは回心プロセスそのものであるともいえる。しかし，松岡の指摘で興味深いのは，心なおしはそれ自体が目的であり，結果でもあるが，その過程で病気が治るなどの何らかの功徳が得られることが少なくないことである。したがって，心なおしはやはり単なる「倫理」や「道徳」ではなく，宗教的営為であり，呪術色を取り去った精神修養という枠組みには収まらないのである。

　一方，呪術による癒しは「病気治し」と密接に関連している。前述のように，新宗教の病気治しはしばしば社会的批判を招いてきたが，最近になって医学や医療人類学の見地からの見直しも行われるようになった。しかし，ここでは病気治しをその医療上の効果とは切り離してとらえる必要がある。「癒し」はあくまで信者自身の主観的な体験であり，西洋医学の見地からの効果とは別の問題だからである。この点では永井（1995）が病気治しなどの呪術的宗教性の意義を「神との交流」という点でとらえているのは示唆に富む。つまり，呪術の実践を通して神の力を実感できることに，癒しの源泉がある。したがって，たとえ病気治しを目的とする呪術（儀式）であっても，その癒しの範囲は肉体的な面にとどまらない。呪術を通じて神との交流を実感することで直接的に心の癒しが得られることもあろうし，肉体への効果にしても，それが心に響くことで初めて「癒し」となるのである。

　このように，心なおしと呪術がともに心と肉体に働きかけるのであれば，両者の本質的な差異をその効果に見いだすことはできない。この点に関して，永井（1995）は以下のように説明する。すなわち，彼女はこの２つをそれぞれ修養的な癒しと呪術的な癒しと呼び，「前者は教義や指導を媒介として教団の描く理想の人間像に近づこうと信者自身が励むというところにその特徴があり，後者は自分自身の努力よりも教団の持つ儀礼や教団内で信じられている不思議な力を頼むというところにその特徴がある」(p.98) という。これは自力・他力という概念でとらえることもできるし，初期宗教心理学における能動型・受動型の回心と重ね合わせることもできよう。

　心なおし（修養）と呪術との重要な違いをこのように実践する際の信者の態度に求めた場合，両者の区別が困難な場合も出てくる。おなじ教団に属し，同じ行為を行い，同じように「癒し」が得られたと言っていても，ひとりひとりの信者がどのような心もちでいるかによって，どちらのタイプの癒しであるかが異なる可能性があるからである。おそらく，個々の癒しの事例を検討する際

には，癒しの外的な特徴（呪術性あるいは儀式性の程度）と内的な特性（実践に当たっての理想型としての心的態度，および実際に信者が示す態度）を組み合わせて判断することになろう。

　しかし，本章の目的はそうした分析の枠組みを呈示するよりも，新宗教の信者がどのような回路を経て癒しに到達しうるのかを探ることにある。そのための手がかりとして，この2つの類型はひじょうに有効であると思われる。そこで，新宗教における癒しの形態として，永井に倣ってこの2つ（修養的な癒しと呪術的な癒し）を取り上げることにしたい。

　ここで教団の類型論に立ち戻ると，先に述べたように，西山（1988）や島薗（1992c）の類型ではそれぞれ主に用いられる癒しのタイプが異なるように思われた。しかし，それは各教団においてどちらか一方しか用いられないということではなく，混在の程度は違っていても，どの教団においても両方のタイプの癒しが存在すると思われる。たとえば，前述の松岡（1992）がフィールドとした修養団捧誠会には修養実践をひじょうに重視するという特徴があり，会員のなかには捧誠会を宗教とは見なしていない者（修養派）も少なくないほどだが，実は，教義上は記されていない呪術的な癒しを期待し，実践している会員（呪術派）も4割に上るという（永井，1992）。一方，弓山（1995）によると，天理教系の教団であるほんぶしんには修養道徳と儀礼（呪術）による癒しが存在するが，本来後者は手段的なものとして前者の下位に位置づけられる上に，最近，神秘呪術的な要素が払拭されつつある（代わって，ヨガ，瞑想，健康食品などが取り入れられている）という。このように，詳細に各教団を眺めてみれば，表には一方のみが現れていても，実際にはもう一方も必ず混在しており，また，その具体的な形態は多様であることが窺われる。

　さらに，弓山（1995）は先の修養団捧誠会の分析において，修養道徳，儀礼実践と並んで，聖地建設による救済というものをあげている。彼は捧誠会では「『ひのきしん』は単なる施設の建設ではなく，これが修養道徳と結びつけられて語られ，聖地建設により皆が心を一つにする必要性を自覚する『心のふしん』ができるとしている」（p.24）と述べ，特に修養道徳との結びつきを強調している。しかし，「皆が心を一つにする」ことには，心なおしとは別に，「信仰共同体との一体感を得る」という情緒的な意味があり，これが修養や呪術とはまた異なった癒しをもたらすのではないだろうか。新宗教ではしばしば聖地建設とそのための献金の活動が行われており，これが金銭搾取との批判を招くこ

ともあるが，おそらく信者はそれを通じてこうした意味での癒しが得られるために，時には過ぎると思われるほど熱心に行うのであろう。また，心なおしの場として重要である座談会などの活動も，修養のための機能だけでなく，そこに参加することによってもたらされる共同体の実感が重要なのではないかと思われる。したがって，ここで修養的な癒しと呪術的な癒しに加えて，第3のかたちとして，共同体の癒しというものを呈示してみたい。これは，教団のメンバーとなってそこに「居場所」を見つけ，周囲の人々とのつながりを実感すること，すなわち，教団という信仰共同体への参加そのものに由来する癒しである。

このように，ここでは新宗教における癒しのかたちとして，修養的な癒し，呪術的な癒し，共同体の癒しの3つを呈示した。これによって，初めに上げた妻を亡くした男性の例を考えてみれば，男性は修養によって妻の病気と死に何らかの意味を見いだすことができるようになったのかもしれないし，呪術（儀式）を通じて神との交流を実感したことで，妻の死という出来事を受け入れられるようになったのかもしれない。あるいは，教団の人々との交流が彼の心をほぐしていったとも考えられる。おそらく，現実にはこれらが微妙に混じり合っていることが多いのではないだろうか。

5-4　癒しとアイデンティティ

1．癒しの変容

修養的な癒し，呪術的な癒し，共同体の癒しという枠組みは，おそらく新宗教だけでなく，宗教一般について広く当てはまるのではないかと考えられるが[1]，ここでは新宗教にこだわって，最近の新宗教における癒しの傾向に目を向けてみたい。

従来，新宗教は「心なおし」の宗教といわれていた。これは，新宗教の代表的な例として，創価学会や立正佼成会などの「信の宗教」が取り上げられることが多かったせいであろう。心なおしとは，平たくいえば，心のもちかたを改め，常に他者に善意と感謝の念をもって対するようにすることであり，家庭内においては夫婦が相手を立てあうことが大切とされる（実際には女性に「下が

---

1) 実際，この枠組みはスピルカらの呈示した宗教の3つの機能と重なり合う部分が大きい。

る心」が要求されることが多い)。多くの新宗教において，心なおしは教えの核心部分に関わっており，これを通じて家族やその他の人間関係の和が回復し，ひいてはいっそうの「利益」が得られるところに「救い」が実感されるという。つまり，これが修養的な癒しの伝統的なスタイルである。

　これに対して，最近の新宗教ではこうした倫理的な心なおしは強調されない傾向があるといわれる（島薗，1992b)。そのひとつの理由は，最近は術の宗教，すなわち，呪術的な癒しを重視する教団が成長しているためであり，これについては既に述べた。しかし，ここで重要なのは，心なおしそのものは重視するが，そのプロセスが従来とは大きく異なるタイプの新宗教である。そうした新しいタイプの心なおしを島薗は「心理技術的心なおし」というが，その特徴は倫理・道徳的な意味合いが薄いということにある。それにはたとえば，テープ等で流される音楽や言葉によって心身をリラックスさせる，決まった言葉（「自分は運が強い」，「健康あふれた楽しい毎日です」等）を大声で唱える，などの方法があり，また，先に示した吉本内観法を取り入れている教団もあるという。

　このように，一部の新新宗教においては従来の新宗教とは異なったかたちの修養的癒しが取り入れられており，こうした傾向は，宗教と心理療法の融合ともいわれる。島薗（1988, 1989）によると，こうした心理療法的なものを取り入れた宗教運動はアメリカでは19世紀中頃から存在し，日本でも従来からひとのみち教団や生長の家にその傾向が認められたというが，そうした傾向をいっそう押し進めた教団の出現によって，宗教と癒しとの関わりに新たな局面が開けることが予想される一方，宗教と世俗的な心理療法活動との差がますます見えにくくなっていくと思われる。

　また，呪術的な癒しについても変化が認められる。最近の新宗教には霊界への関心の高い，神秘的傾向の強い教団が多いが，こうした傾向をさらに押し進めた結果なのか，神や霊などの超自然的な力を想定（あるいは重視）せずに，瞑想などの手段によって意識を変化させたり，いわゆる超常的感覚や能力を得ることに重きをおく動きが見られるという（島薗，1992b)。そうした教団では，病気治しなどの効果ではなく，意識の変化や超能力の獲得そのものに関心が向けられる。つまり，癒しという視点から眺めると，瞑想などの実践によって，「自分が変わった」という感覚を得ることそのものによって癒しが得られるのであり，そこではもはや，神との交流の実感という呪術的な要素は必要とされ

ないようなのである。

　さらに，共同体の癒しに関しても変化が生じていると思われる。というのも，教団の信仰共同体としてのあり方が従来とは変わってきていると指摘されるからである。

　従来の新宗教は，社会が近代化とともに失ってきた親密な共同体としてのあり方を再現するものであった。そこでは信者は一般社会との関係を保ちつつ，内部に親密で家族的な，いわば親戚同士のような（あるいはムラ的な）人間関係を形成する。それゆえにこそ，そこで共同体の癒しが得られるのである。しかし，最近はそれとは異なったタイプの新宗教が見られるようになったという。たとえば，島薗（1992b）は新宗教を「隔離型」「中間型」「個人参加型」の3つのタイプに分けており，このうちの「中間型」は従来のタイプを指す。これに対して，隔離型の教団においては一般社会の人間関係とはきわめて異質な，閉じられた関係が形成される。共同生活を送ったり，ライフスタイルの特質上，人間関係が実質的に教団内部に限られたりするのである。個人参加型はまったく対照的に，共同体の形成にあまり熱心でない教団であり，イベントなどには参加したい時だけするという，ゆるやかなネットワークを形成する。

　隔離型の教団は一般社会との断絶を要求するため，社会的な問題は大きいものの，共同体の癒しという点から見ると，旧来の新宗教（および旧来型の新新宗教）とあまり変わらないか，それをいっそう強く感じさせるものであると考えられる。一方，個人参加型においては必然的に共同体の癒しは重んじられないことになるが，それはむしろ，緊密な共同体を求めない人々，深い人間関係を煩わしいと感じる人々を引きつける要因になっているのであろう。

2．新宗教と心理セミナー

　先にも述べたように，現在は宗教とそうでないものの区別が必ずしも容易でない時代である。たとえばＥＳＰ科学研究所のように，自ら宗教であることを否定する集団もある一方で，自己啓発セミナーのように「まるで宗教のよう」であると批判される活動もある。学生運動や恋愛など，何かにのめり込んでいる人々の様子を宗教に喩えるのはよくあることだが，最近では単なる比喩というより，実際に宗教と宗教でないものとの境界が曖昧になっているようだ。したがって，宗教のもつ癒しの性質について理解するには，宗教とその世俗的な代替物とを包括してとらえる視点が必要となろう。ここで鍵となるのが，心理

的人間という概念である。

　ホーマンズ（Homans, 1979）は現代の新しい人間類型，心理的人間（psychological man）の誕生について，次のように述べる。第1に，それまで個人生活と社会生活を統合してきた伝統的宗教の力が衰える，第2に，個人の自己意識の感覚が分散かつ高揚し，何よりも個人的，私的，心理学的経験の文脈に沿って意識が構造化され，意味も理解される，第3に，個人の自己意識と社会秩序の間に亀裂が生じ，その結果，社会構造は個人がその存続・発展に関与したり依拠したりするほど価値あるものと見なされなくなる。渡辺（1994）によると，このような人間はいわば根こぎ状態にあるため，自らのアイデンティティを求めて「自分探し」（自己実現・自己変革・自己超越の試み）を行わざるを得ない。高度経済成長期が一段落した70年代以降に認められる超能力やオカルティズム，ヨガや禅，またいわゆる「精神世界」への関心の増大，自己啓発セミナーの流行，（超能力や霊的な力の開発をうたう）新新宗教の隆盛などは，みなこうした自分探しの試みの現れであると考えられる。

　このように，宗教と「宗教に似て非なるもの」とを結びつけるものとして，アイデンティティの探求という問題が浮かび上がってくる。つまり，宗教における癒しの重要な部分に，アイデンティティの構築があるのではないだろうか。新宗教には青年の入信が多く見られるだけに，この問題は重大であろう。

　そこで，精神世界にまつわるさまざまな活動のなかから，自己啓発セミナー，自己開発セミナー，気づきのセミナーなどと称される活動（ここでは「心理セミナー」と呼ぶ）を取り上げ，それと新宗教を比較することによって，アイデンティティ構築のプロセスについて検討してみたい[1]。

　心理セミナーとは，簡単にいうと，エンカウンター・グループ，交流分析，グループ・ダイナミクスなどを利用したアメリカ生まれのビジネスである。最近はあまり耳にしないが，日本では1980年代から90年代初めのいわゆるバブル期に爆発的に流行し，セミナーは新宗教であるという論調の批判的な報道がかなり流れた。弓山（1994）は新宗教と比較されやすい点として，セミナーで

　1）　筆者自身は心理セミナーの経験はない。セミナーについては，主に二澤・島田（1991），芳賀・弓山（1994），石川（1992）を参考にした。新宗教についての考察は主に筆者自身の調査経験に基づいており，その対象は創価学会，モルモン教会，崇教真光などである。なお，心理療法の「本場」であるアメリカにおいて，心理療法的活動と新宗教との比較を行ったものとしては，Kilbourne and Richardson（1984）がある。

の急激な感情の高まりや劇的な態度変容，体験後の「やってみなければわからない」式の積極的な勧誘を上げている。

セミナーと新宗教の比較を行うために，まず，参加者について見てみよう。芳賀（1994b）によると，セミナーの典型的な参加者は30歳前後の四年制大学卒のホワイトカラーで，対人関係に関わる職業（たとえば，営業マン，医者，看護婦，教員など）に従事する人である。これは新宗教に集う人々の像とはかなり違っている。新宗教の場合，教団による違いはあろうが，通常は入信する人々の属性にそのような明確な傾向は見られない。ただ，かつてはむしろ社会的に恵まれない層からの入信が多かったのに対して，近年は貧の動機による入信は少ないといわれているし，社会の高学歴化が進み，四年制大学卒の人や専門職の従事者が珍しくなくなっているのは確かである。

参加の動機について，芳賀は好奇心型，向上心型，きずな型，しがらみ型の４つに分類しており，弓山は何となく今の自分を変えたい，より良い自分になりたいといった動機から接近する人がほとんどだという。芳賀の指摘する「きずな型」の動機（家族や友人などの勧めに応じて，人間関係の和を保つために参加する）は新宗教においてもひじょうに多い。また，特に若い人々の間には，好奇心型の入信や「自分を変えたい」という動機がしばしば認められる。ただし，新宗教（特に「病気治し」を行う新宗教）の場合，やはり病気や人間関係などの問題をきっかけに入信する人が多く，背景に好奇心や向上心が存在することはあっても，それを主な動機とした入信は少数派に留まっている（７章を参照）。

しかし，実は新宗教においては，入信後に自己変革の欲求が形作られるという構図が見られる。入会の段階では病気などの具体的な問題からの救いを求めていたり，特に求めるものもなく，家族や友人の誘いで入会する人も多いが，そうした人々も，メンバーになると，単に問題解決を求めるだけでなく，自分自身を変えようとすることが期待される。つまり，自己変革は内なる欲求であると同時に，集団によって課される課題なのである。

とはいえ，入信する人が皆自分の求める自己像について，はっきりとしたビジョンをもっているとは限らない。むしろ，自分のどんなところを変えなくてはならないのかは，教えに接してから徐々に気づかされることが多いようだ。言い換えると，その教団の教えに沿ってニーズが形作られるのである。このことは，信者の人たちに入信の経緯について尋ねるとはっきりと分かる。という

のも，判で押したように同じ「求め」をしばしば耳にするからである。その内容は教団によって異なっており，たとえば「清い人間になりたい」だったり「明るくなりたい」だったりする。また，身体に関しても，入信前は健康だと思っていたのに，教えを学んでから潜在的な病（癒されるべきニーズ）に気づかされ，身体的な改善の欲求が形成されることが多い。

石川（1992）によると，心理セミナーにおいても同種のプロセスが認められる。つまり，参加者の参加動機はだいたいが漠然としたものであり，「参加者はヒーリング・ニーズを自覚し，それを治癒するために，あるいは治癒してもらうためにセミナーに参加するというよりは，ヒーリング・ニーズはセミナーの中で発見されるという面が強い」という。したがって，新宗教と心理セミナーの共通点として，「癒しのニーズの開発」ということを指摘できよう。

次に，セミナーの場の様子を新宗教と比較してみよう。セミナーは通常それぞれ独立した3段階からなり，最初の段階では3日の間，特定の会場にこもって行われることが多い。この3日間の場のあり方を新宗教[1]と比較すると，次のような類似点を見いだすことができる。すなわち，(1)社会における身分や立場は基本的に無効とされる[2]，(2)非日常的で独自の活動を行う，(3)活動に身体的な接触が伴う[3]，(4)一般社会では通じない，特有の言葉や言い回しが用いられる，(5)時として激しい感情の吐露や変性意識状態の発現がみられる，などである。

これらの特徴は，すべて参加者間に（一時的ではあっても）親密な関係を形成するのに寄与しているといえる。このようにして作り出される親密な関係が重要なのは，バーガー（Berger, 1967）が示唆するように，人が自分を変えようとする場合，変わろうとする自分を映し出す鏡としての親密な人々，重要な他者の存在が不可欠だからであろう。むしろ，日常において「自分」を映し出す親密な人間関係が欠如しているからこそ，自らのアイデンティティを見失い，自己の確認と変革の欲求を抱くのだと思われる。

---

1) ここでは主に崇教真光の道場の様子を資料としている。次章参照。
2) 新宗教では布教の効果をねらう意味があってか，著名人や知識人の信者がいることを強調する傾向があるし，年齢や職業をあえて伏せているわけではないが，道場ではそうした世俗の立場を超えた平等感が感じられる。
3) これは新宗教では手かざしのような呪術的癒しを重んじる教団で典型的に認められるが，そうでなくても握手や抱擁などが一般的な日常生活よりも頻繁に行われる傾向があるように思われる。

しかし，セミナーと新宗教では，セミナーの方がずっと「過激」だという印象を受ける。二澤（1991）はセミナーの実施中に受講者が追い詰められ，号泣したり絶叫したりする様子をありありと描き出しているが，新宗教でそのようなやり方を取っているところはむしろ少ないと思われる。それは，そもそもの活動内容の違いもあるだろうが，それ以上に重要なのは，両者の間には「時間」の点で大きな違いが存在することである。セミナーの場合は3日間という短い時間で凝縮された成果を上げなくてはならないのに対して，新宗教にはそのような制約はまったくない。むしろ，メンバーには長くじっくりと関わっていて欲しい筈である。それは，そのまま共同体の有無という問題でもある。新宗教には前述のとおり，共同性のレベルはさまざまだが，信者が帰属する場である持続的な集団が必ず存在するが，セミナーにはプログラム終了後に参加者の受け皿となる場がないのである。

　このことから，新宗教のなかでも比較的共同性のレベルの低い，いわゆる個人参加型の教団の場合，セミナーとの場の類似性が高いのではないかと推測される。芳賀（1994a）は新宗教の理念型として，島薗（1992b）とほぼ同じ3つのタイプを呈示し，それぞれ根本主義的セクト，呪術的カルト，神秘主義的ネットワークと呼ぶが，この最後のタイプが個人参加型に相当する。そして，神秘的体験（「実感」）を最も重視するのがこの神秘主義的ネットワークであり，そこでは参加者は強烈な神秘体験のなかで「本当の自分」を発見し，それが人間関係の希薄さを補っているという。これは体験の内容こそ違え，強烈な体験という意味で，心理セミナーに通じる特徴であろう。

　さて，心理セミナーと新宗教を比較した場合，重要な共通性がもうひとつ認められる。それは，どちらにおいても参加者は他者を活動に誘うよう求められることである。信者がそのまま布教者でもあるというのは新宗教に広く当てはまる特徴である。物事一般について，ただ受け身で学ぶのではなく，人に教えたり質問に答えたりすることによって，より深く理解できるということがいえるが，布教にはそのような効果があると思われる。また，教団の一員としての自分を外集団に呈示することによって，信者は教団により深くコミットメントすることにもなる。

　心理セミナーにおいても，参加者はある段階まで進むと，セミナーの活動の一環として「勧誘」を求められる。石川（1992）はこの転換を「サービスの受け手からサービスの送り手へ」と呼ぶ。これは心理セミナー批判の最大の根拠

となる点である。勧誘にはセミナーのトレーニングとしての意味づけがなされているが，新宗教の場合とは異なり，参加者自身は集団（セミナーを行う企業）のメンバーではないために，どうしても宣伝に使われているのではないかという疑問を招きやすいからである。しかし，石川によると，セミナーの参加者のなかにはこうした勧誘活動を経て，セミナーのスタッフになる人もいる。つまり，「セミナーを通過せずにいつまでもそこに留まろうとする」人々であり，セミナー企業もこうした人々にいろいろな形で居場所を提供しているのである。

前述のとおり，新宗教の場合はたとえ個人参加型であっても，共同体が弱いながらも存在するのに対して，心理セミナーでは基本的には終了後はそれがまったく残らない。そのためか，セミナーにおいて「自分が変わった」という感動的な経験をしても，しばらくするとそれが薄れていってしまい，セミナーの効果に疑問を抱くという報告がしばしば見られる。また，セミナーの体験者には次々と新しいセミナーを渡り歩く人が少なくないという。したがって，勧誘を積極的に行うことでセミナー企業の側に身を置くこと，場合によってはスタッフとなって働くことは，参加者に変則的な形で共同体を提供しているといえないだろうか。このことは，アイデンティティを探索し，確立し，維持・強化するためには，やはりそれを支える人々，親密な他者の存在が不可欠であることを物語っている。

宗教の共同体が癒しにとって重要な意味を有することは，これまでも述べてきたが，ここで新宗教の共同体に再び目を向けると，新しいアイデンティティを最も確立しやすいのは，いうまでもなく「隔離型」の教団であろう。この場合，新しいアイデンティティを支える強固な人間関係が存在するだけでなく，かつての自分を思い起こさせる古い人間関係は切り捨てられているからである。しかし，それゆえにこの教団において獲得されるアイデンティティは一面的になりやすく，教団の外の社会との関係において問題を生じやすい。

「中間型」の教団の場合は，教団内に親密な人間関係が存在するだけでなく，それが地縁・血縁や友人関係を通して拡大していく傾向がある。教団の外社会との関係については，日本でも海外でも，当初はラディカルな態度をとっていても，急成長期を過ぎて安定期に入ると穏健路線に転じることが多いといわれる。したがって，新しいアイデンティティを確立し，かつそれを社会のなかで維持するという点に関して，このタイプのあり方は利点が多いと思われる。

これに対して，「個人参加型」の教団ではメンバーの結びつきは緩やかであ

り，現代社会の特徴である個人主義的風潮をそのまま取り込んでいる。前述のように，このタイプの教団では「本当の自分」の実感は非日常的で強烈な体験そのものから得られるという。しかし，もともと親密な人間関係の欠如が「自分」の感覚を見失わせたとすると，そうした体験から得られた実感がそれを生き生きと反響する人間関係のないまま長続きするものかどうかは疑わしい。ただ，こうした教団はメディアをうまく活用しているため，書物，雑誌，インターネットなどを介したネットワークが，生の人間関係に代わる新しい「鏡」として機能しているのかもしれない。

6章 信仰の現場

      6-1　概要
      6-2　お浄めの場

　この章では筆者がフィールドワークを行ったひとつの新宗教を取り上げ，そこで人々がどのような営みを繰り広げているのかを記述する。それは人々の信仰[1]の場であり，アイデンティティの構築の場である。

6-1　概要

1．真光の歴史[2]

　「真光」と呼ばれる教団はいくつかあるが，筆者が調査協力を得て資料を収集したのは「崇教真光」という教団である[3]。昭和53年に宗教法人として認可されたが，教団では立教の年を昭和34年としている。この年に教祖（救い主；初代教え主）である岡田光玉が天啓を受け，わずかな人数を集めて，前身であるL・H陽光子友之会を東京の一角で創設したのである。岡田は一時期世界救世教に入信していたことがあり，後述する真光の教えや業には世界救世教の強い影響が認められるため，彼の創始した真光系の教団は新宗教の系譜としては世界救世教系に位置づけられる。

　立教後間もなく急速に発展を始め，昭和37年には「世界真光文明教団」と

---

  1)　真光では「言霊」の観念が重視され，語呂合わせのような言い換えがたくさんある。信仰は「神向」，あるいは「神向き信仰」といわれる。
  2)　真光に関しては筆者自身が得た情報のほかに，畑中（1987），井上・孝本・対馬・中牧・西山（1996），清水（1994）を参考にした。
  3)　崇教真光以外にも真光系の教団を訪ねているが，ほとんどのデータは崇教真光から得ている。

改称し，本部を大田区田園調布に移転した。その後も発展を続け，海外にも進出したが，岡田は昭和49年に73歳で死去し，その年から継承権をめぐって関口榮（現，世界真光文明教団教え主）と救い主の養女である岡田恵珠（現，崇教真光二代教え主）との間で対立が表面化した。法廷での係争後，昭和52年に関口榮の継承権が確定し，翌53年に岡田恵珠が新たに宗教法人・崇教真光を設立した。

恵珠は設立と同時に飛騨高山に「世界総本山」（崇教真光本部）を建立することを発表し，昭和59年，黄金色の屋根を戴く巨大で壮麗な神殿が落成した。現在，信者数は公称で50万人近くに上り，10万人弱の世界真光文明教団に大きく水をあけており，特に海外布教は崇教真光がほとんど独占しているという。

真光の組織は整然とした中央集権体制をとっており，その頂点には教え主が位置する。全国は21のブロックに分けられ，各ブロックを指揮する「方面指導部」が傘下の道場[1]を統括し，各道場の運営は「幹部」が中心となって行う。道場にはある程度の独立性が認められているというが，たとえば調査の依頼をすると，本部の広報部に問い合わせがされ，それから返事が得られる仕組みである。入信した人は居住地の道場を構成する最も小さな単位である「班」に所属し，道場でのさまざまな活動に参加することになる。

2．世界観

崇教とは宗教を超えるもの，すなわち，仏教，キリスト教，イスラム教，儒教，道教の「五大宗教」を統べるものという意味の言葉で，万教帰一の教えを表すという。したがって，真光においては他宗教は排斥されるのではなく，すべてが真光の下位に位置づけられる。また，真光の主神である御親元主真光大御神はあらゆる宗教の大元の神であり，これまでに現れた預言者（イエスやモーゼ）は救い主・岡田光玉に先立つ神の御使いとされる。

真光の教えが記されたものとしては，『御聖言集』という聖典と『崇教真光』という機関誌（真光誌）が中心である。内容は多岐に渡るが，真光の世界観に

---

[1] 正式には魂霊修験道場といい，規模によって大道場，中道場，小道場，お浄め所などがある。本部がいわば上から設置するだけでなく，熱心な信者が自宅を開放して始めたものが，徐々に発展して大きな道場になることも少なくないという。

おいて重要なのは「火の洗礼」という教えである。真光の世界観を表すものに「御経綸」があり、これは主神が宇宙を運営する計画を示したものというが、これによると、主神は地球上に神々の世界と同じような天国世界を創り出すことを目的として、地球や人類など万物万象を生み出した。したがって、人類は主神の計画に沿って天国世界への道を歩んでいるわけだが、人類の発展を促すために主神によって与えられた「欲心」のおかげで物質文明は大いに進んだものの、やがて人類は神意を忘れ、堕落して、文明を自分たちの欲望を満たすためのみに使いはじめた。それに対する神の裁きが火の洗礼であり、毒化された世界を浄化するための天候・気候の異変、大地震、火山の爆発、大事故・大災害となって現れる。地球は昭和37年からこの火の洗礼期に入っており、これを救済するためには主神の地上の座である世界総本山を建立し、また、「真光の業」によって人々や生活環境を浄化しなくてはならないとされる。

　この世界観を個人のレベルで表したのが「種人（たねびと）」である。これは真光の教えを体現する、いわば宗教的エリートを指す。すなわち、真光の業によって浄められ、かつ自ら実践する人が種人となって、火の洗礼期の後に訪れる霊主文明を担うのである。したがって、入信の動機はさまざまであっても、いずれはこのように真光の業の実践者となり、神の御経綸の実現に携わることを目指さなくてはならない。このように気持ちを切り替えることを「想念転換」といい、これは組み手[1]として新たな段階に進むことを意味する。

　一方、「死」については次のように説明される。すなわち、人間は肉体と魂によってできており、肉体が死ぬと魂は肉体を離れて幽界での活動に入る（したがって、現世での死を「幽界誕生」という）。そして、修行をして何百年かを過ごしてから、再び現世に生まれ変わるのである。しかし、幽界に去ってからも怨み・憎しみ・妬み・心配などの執着から、生きている人間に憑依して貧・病・争などの不幸な現象を起こすことがあり、これを霊障という。また、真光では死者の正しい祀り方を定めており、それに則った「祖霊祀り」が重視されるが、これが行われないと正しい祀りを求める先祖の霊が子孫に憑依して、やはり「戒告現象」としての霊障を起こすことがあるといわれる。

---

[1] 真光の信者のことであり、正式には神組み手、あるいは陽光子という。

3．手かざし

真光の業はお浄め，手かざしともいわれる。主神の光を御み霊[1]を通して身体に受け，それを手のひらから放射する業である。この神の光によってすべての罪穢・邪悪なものが浄め祓われ，神の子である人本来の力が復活するという。御み霊をいただいて真光の業を行えるようになるためには3日間の初級真光研修会を受講する必要があり，これが真光における「入信」（厳密にいえば入会）に当たる。初級研修会は全国各地にある道場において，月に一度開催されている。

真光の業はあらゆるものに施すことができるが，それはこの世の一切のものと現象の源には霊魂があると考えられるからである。したがって，組み手は日常的に人や動植物，場所，物に対して手かざしをしているが，真光の活動の拠点は各地区の道場であり，初級研修会を受講して組み手となった人は，できるだけ頻繁にそこに通ってお浄めをするのが望ましいとされる。筆者が調査に通った道場は商業ビルの複数のフロアを使っていたが，朝の9時から夜の9時まで開放されており，組み手は都合のつく時間に自由にそこを訪れては居合わせた人とお浄めをし合っていた。基本的には二人で一組となって，交替で施光者（手かざしをする側）と受光者（手かざしを受ける側）になるが，なかにはご奉仕の活動として，何時間も道場にいて大勢をお浄めする人もいたし，逆に仕事の合間に来て受光するだけで帰ってしまう人もいた。

道場の広い座敷にはたくさんの座布団が神殿[2]に向かって縦に二枚一組の状態で整然と並べられており，たいていは先に来た人たちが既に何組も座ってお浄めをしている。あちこちで話す声が聞こえたり，時には霊が出て騒いでいる人がいたりするが，広いこともあって，統制された落ち着きと静けさが感じられる空間である。

道場に来た人は受付を済ませるとまず神殿に参拝をし，それからお浄めを組む相手を探す。顔見知りがいれば誘い合って組になることもあるが，誰も知り合いがいなくても，道場の奉仕に当たっている人が声をかけて相手をコーディ

---

1) ペンダントのような形状のもので，組み手は常にこれを身に付け，正しい作法で扱わなければならない。
2) 広い床の間のような空間で，そこに主神の象徴を記した掛け軸と副神をかたどった像が配置されている。道場の様子については図6-1を参照。

6章 信仰の現場　111

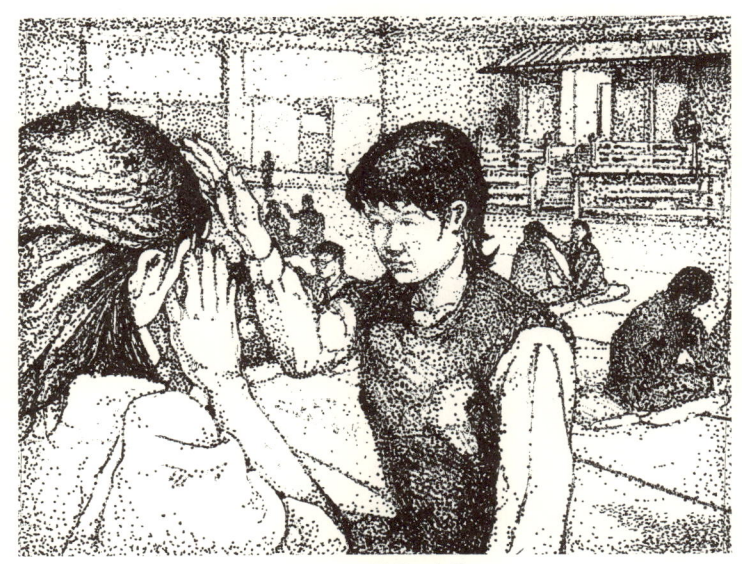

図6-1　道場の光景

ネートしてくれるので、困ることはない。相手が決まると、施光者と受光者は空いている席（座布団）を選んでその脇に座る。まず、揃って主神に向かって参拝し、それから施光者が受光者に向き直ってお互いに挨拶を交わし、座布団に座ってお浄めを始める。施光者は神殿に背を向けるかたちになるが、これは主神の象徴から放射されている光を背後から受けて、それを手から放射するためである。組み手にとって道場に来るのが大切なのは、この神殿からの光があるために、道場は普通の場所より神の光を強く受けられるからだといわれる。

　お浄めは魂のお浄めと身体のお浄めに大きく分けられる。魂は額の奥10センチほどのところに宿っているとされるので、魂のお浄めは「額」もしくは「眉間」のお浄めといわれる。お浄めの最も標準的なスタイルでは、まず額のお浄めが約10分間行われ、それから身体のお浄めに移行する。身体のお浄めの時間はフレキシブルに変えられるが、標準的には50分程度である。

　魂のお浄めでは向き合って座布団に正座し、施光者が「天津祈言(あまつのりごと)」を奏上後、受光者の眉間から30センチほど離れたところに手をかざす。手かざしは必ず片手[1]で、適宜左右を代えて行い、その間、受光者は手を合わせて瞑目して

1）両手の手かざしは教え主だけに許された業である。

いる。額のお浄めの最中は，施光者は祈言や教えの言葉を口ずさむことがあるが，受光者は沈黙を守る。実際には両者とも無言で進められることが多い。

　しかし，額のお浄めの最中にはしばしば「霊動」という現象が起きる。受光者に憑依していた霊が神の光を浴びて苦しくなって浮き上がり，その人にいろいろな動きをさせるのである。たとえば，合わせている手を激しく振り動かしたり，泣き崩れたり，横になって暴れたりということが見られ，受光者自身はそれをまったくコントロールできない。また，現代人の多くは何らかの霊に憑依されているため，そのように劇的でない，身体が傾く，手が揺れるといった程度のものならばほとんどの人に観察されるという。そのような状態を「浮霊」といい，浮霊状態の憑依霊に施光者が語りかけて，憑依している理由を質したり（「霊査」），受光者から離れるように説得したりすることがある[1]が，これは特にその資格のある人だけにできることであり，一般の組み手は相手にどんな霊動が出ても無視するようにいわれる。霊動は決して珍しいことではなく，道場ではごく普通に見られるので，すぐ隣で浮霊が起きていても，皆まったく動じずに自分たちのお浄めを続けている。

　額のお浄めが終了すると，施光者は「オシズマリ」と強く言いながら，受光者の頭から肩にかけて八の字を描くように両手を3回振り下ろし，受光者の意識がはっきりしているかどうかを必ず口頭で確認する。霊動が出たときなどはなかなかはっきりせず，何度もオシズマリをかけてもらうことがある。

　額のお浄めの後は身体のお浄めに移るが，これがいわゆる「病気治し」の業である。真光の病因論について簡単に記すと，まず，病気の80パーセント以上は霊障によるものであり，その他に医薬・農薬・食品添加物による「薬害」も病気の大きな原因となる。病気を治すには，本人に憑いている霊を額への手かざしによって祓い，さらに，体内の濁毒や濁血を身体への手かざしによって身体の外に流し出す必要がある。この身体のお浄めのプロセスを「清浄化」といい，これが進むと発熱，発汗，下痢，吹き出物などさまざまな徴候が現れるという。つまり，それらは体内に溜まった悪いものが外に排出される過程で生じる現象なのである。

　このような病気観のために，現代医療とは相容れない面が大きく，特にいわ

---

[1]　この間の施光者と受光者（憑依霊）のダイナミックなやり取りについては宮永（1980）の報告が優れている。

ゆる「薬漬け」の治療に対しては批判的である。しかし，一般にイメージされているように，現代医療を完全に否定しているわけではなく，むしろ，それとの共存をはかるべく模索がされているようである。というのも，真光では以前から医者の組み手がいることが強調されていたが，真光誌の体験談には医者や看護師など，医療関係の職についている組み手が職場で仕事と神向の両立に励んでいるという話がしばしば見られ，また，「世界総本山」のある飛騨高山には内科と小児科の診療所がつくられて，組み手でない人にも開放されているからである。印象としては，筆者が初めて調査に訪れた10数年前に比べて，最近は現代医療との宥和の方針がかなり強く打ち出されているようである。

さて，身体のお浄めは27か所ある「急所」のうちの基本的な場所（通常は後頭部と首と腎臓）と，その人の身体の特に悪いところに対して行われ，施光者は手かざしする前に必ずその部位を手で探って確認する。身体のお浄めの間は目を閉じる必要はなく，手かざしする場所に合わせて足を崩したり横になったりと体勢を変えながら行われる。お喋りがされたり，受光者が眠ってしまっていることも多い。額のお浄めの時とは違ってかなりリラックスした雰囲気であり，指圧やマッサージの診療所の光景に似ているかもしれない。そうした最中にも近くで天津祈言やオシズマリの声が聞かれたり，霊動で泣きわめく様子が見られたりするが，誰も気にする様子はなく，全体としてはやはり静かで和やかな雰囲気である。

また，額のお浄めは形式がはっきりと定められているが，身体のお浄めについてはかなり融通が利くようで，特別に具合が悪いところがある人はそこを集中的にお浄めしてもらったり，時間のない人は基本的な急所のお浄めだけで切り上げたりしていた。しかし，額だけで身体はお浄めしないことがあっても，その逆は特別な場合を除いてはないようだ。それは，真光には「霊主心従体属」という教えがあるためである。これは，川の流れに喩えると，霊魂が最も川上に，心がその次に，身体が最も川下に位置することを意味する。したがって，魂が汚れれば心も身体も汚れ，逆に魂が浄められれば心も身体も清まることになる。つまり，額のお浄めは心と身体の両方の健康にも関わっており，また，新しい時代の種人となるためにも，組み手として最も重要な課題なのである。

6-2 お浄めの場

　真光における癒しや回心という問題を考えるとき，注目せざるをえないのが「お浄め」の場である。前述のように，手かざしはいつでも，どこでも，あらゆるものに行うことができる。家庭の主婦であれば，日々食べる物，部屋に飾る花，飼っている金魚や小鳥，趣味で弾くピアノ，家庭菜園，子どもが遊ぶ公園など，いくらでもその対象はある。そうすることで，食べ物や飲み物が美味しくなったり，花や野菜が長もちしたり，場所を清めたりすることができるのだという。もちろん，子どもや夫に対しても，疲れたり具合の悪い様子の時だけでなく，日常的に行うのが望ましい。真光の教えでは，たとえ一見健康であっても，体内に溜まっている濁毒や濁血を出す必要があるし，霊魂を浄めることは何よりも重要だからである。家族が揃って組み手であって，お互いをお浄めし合うことができれば最良であろう。

　しかし，そのように家族で信仰を共にしている場合であっても，真光ではやはりなるべく道場にきて，お浄めをしたり受けたりするように指導される。その霊的な理由は既に述べたが，本書の視点からすると，そのことが組み手のアイデンティティの維持にとってひじょうに重要だからではないかと思われる。つまり，道場で繰り広げられる組み手同士のコミュニケーションに鍵があるのではないだろうか。

　バーガーは「個人は他者たちとの対話のなかでその世界を自分のものにするのであり，さらにいえば，自己同定(アイデンティティ)と世界は，彼が対話を続けることができる限りにおいてのみ，彼自身にとってリアルであり続けるのである」（Berger, 1967；訳書p.24）という。すなわち，道場において信仰を共にする人たちと交わされる会話こそが組み手の組み手としてのアイデンティティを支えているものと思われる。

　そこで，道場という場におけるコミュニケーションに注目し，どのようなアイデンティティ構築の試みが見られるかを検討してみよう。

1．初級研修会

　真光に接近する年齢や契機はさまざまだが，子どもの頃から親と共に道場に通っていた人でも，組み手になるには必ず初級研修会[1]を受講する必要があ

る。3日間の研修会を受講し、最後に御み霊をいただくことによって、初めて組み手になるのである。研修会は主要な道場で毎月開かれており、なかには組み手となってからも勉強のために受講し直す人もいる。

筆者は1987年に道場に調査に通った時に、道場長だった人に勧められて初級研修会にも参加したので、ここでの記述はその経験に基づいている。

研修会は主にひとりの講師による講義形式で、朝の10時から、40分の昼休みと午後の休憩を挟んで夕方6時頃まで行われた。心理セミナーの講習会とは異なり、会場に熱意は感じられるものの、特に感情が高揚するような仕掛けはなく、全体としては落ち着いた雰囲気であった。

初日の内容には救い主と教団の歴史、宇宙の仕組み、人間の成り立ち、霊障、真光の業など、教えの主要な部分が含まれており、かなり密度の濃い講義であった。2日目の午前中は先祖の話であり、ここで「祖霊祀り」という真光独自の先祖供養について教えられ、午後は後述する清浄化現象について詳しく語られた。3日目はいわば実践編の講義であり、さまざまな病気の例をあげてその原因とお浄めの仕方が教えられた。この日は3時頃で講義が終了した後、御み霊の拝受式が行われ、そこでは前もって指名されていた人の体験発表もあった。

このように、初級研修会で教えのかなりの部分がカバーされるが、3日間の詰め込み教育でそれが完全に身に付くとは考えにくく、やはり、日頃から教えに接し、それを吸収することが必要であろう。教えには世界観、死生観、病因論などの根元的なものと、個人の道徳的・倫理的指導に関わるものがあり、前者については『御聖言集』が、後者については組み手の体験談が豊富に載っている月刊の機関誌(『崇教真光』)がテキストとして有効である。体験談には「感謝」「ス直(素直)」「下座[2]」「利他愛」といった心なおしのキーワードが頻繁に認められるため、真光の倫理的傾向は旧来の新宗教と共通したものであるといえる。

重要なのは、どちらのタイプの教えについても、道場という場で学ぶことで

---

1) 10歳以上で受講できる。中級、上級の研修会もあり、それを受講するとそれぞれ中級、上級の組み手となる。ただし、初級研修会は受講料を払えば誰でも受講できるのに対して、中・上級の研修会を受けるには組み手としての一定の基準(定められた数の人を入信させるなど)を満たさないといけない。

2)「下がる心」の意で、家族に神向を反対されている人(多くは女性)は、親や夫に対してその気持ちで接しているうちに、家族の理解が得られるようになることが多いという。

ある。というのは，教えを吸収し，それに基づいて自分自身の態度を変えていこうとするならば，新たに身に付けた言語を用いたコミュニケーションの場が不可欠だからである。

　単にテキストを学習するだけならば，自宅でひとりでもできる。また，学びに躓いた時には自宅を訪ねてくれる組み手もいるだろう。しかし，それではその場で納得しただけで，それ以上に信念が深化するのは難しいだろう。本当に教えを吸収し，自我の一部とするには，自分自身が教えに沿った言葉，解釈の枠組みを他者とのコミュニケーションのなかで用いることができなくてはならない。そのためには日々なるべく多くの組み手と会話を交わすことが大切であり，それができるのが道場という場なのである。道場が深夜を除いて常に空いており[1]，忙しい最中でもなるべく通えるようになっているというのは，その意味でたいへん理に適っているのである。

2．「清浄化」の学習

　真光における呪術・儀式で最も重要なのは，いうまでもなく，真光の業＝手かざしである。これこそが真光の命であるといっていいだろう。だが，手かざしは真光のオリジナルな業というわけではない。古くから人々は「手あて療法」といって，病人に手を当てるということを行ってきたのであり，日本語の「手当する」という言葉自体がこのことに由来するといわれる。母親が具合の悪い子どもの身体に手を当てるのがその原点であろう。また，イエスは病人に手を当てて癒したと聖書に記されているし，気功法にも手のひらから発する気によって病気を治療する業があるという。日本の新宗教でも大本教，黒住教，世界救世教などに手かざしに類似した業が認められ，特に世界救世教の「浄霊」は真光の手かざしに直接的に影響を与えたといわれている。このように手かざしが古来から行われてきたということは，真光の教えにおいても重視されているが，おそらくその行為には人間の本質に関わる何らかの力があるのだろう。

　手かざしによる「奇跡」，すなわち，呪術的な癒しや救いの話しは枚挙に暇がないほど見られるが，ここではその客観的な真偽は問わない。重要なのは，お浄めを学び，そして，手かざしと「奇跡」をつなぐのが道場という場だとい

　1）　筆者が通っていたのは所属人数の多い大道場だったせいか，夜9時に一度道場を閉めるためのお参りを全員で行ってから，また活動（お浄めや集会）を再開していた。

うことである。

　ベッカーが示したように，たとえ薬物による体験であっても，それを「ハイ」になって「味わう」ためには学習が必要である（Becker, 1963）。手かざしを受けるときは，その部位に気持ちを集中するので，そこに何らかの身体感覚が生じるのはおそらく不思議なことではない。実際，筆者も何となく熱気を感じたり，むずむずするような気がすることはあった。しかし，それを知覚し，適切な言葉で表現し，その言葉を用いて他者と精妙なコミュニケーションができるようになるには，やはりかなりの学習経験が必要であろう。

　たとえば，筆者の聞き取りによるものだが，道場ではお浄め中に次のような会話が交わされる。

　　　施光者　（膝の辺りに手をかざしながら）「どうですか」
　　　受光者　「あ，何か熱くなって」
　　　施光者　「よかった，流れているんですね。溜まっていると途中までしか
　　　　　　　流れないんですよ。
　　　受光者　（足の先の方を指して）「この辺，先の方まで熱くなってます」
　　　施光者　「よかったですね」

　この会話では，おそらく受光者は入信してまだ日の浅い人であろう。もっと熟達した人であれば，受光している時の感覚を「すごい，どんどん流れている」などとリアルに表現したりする。また，施光者と受光者の両方がベテランであると，会話はいっそうテクニカルなものになる。

　　　受光者　「ここ，この辺りから23番，お願いします。この辺，濁毒の固ま
　　　　　　　りなの」
　　　施光者　「あら，ホント，すごい頂いてる」
　　　受光者　「そうなの，お額受けるとここがギリギリして，もう取って捨て
　　　　　　　たい感じ。左側ずっとなのね」
　　　施光者　「ここ，肩だわ。肩は溜まりやすいのよね」
　　　受光者　「そうなのよ。足もずっと左側は溜まっていてすごいの。この間，
　　　　　　　鼠径部やってもらっていたんだけど，脇の下だったのよね。この
　　　　　　　脇。今日初めて分かったの」

施光者　「ここ溜まっていると、神光(みひかり)入らないでしょう」
受光者　「そうなの。もうどうやっても駄目で、お額受けるとギリギリして、だからずるいかもしれないけど足から受けたりして」
施光者　「あら、でもここ固かったら駄目よ」
受光者　「足から段々と行こうかと思ったんだけど駄目ね。神光入らないの」
施光者　「そうよ。何とか工夫して入れないと。脇から斜めに入れるとか」
受光者　「時々ピーっと入ることもあるのね。こう、ひびが入るみたいにピキッと」

　このように、お浄めによる身体感覚は光や熱によって表現されることが多いが、感覚そのものを研ぎ澄まし、それを表現する語彙を学ぶ場、そして、実際にそれを用いて他者と精巧なコミュニケーションを行い、リアルな世界を作り上げる場が道場なのである。
　また、道場での会話には手かざしとその「結果」とされる出来事をつなぐ働きもある。つまり、解釈図式の学習であり、これが行われなくては、日々の出来事を見過ごしたり「偶然」で片づけてしまうことなく、手かざしと結びつけてとらえることができない。
　たとえば、このような会話を耳にしたことがある。

受光者　「今日はあっつい、あっつい、こっちの方まで」（と後頭部を指す）
施光者　「良かったね……神光(みひかり)あっちっちだね、汗かくのが一番良いんだって」
受光者　「今日はばかに熱い、額まで熱いよ」
施光者　「感じるようになったんだね、初めは感じないもの。私も3ヶ月頃から感じるようになったもの。……あのね、今日東京に電話したらね、…が（昔）薬たくさん飲んだしね、美味しいもの食べたんで、痰が人の倍出るんだって。『お浄めって効くんだね〜』って、言ってた」

この会話の最後の方では，最近組み手になった共通の知人が，お浄めを受けて痰がたくさん出ることについて話されている。このように，熱いこと，汗をかくこと，痰が出ることなどが手かざしの成果（清浄化現象）とされているが，これらは特に学ばない限り，気づかずに見過ごされてしまうことではないだろうか。逆にいえば，こうした会話がされる限りにおいて，それらの出来事は「意味」をもつのである。

　興味深いのは，清浄化の枠組みにおいては，通常は「負」の出来事が「正」へと価値転換されることである。清浄化とは前述のとおり，お浄めが進行する過程で生じる現象であり，それ自体は発熱・腫れ・痛み・下痢などの負の体験である。清浄化は人によってさまざまなかたちで現れるが，なかにはかなり「重傷」なケースもあり，入信前より後の方が「不健康」になったということも珍しくない。また，真光の教えを学習することで，それまでは気づかなかった，癒されるべき問題を「発見」することもある。たとえば，研修を受けたばかりの組み手に対してこのような話がされる。

　　施光者　「あの，どこか辛いところはないんですか」
　　受光者　「そうですね，特に（ないです）」
　　施光者　「僕も初めは特に無かったんですけどね。お浄め受けているうちに段々と溶けてきて，あちこちおかしくなってきたんですよ，ええ。初めは何ともなかったので，これは大丈夫だろうと思っていたら，後になって溶けてきていろいろ痛くなって，自分の考えの甘さを知らされました。普通と逆なんですけどね」

この図式がさらに発展すると，次のような発言も出てくる。

　　施光者　「私なんか，（施光するのに忙しくて）3日も4日もお額だけで身体は受けられないことよくあるんだけど，3日目くらいになるともう痛くないのね。階段も平気で上れて。それが，お浄め受けると這って帰ったりして」

　この人の場合，身体のお浄めを受けない方が調子が良く，受けると痛くなるが，それが清浄化現象であり，ポジティブな評価の対象になるのである。道場

はこうした解釈の枠組みを身体を通して学び，それを他者とのコミュニケーションにおいて磨き上げることのできる場である。これはひとりの修行ではできないことであろう。

　さらに，お浄め場面で学習されるのは，解釈図式だけではない。手かざしのスキルもまた実践しつつ学ばれるのである。

　手かざしは初級研修会を受講して御み霊をいただけば，基本的には誰でもできる業である。組み手としての能力によって「神光」の強さに違いがあるとしても，それは一見して分かるものではないだろう。だが，特定の急所をお浄めする時，その部位を必ず指で探り，確認するのだが（「ここですか？」と聞くことが多い），その探り方の上手下手は素人でも感じ取ることが容易である。急所とはいわゆる「ツボ」のようなものだと思うが，上手な人はすぐにそれを探り当てるのに対して，下手な人だと力が入るばかりでなかなかピンと来ない。探られる側からすると，もどかしい思いがする。それで，「ここですか？」と聞いてもはかばかしい返事が得られず，いつまでも探っていることもある。探り方がうまくなるためには，センスの問題もあるだろうが，やはり場数を踏むことが大切だろう。いくら頭で解釈図式を学習し，ベテランのふりをしようとしても，実際に経験を積まなければ，施光者になった時にすぐに馬脚が露れてしまうのである。

　このように，お浄めの場面は感覚表現，解釈図式，手かざしのスキルを学ぶ場である。学習する場として道場が優れているのは，そこがいろいろな人とお浄めができる，いわば「武者修行」の場だという点にある。おそらく，限られた人とだけお浄めをし合っていたのでは，学習はなかなか進まないのではないだろうか。

　また，道場は学習するだけでなく，同時にその成果に評価を与える場でもある。受光者と施光者の発する言葉と身振りは彼らの組み手としての能力を示すサインである。相手はそのサインをキャッチし，それに応答する。もし，自分の発するサインが肯定的に受け止められたら，組み手としてのアイデンティティは強化される。逆に，否定されたなら，アイデンティティは不安定な状態におかれるだろう。ただ，道場での会話の様子を見ると，急所がなかなか探り当てられなくて悩むことはあっても，言葉の上であまり否定的な応答がされることは少ないようである。

3．道場という場

　道場は組み手がアイデンティティを構築するのに重要な役割を果たしているが，それだけでなく，より広い意味で「癒し」に関係している。つまり，組み手が真光という共同体に自分の居場所を見いだし，人々との交わりに安心感や信頼感を感じ，組み手であることに生きがい感をもつのに，道場という場は大きく寄与していると思われる。そうした「共同体の癒し」をもたらすものとしては，下位グループ[1]への所属や，グループ単位での活動などが考えられるが，ここではやはり道場でのお浄め場面に注目してみたい。というのも，新宗教の共同体はしばしば「ムラ」や「家族」に喩えられてきたが，それは信者の間に一般の社会ではなかなか見られない独特の「親密さ」が存在することを示唆している。お浄め場面のなかに，そうした親密さを作り出す仕組みが見いだせないだろうか。

　まず，お浄め中の会話は基本的に自由であり，ごく普通の世間話も交わされているが，主要な話題は「清浄化」である。つまり，たとえ初対面であっても病気と清浄化という話題では関心を共有することができるため，親しくない人と話をする場合の不安や緊張が少なくて済むといえる。また，身体という極めてプライベートな話を糸口とするため，そこから別の私的な話へと発展しやすいということもいえる。つまり，お浄め中の会話は一般社会の手続きや作法を飛び越えて，真光独自のルールに則って進められるが，これが非日常感を演出し，社会的アイデンティティを共有する「我々どうし」の関係を作り出すのではないだろうか。

　この関係を支えるのが，ひとつには身体距離の近さと身体接触である。手かざしの時，施光者と受光者の間の距離は通常の会話の時よりかなり短い。また，手かざしそのものは相手の身体から少し離れたところに行われるが，手かざしの部位を変えるたびに必ず急所を手探りするため，コミュニケーションには言語だけでなく身体接触が頻繁に伴う。たとえば，急所を探りながら「ここですか」「ちょっと違うみたい」といった会話が行われるのだが，これが両者の関

---

[1]　地区や班といった居住地域を単位とするグループと，年齢や性別に基づいた婦人部，青年部などのグループがある。また，これらとは独立した組織として，真光青年隊があるが，これはいわば組み手のエリートを養成する組織である。

係に独特な親密さを添え，リラックスした雰囲気をつくるのに役立っているように思われる[1]。

親密さを支えるうえでは，お浄めの場の開放性も重要な要因である。お浄めは広い座敷に何列も敷かれた座布団のどれかに座って，それぞれの組が自分たちのペースで行うのだが，こうした開放的な場所で話すということは，話しにくいようでいて，かえって心理的な負荷を減じる効果があるように思われる。そもそもお浄めをし合っている人たちは，たまたまその時に居合わせたというだけの関係である。むろん，同じ真光の組み手であるし，長年の知り合い，特別の仲良しということもあろうが，大きな道場では個人的には知り合いでない者同士が組になることも多い。また，受光者は未組み手（まだ初級研修会を受講していない人）ということもある。そういう人たちがもし個室でお浄めをし合うとしたら，ぎこちなさが生じるのは避けられないのではないだろうか。むしろ，道場という物理的にも社会的にも開けた場所で行うことで，個人的な話を社会化しやすい構造になっているものと考えられる。

「開かれた空間」という道場の特性は，コミュニケーションそのものを開放する働きもある。というのも，お浄め中の会話はその2人の間だけでなく，周囲でお浄めをしている人も加わって行われることが少なくないからである。言ってみれば，井戸端会議的な光景が繰り広げられるのだが，そのことは個々人の学習を促進するだけでなく，その場での一体感を高める大きな効果があると思われる。前章で述べたように，新宗教の座談会が心理療法的な効果をもつことが指摘されているが，お浄めはいわば即席の「座談会」となりうるのである。

2人で行うにせよ，数人で行うにせよ，この「座談会」に参加する人たちの関係を特徴づけるのは，基本的には「平等性」である。手かざしが古来から広く認められる現象であることは先に述べたが，それが特定の制度・組織のなかで行われる場合は，そこに何らかの権威が付与されやすいのに対して，真光では初級研修会を受講しさえすれば誰でもそれを行うことができる。つまり，昨日入信したばかりの人が幹部の組み手をお浄めしてもまったく不思議ではな

---

[1]　ただし，身体接触はひとつ間違えると嫌悪感を引き出すことにもなる。それを気遣ってか，横になって受光する時は身体にバスタオルを掛ける，肌の露出した部分を手探りする時はハンカチを掛けた上からする等の配慮が見られた。特に男性が女性をお浄めする時には細やかな気配りがなされるようだ。

く，自信をつけさせるためか，実際にそうしたキャリアの差が大きい組み合わせで行われることは多いようだ。

むろん，組み手の間には知識や経験に差があるし，おそらく「霊力」といったものにも違いが認められていると思われる。しかし，教えの性質上，そうした差異性よりも平等性の原理のほうが優先しているのは明らかである。なぜなら，真光においてはひとりひとりの組み手が直接に「神」とつながることができるからである。もし，教義において神との直接的なコンタクトがなく，間に媒介者が設定されていたら，そこに権威が発生するのは避けられず，教団組織のヒエラルキーが宗教性のヒエラルキーと重ね合わせられることになる。それに対して，真光では組織のヒエラルキーはあるものの，少なくともお浄めの場ではそれが一時的に無効にされているように思われる[1]。そのために，会話に教える・教えられるという一方的な上下関係が生じにくく，意欲のある人ならば，どんどん自分の「能力」を磨き，それをコミュニケーションのなかで主張することが可能なのである。

こうした場での会話が個人的な問題を抱えた人にとってもつ意味について考えてみると，一般に，身体の不調は本人にとっては深刻な問題であり，飽きない関心の対象であっても，同じ悩みを抱えていない人にはなかなか共感してもらえないものである。ところが，真光では一見健康な人であっても，潜在的に病気の原因となるものは秘めていると考えられており，それを癒すための清浄化が重要な課題なので，相手が誰でも基本的な関心は共有している。また，聞く側についていえば，霊障や清浄化という解釈図式が存在するので，普通なら聞き難いような深刻な話であっても受け止めることが可能だし，応答をしやすい。また，もし本当に難しい問題であったら，周囲にいる先輩の組み手にいつでも相談することができるという安心感もある。これは病気以外の問題についても同様である。つまり，道場では個人的な力量に関わらず，普通なら困難な「受容」と「共感」を発揮することが可能であり，問題を抱えた人は相手にそれを期待することが許されるのである。

真光という共同体においては，このような場で自分の抱える問題を吐き出すことができるということ，そして，道場に行きさえすればいつでもその場に自

---

1) この特質のため，手かざしを行う新宗教では力をつけた信者による分派独立が多いという。神と直接につながるということは，教祖の権威を脅かすことなのである。

分が受け入れられるということが，組み手にとって大切な癒しの機能となっているのではないだろうか。

　さらに，お浄めの場を離れて，共同体の癒しについて考えてみると，より大きな儀式のことも無視できない。地域の道場における儀式としては「月並祭(つきなみさい)」がある。これは毎月の行事であり，このなかで行われる体験発表は組み手にとって重要な意味をもつようだ。日常的にお浄めの場で語っていることとはいえ，改めてそれを振り返り，教えの体系に沿って意味づけ，まとめあげ，大勢の人の前で発表するということは，特に人前に立つことに慣れていない人にとっては大きな試練であろう。それをこなすことによって，組み手は真光という社会における社会化のひとつの大きなステップを進むのである。また，体験発表では入信の経緯（回心プロセス）が語られることも多いが，これは回心物語を描き出し，新しいアイデンティティを確認する絶好の機会であるといえよう。

　また，月並祭は高山の総本山で毎月開かれる「月始祭(げっしさい)」の派生物でもある。つまり，月始祭が行われると次に地方の各道場で月並祭が開かれ，月始祭で話された教え主の言葉のテープが流される。その時，道場は崇教真光という共同体につながり，各人はその一員であるということが再確認されるのであろう。

　しかし，真光全体との一体感を得るには，やはり本部での儀式に参加するのが最も効果が大きいと思われる。総本山で開かれる儀式としては，毎月の月始祭のほかに新年祭である「立春大祭」，創立記念祭である「秋季大祭」，１年の穢れを浄める「大炎開陽霊祭(おほはらひさい)」があり，そうした儀式には何万人という組み手が世界各国から集まるという。そうした大がかりな儀式では，会場のしつらえやパフォーマンスそのものが真光の世界観を表すように演出されているため，教えの学習という意味でも効果が期待される。また，教え主を直に仰ぎ見，全員で同時にお浄めを受けるという経験がもつ意味は，組み手でない者にははかり知れないほど大きいものであろう。

7章 宗教的社会化とアイデンティティ

7-1 回心・宗教的社会化・生涯発達
7-2 入信状況
7-3 事例による検討
7-4 宗教性の多元性
7-5 宗教的社会化と発達

　この章では筆者が行った調査のデータを用いて，新宗教における回心について検討する。そこで，まず，回心の概念を整理しておきたい。

7-1　回心・宗教的社会化・生涯発達

　回心と似た意味の日本語に「入信」がある。入信を，特定の宗教が信仰の対象となるプロセスと簡単に定義すると，スターバックやジェイムズが示した回心は入信プロセスにおける際だった宗教体験と見なすことができる。しかし，ここでは回心の概念を60年代以降の新宗教の社会学[1]の文脈でとらえるため，回心と入信という言葉はほぼ同じ意味で用いる。
　さて，宗教集団への入信としての回心にアプローチする場合，「宗教的社会化」という概念がひじょうに有効であると思われる。大橋（1998）によると，社会化とは「個人が特定の分節された社会・文化体系に準拠していく過程であるが，たんなる受動的な同調過程ではなく，生活空間を主体的に意味づけ，基本的自我をたえず統合し，アイデンティティを確認し個性化していく過程である」（p.34）という。この過程が宗教的文脈において生起した場合，それを宗教的社会化ということができるが，これは本書でこれまで「アイデンティティの構築」と呼んでいたプロセスを思い起こさせる。すなわち，ここでは回心を特定の宗教集団における社会化のプロセスととらえ，その中核にアイデンティティの構築があると考えたい。

---

1)　4章を参照。

ところで，ここで入信者にとっての「特定の分節化された社会・文化体系」とは何かという問題が生じる。いうまでもなく，直接的に対象となるのは入信する新宗教である。しかし，その人の生きる世界には，入信する以前にも宗教が存在していたわけであり，宗教的社会化を考える場合，それを無視することはできない。つまり，そこには第1次的社会化と第2次的社会化（Berger and Luckmann, 1966）という問題が認められるのである。

　西洋のキリスト教社会やイスラム教社会において宗教的社会化といった場合，通常は第1次的社会化としてのそれを意味するようだ。宗教心理学のいくつかのテキストを眺めてみると，宗教的社会化は子どもが主に親を媒体として，本人の属する共同体において主流の宗教性を身につける過程を指しており，親や仲間，学校などの影響力の評価が研究課題となることが多い。また，そこでは社会的学習のメカニズムが重視される（Beit-Hallahmi and Argyle, 1997; Hood, Spilka, Hunsberger, and Gorsuch, 1996）。パルーツィアン（Paloutzian, 1996）は「回心」の項で急激な回心，緩やかな回心と並んで宗教的社会化を呈示しているが，それは生涯を通じて続く社会的学習を基本としたプロセスを指しており，「生涯」を視野に入れている点では独自だが，やはり第1次的社会化の概念を拡大したものである点では変わりない。こうした視点に立つと，背教，棄教，別の宗教への回心など，親子間の宗教性の不連続を示す現象は「社会化の失敗」と見なされることになる（Beit-Hallahmi and Argyle, 1997）。

　むろん，第1次的社会化としての宗教的社会化は日本の社会においても存在しないわけではない。日本人一般の宗教性はかなり曖昧だが，「あの世」「この世」という言葉で表される漠然とした世界観と死生観，動植物やモノに霊性を認める自然崇拝的・アニミズム的観念，仏壇や神棚に向かっての作法，墓参りに見られる祖先崇拝的意識と行動などは広く認められる要素であり，宗教を信じているという意識の希薄な人であっても，これらすべてを完全に否定し去るのは困難なのではないだろうか。ただ，多くの人がこれらを宗教や宗教的行為とは見なしていないのも確かであり，宗教的社会化というよりは「文化化」の一部と見なす方が自然かもしれない。このため，日本では第1次的な宗教的社会化についてはあまり注目されない傾向がある[1]。これは3章で見たように，

　1）文化化としての宗教的社会化に関しては，親子の宗教性の比較を行った研究がある（金児, 1991a, 1993a）。

子どもの宗教性に関する研究がひじょうに少ないことからも窺われる。

これに対して，第2次的社会化としての宗教的社会化はより明確な輪郭を有する。これは通常，キリスト教や新宗教のような教義・儀礼・組織を明確に備えた宗教集団への加入に伴って起こるからである。したがって，第1次的な宗教的社会化と第2次的なそれによって獲得される宗教性の間には大きな隔たりが生じる可能性がある。ただし，日本で発生した新宗教の場合，そもそも第1次的社会化の対象となるような「文化」的な宗教性を基盤にしているため，両者はむしろ融合して，もしくは連続的に存在していると思われる。したがって，その2つの区別はおそらく困難であるだろう。これに対して，キリスト教のように比較的最近の外来の宗教の場合は，第1次的な宗教的社会化と第2次的なそれとが分断されて，あるいは対立していることが考えられる。この問題については次章で検討したい。

さて，日本でも第1次的な宗教的社会化が当の家族や宗教共同体にとって重要な問題となることがある。それは，親が何らかの宗教集団に所属している場合である。つまり，どんな宗教も布教が始まった頃は外部からメンバーを集めるわけだが，時間と共に徐々に内部で第2世代，第3世代のメンバーが育ってくる。そして，外から入ってくるメンバーと「生粋」のメンバーが混在・拮抗する時期を経て，次第に内部でのメンバー確保が主流になっていく。いわば新宗教の「家の宗教」化が進行するわけである。このように，第1次的な宗教的社会化はいずれ教団の維持にとって不可欠である。

筆者自身のこれまでの調査経験でも，高校・大学生くらいの年齢では，最近入信した人と子どもの頃から親と信仰していた人が入り交じっていることが多かったが，彼らは同じ新宗教のメンバーであっても，宗教的社会化過程が大きく異なっている。だが，その両者を包括的にとらえることはできないだろうか。というのも，宗教的社会化の道のりは違っても，高校生なら高校生という年齢に特有の宗教的態度というものがあるのではないかと考えられるからである。これはライフサイクルと宗教性の関係を問う問題であり，ここではそのために「宗教的生涯発達」というとらえ方をしたい。

社会化と発達という概念はどちらも時代によって意味するところが大きく変化しており，かつては両者の間には大きな隔たりがあったが，現在では互いに相手の観点を取り入れて，かなり類似したものになっている。というのも，発達が子どもからおとなになる過程を指していた頃は，個人差や環境要因を超え

た発達の普遍的な法則への志向性があり，発達心理学はそうした法則を見いだそうとする純粋に心理学的な研究であった。ところが，「発達」が「生涯発達」になり，成人期や老年期が発達に組み入れられるようになったことで，発達観そのものに革命的な変化が生じた。つまり，それまで発達は一方向的にとらえられていたのが，並行的・多方向的な発達がありうるという見方に変わり，また，発達を文化・歴史・状況の文脈のなかでとらえようとする観点が含まれるようになったのである（やまだ，1995）。

　一方，社会化も従来は子どもが社会の一人前のメンバーになる（そのようにつくり上げられていく）過程を意味しており，その視野には成人期以降は含まれていなかった。しかし，社会が複雑化し，常に変動を抱え込むようになると，子どもが社会化によって習得すべき行動モデルそのものが複雑，不明確，流動的になり，子ども時代の社会化のみではおとなとして社会で生きていくのに不十分になった。その結果，社会化研究に個別的社会化研究の増加（政治的社会化，職業的社会化など，領域ごとに社会化をとらえる），生涯発達の視点の取り入れ（成人期社会化や老人期社会化を含めてとらえる），個性化の重視といった新しい動きが生じたのである（菊池，1990）。このように眺めると，現在では社会化と（生涯）発達という概念にはかなりの共通性が認められることが分かる。

　とはいえ，実際に宗教的発達および宗教的社会化という観点のもとに，主に海外で行われている研究を眺めると，両者にはかなりの違いがあることが分かる。宗教的発達といった場合，やはりピアジェ（J.Piaget）やコールバーグ（L.Kohlberg）の理論に基づいた「発達心理学的」な研究が中心であり，宗教的社会化といった場合には社会化のエージェント（主に親）について検討した研究が多い。また，宗教的生涯発達という観点はまだ広く認められていないようだが，パルーツィアンによるモデル化の試みでは次の3つの理論的枠組みが呈示されている（Paloutzian, 1996）。すなわち，宗教的判断力（religious judgement）の発達，信仰の発達段階説，動機の発達であり，これらはどれも宗教性のある側面に注目し，その発達の道筋を示そうとするものである。したがって，そこには低次の宗教性，高次の宗教性という「価値観」が必然的に含まれている。やまだ（1995）は生涯発達の6つの理念モデルを示し，そのうちの4つが「発達を何らかのプラスの価値への接近と見なす」発達観によるものであると述べるが，このように何らかの価値が想定されやすいのが（生涯）発達心

理学の大きな特徴であるといえよう。

　本章では，パルーツィアンが示したような宗教性の発達モデルに沿った分析は行わない。それにもかかわらず，第1次的な宗教的社会化と特定の宗教集団における宗教的社会化を包括的にとらえるために，宗教的生涯発達という観点を導入するのは，日本における第1次的な宗教的社会化が一般に，つまり，親が特定の宗教を信仰していない場合にはきわめて曖昧であるためと，人の一生をとらえる枠組みとして，エリクソンの理論に準拠するからである。すなわち，ライフサイクルの各段階において，人が宗教に求めるもの，宗教との関わり方は変化し，それは，ある宗教に子どもの頃から馴染んでいる人についても，青年期以降に入信した人についても等しくいえるのではないだろうか。こうした視点に立って，ライフサイクルにおける宗教性の変化と，特定の集団における宗教的社会化を包括的にとらえたいというのが本章の基本的な立場である。

7-2　入信状況

1. 問題

　この節では組み手の入信状況を吟味することによって，子どもの宗教的社会化に対する親の影響について予備的な考察を行う。なお，ここでは初級研修会の受講をもって「入信」としている。

　新宗教への入信動機は従来，貧・病・争といわれてきた。新宗教が現世利益の宗教といわれるゆえんであろう。社会全体が豊かになった現在，絶対的な貧困からの入信はほとんどなくなったが，知人・隣人と比べての収入の低さ，多額なローンの支払いなど，形を変えた「貧」が認められるという。また，医療が高度化した現在でも，治療が困難な病，現代医療の対象となりにくい病，あるいは医療が原因でもたらされた病など，「病」の動機は一向になくならない。「争」という人間関係の悩みも同様である。さらに，最近では「空しさ」といった新たなタイプの入信動機も注目されている（島薗，1992b）。

　入信動機に関しては，個人差だけでなく，教団による特徴，時代による変遷，入信者の性や年齢による違いなど，多くの要因が絡んでいると考えられ，興味深い分析が少なくない（たとえば，渡辺，1978；エアハート・宮家，1983）。残念なことに，それらの調査は個々の研究者が独自に行っているため，動機を尋ねる項目にもそれぞれ違いがあり，厳密に量的な比較をすることは望めない。だ

が，実際に調査を行ってみると，それは避けられない事情であることが分かる。たとえば，筆者は以前，モルモン教（末日聖徒イエスキリスト教会）と創価学会の青年に面接調査を行い，入信状況の比較を試みたことがある。そのなかで，モルモン教の女性信者には「清くなりたい」という動機づけが強いことが見いだされたが，創価学会の信者を対象とした質問紙調査でその項目を用いたら，おそらく的はずれになってしまうだろう。入信動機は個人がもともとそれを意識していた場合もあろうが，むしろ，曖昧だった「何か」が宗教との接触のなかで引き出され，形作られるという面が強いため，教団による違いが大きい。したがって，ひとつの教団の特徴を明らかにしようとすると，どうしても一般化とは相容れない事態になってしまうのである。ただし，「病」のような広く認められる動機は，微妙に表現は違ってもどの教団の調査でも取り入れられていることが多いので，ある程度の比較は可能である。

　崇教真光を対象とした研究としては，谷（1987, 1993）がかなり大規模で詳細な調査を行っている。筆者は調査の時点でこの研究については無知であったが，やはり同一教団を対象としているため，質問項目にはかなりの共通性が見られる。

　また，入信状況の分析に当たっては，家族内に組み手のネットワークがどのように形成されているかにも注目する。5章でも述べたように，従来型の新宗教においては，信者のネットワークが血縁と地縁を中心として広がっていくという特徴がある。つまり，宗教共同体が世俗の共同体の上に乗っかるようなかたちで拡大するのである。そのため，形成される共同体は家族的であって，かつ，外に向かって開かれた性質を有する。ここでは，宗教的社会化に及ぼす家族の影響を探るため，実際に家族内に組み手がどのように広がっているのか，また，そのなかで二世の組み手はどう生産されつつあるのかを明らかにしたい。

2．調査の方法

　1990年の5月と9月に，仙台市内にある崇教真光の大道場において質問紙調査を実施した。調査に際しては，道場長に研究の主旨を説明して申し込み，道場長から教団本部（広報部）への問い合わせの後に許可が与えられた。質問紙の配布と回収は道場長に依頼し，実際には主に受付のご奉仕をしていた女性たちによって行われた。

　回収したのは210名分の質問紙だが，欠損値があるため，質問によって有効

7章　宗教的社会化とアイデンティティ　　131

表7-1　家族内の組み手

		学童期	青年前期	青年後期	成人前期	成人中・後期	全体
男	父	11 (78.6)	13 (65.0)	5 (25.3)	5 (31.3)	9 (23.7)	43 (40.2)
	母	14(100.0)	19 (95.0)	9 (47.4)	9 (56.3)	14 (36.8)	65 (60.7)
	兄弟姉妹	10 (71.4)	17 (85.0)	4 (21.1)	6 (37.5)	6 (15.8)	43 (40.2)
	祖父母	3 (21.4)	4 (20.0)	0 (0.0)	0 (0.0)	6 (15.8)	13 (12.1)
	配偶者	0 (0.0)	0 (0.0)	0 (0.0)	3 (18.8)	33 (86.8)	36 (33.6)
	子ども	0 (0.0)	0 (0.0)	0 (0.0)	2 (12.5)	22 (57.9)	24 (22.4)
	回答者数	14 (13.1)	20 (18.6)	19 (17.8)	16 (15.0)	38 (32.7)	107(100.0)
女	父	11 (73.3)	9 (52.9)	10 (55.6)	4 (20.0)	2 (6.3)	36 (35.3)
	母	15(100.0)	14 (82.4)	13 (72.2)	9 (45.0)	7 (21.9)	58 (56.9)
	兄弟姉妹	10 (66.7)	8 (47.1)	13 (72.2)	5 (25.0)	2 (6.3)	38 (37.3)
	祖父母	2 (13.3)	3 (17.6)	2 (11.1)	3 (15.0)	0 (0.0)	10 (9.8)
	配偶者	0 (0.0)	0 (0.0)	2 (11.1)	6 (30.0)	15 (46.9)	23 (22.5)
	子ども	0 (0.0)	0 (0.0)	2 (11.1)	1 (5.0)	17 (53.1)	20 (19.6)
	回答者数	15 (14.7)	17 (16.7)	18 (17.6)	20 (19.6)	32 (31.4)	102(100.0)

注）複数回答。（　）内の数値はパーセントを示す。

回答者数は異なる。回答は多肢選択式であり，質問内容は以下のとおり。なお，Eは2回目の調査だけに入っていたため，有効回答者は38名と少ない。

　A．初級研修会受講時の年齢
　B．真光への導き手
　C．受講の理由
　D．調査実施時の家族内の組み手
　E．父親と母親の影響力の比較

3．家族内の組み手の構成

表7-1は質問紙に回答した時点で家族内の誰が組み手であるかを回答者の性と年齢段階[1]別に示したものである。最も注目されるのは親，特に母親の割合の高さであり，学童期では100パーセントである。年齢段階が上がるごとに低下するものの，成人中・後期の段階でも女性で約2割，男性では3割以上に上る。

親子間で信仰が共有される経緯としては，両者が互いに無関係に入信するとは考えにくいので，親が子を導く場合，子が親を導く場合，両者が一緒に入信

　1）　初級研修会が受講できるのは10歳からなので，学童期は10～12歳，青年前期は13～17歳，青年後期は18～22歳，成人前期は23～34歳，成人中・後期は35歳以上となっている。

表7-2 真光への導き手

		学童期	青年前期	青年後期	成人前期	成人中・後期	全体
男	親	26 (72.2)	10 (62.5)	1 (7.1)	0 (0.0)	0 (0.0)	37 (34.6)
	兄弟	6 (16.7)	1 (6.3)	3 (21.4)	1 (7.1)	1 (3.7)	12 (11.2)
	親戚	0 (0.0)	0 (0.0)	0 (0.0)	2 (14.3)	3 (11.1)	5 (4.7)
	友人・同僚	1 (2.8)	2 (12.5)	10 (71.4)	5 (35.7)	3 (11.1)	21 (19.6)
	近所の人	3 (8.3)	1 (6.3)	0 (0.0)	1 (7.1)	2 (7.4)	7 (6.5)
	配偶者	0 (0.0)	0 (0.0)	0 (0.0)	1 (7.1)	11 (40.7)	12 (11.2)
	子ども	0 (0.0)	0 (0.0)	0 (0.0)	0 (0.0)	2 (7.4)	2 (1.9)
	その他	0 (0.0)	0 (0.0)	0 (0.0)	2 (14.3)	3 (11.3)	5 (4.7)
	なし	0 (0.0)	2 (12.5)	0 (0.0)	2 (14.3)	2 (7.4)	6 (5.6)
	回答者数	36 (33.6)	16 (15.0)	14 (13.1)	14 (13.1)	27 (25.2)	107 (100.0)
女	親	27 (84.4)	10 (62.5)	4 (36.4)	0 (0.0)	0 (0.0)	41 (41.0)
	兄弟	0 (0.0)	1 (6.3)	0 (0.0)	3 (14.3)	2 (10.0)	6 (6.0)
	親戚	0 (0.0)	0 (0.0)	2 (18.2)	1 (4.8)	0 (0.0)	3 (3.0)
	友人・同僚	1 (3.1)	4 (25.0)	5 (45.5)	5 (23.8)	6 (30.0)	21 (21.0)
	近所の人	0 (0.0)	0 (0.0)	0 (0.0)	1 (4.8)	3 (15.0)	4 (4.0)
	配偶者	0 (0.0)	0 (0.0)	0 (0.0)	0 (0.0)	0 (0.0)	0 (0.0)
	子ども	0 (0.0)	0 (0.0)	0 (0.0)	0 (0.0)	2 (10.0)	2 (2.0)
	その他	4 (12.5)	0 (0.0)	0 (0.0)	5 (23.8)	4 (20.0)	13 (13.0)
	なし	0 (0.0)	1 (6.3)	0 (0.0)	6 (28.6)	3 (15.0)	10 (10.0)
	回答者数	32 (32.0)	16 (16.0)	11 (11.0)	21 (21.0)	20 (20.0)	100 (100.0)

注）年齢は受講時のもの。（ ）内の数値はパーセントを示す。

する場合が考えられる。この導きの関係を受講時の年齢別に示したものが表7-2である。それによると，親が子を導くケースは学童期から青年後期まで認められるが，その割合は年齢段階ごとに顕著に減少する。そして，成人期にはそうしたケースはまったく見られず，逆に成人中・後期には僅かだが子が親を導くケースが認められた。したがって，親が子どもの宗教的社会化に大きな影響を及ぼすのは学童期から青年前期までといってよいだろう。成人になった子どもと親がともに組み手である場合は，子どもが青年期以前に親が導いたか，両者が一緒に（同じきっかけで）入信したか，あるいは子どもが親を導いたものと推測される。

表7-1でもうひとつ注目されるのは配偶者の割合の男女差である。表では回答者の結婚の有無を考慮していないが，既婚者が比較的多く含まれていると思われる成人中・後期を見ると，男性の妻が組み手である割合が8割以上に上るのに対して，女性の夫が組み手である割合は5割に満たない。この点を検討するために表7-2を見ると，成人中・後期の男性では妻に導かれた人が4割を占めるのに対して，夫に導かれた女性はどの年齢でもまったくいない。した

7章 宗教的社会化とアイデンティティ 133

表7-3 初級研修会受講の理由

		学童期	青年前期	青年後期	成人前期	成人中・後期	全体
男	特になし	17 (47.2)	7 (43.8)	5 (35.7)	4 (28.6)	6 (22.2)	39 (36.4)
	病気・けが	10 (27.8)	5 (31.3)	1 (7.1)	2 (14.3)	16 (59.3)	34 (31.8)
	他のトラブル	0 (0.0)	0 (0.0)	0 (0.0)	1 (7.1)	0 (0.0)	1 (0.9)
	霊への興味	4 (11.1)	4 (25.0)	6 (42.9)	5 (35.7)	1 (3.7)	20 (18.7)
	その他の理由	4 (11.1)	3 (18.8)	2 (14.3)	4 (28.6)	3 (11.1)	16 (15.0)
	回答者数	36 (33.6)	16 (15.0)	14 (13.1)	14 (13.1)	27 (25.2)	107 (100.0)
女	特になし	19 (59.4)	6 (37.5)	3 (27.3)	2 (9.5)	3 (14.3)	33 (32.7)
	病気・けが	9 (28.1)	5 (31.3)	6 (54.5)	13 (61.9)	15 (71.4)	48 (47.5)
	他のトラブル	0 (0.0)	0 (0.0)	0 (0.0)	2 (9.5)	2 (9.5)	4 (4.0)
	霊への興味	2 (6.3)	3 (18.8)	3 (27.3)	4 (19.0)	1 (4.8)	13 (12.9)
	その他の理由	2 (6.3)	3 (18.8)	0 (0.0)	3 (14.3)	0 (0.0)	8 (7.9)
	回答者数	32 (31.7)	16 (15.8)	11 (10.9)	21 (20.8)	21 (20.8)	101 (100.0)

注）年齢は受講時のもの。複数回答で（ ）内の数値はパーセントを示す。

がって，男性の妻が組み手である割合が高いのは，男性が妻を導いたのではなく，男性のほうが組み手である妻に導かれたからであり，成人男性の入信にはこのケースが多いといえる。つまり，真光における宗教的社会化は母にしろ，妻にしろ，女性がエージェントとなって促されることが多いといえよう。

この問題をさらに追求するため，両親がともに組み手である人（男20，女18名）を対象として，入信に当たって父親と母親のどちらの影響のほうが強かったかを尋ねたところ，「母親」という回答が男性で45パーセント，女性で50パーセントと最も多く，「両方」という回答も男性で30パーセント，女性では44パーセント見られたが，「父親」という回答は男女ともひとりずつにとどまった。したがって，やはり真光における宗教的社会化は女性（母親）主導なのが特徴だといえる。

4．入信動機

次に，表7-3において入信動機を検討しよう。まず，「特になし」が若年層に多いことに気づかれるが，これはおそらく「親がやっていたから」という受け身の態度での入信を示しているので，「その他」でそれに類似した記述が見られた場合もここに含めている。谷（1993）も「理由無し」という項目を設けており，やはり学童期では約5割の組み手がそれを上げている。表では成人期の組み手にも特に理由なく受講した人がいることが示されているが，おそらくそれは「義理で」「断れなくて」といった人間関係主導での受講を意味するも

のと思われる。事実，そうした主旨の書き込みがいくつも認められた。

特定の動機としては「病気やけが」が最も多く，特に成人中・後期において割合が高いが，青年後期と成人前期の男性を除いてはどの年齢層でもかなりの割合で存在しているのが特徴的である。谷も同じ指摘をしているが，さらに，彼が真光での調査以前に創価学会で行った調査でも，やはり「病」の動機は社会階層の違いや時代の変化に関わらず，20～30パーセントの安定した数字を示したという。貧・病・争という従来の新宗教への入信動機のなかで，貧と争（人間関係の悩み）は大きく減少したといわれるが，病という動機は依然として根強いことが窺われる。しかし，真光において特にこの動機が多く見られるのは，真光の教えと儀式がこの問題を中核的に取り扱っているからであるのはいうまでもない。なお，学童期においてこの動機が多く認められるのは，おそらく本人または家族の病をきっかけとして，親と子が一緒に入信したケースなのではないかと思われる。

病気以外の動機としては，青年期と成人前期の男性に「霊への興味」がやや多いことに注目される。これは真光が〈霊＝術〉系の新宗教である（西山，1988）ことの表れであろう。

7-3　事例による検討

この節では質問紙調査に先だって行った面接調査[1]の事例のなかで，宗教的社会化について検討してみたい。青年部[2]の組み手7人と同年齢層の幹部8人にインタビューを行ったが，ここではそのなかから，子どもの頃から道場に通っていた，いわゆる「二世」の組み手の例を2つと，青年期に真光に出会った「一世」の組み手の例をひとつ紹介する。

1．事例1 —— かよ

15人中，初級研修会受講が許される最低年齢である10歳で受講した者は4

---

[1]　筆者が初めて真光を訪れたのは大学院修士課程の時であり，参与観察のために約半年間道場に通い，初級研修会にも参加した。その成果は修士論文（1988年，東北大学）にまとめ，本書のベースともなっている。その後も面接調査，質問紙調査と断続的にお世話になった。

[2]　30歳未満の男女が所属するが，女性は独身者に限られる。既婚の女性は年齢に関わらず婦人部に入る。

人おり，その全員が両親あるいは母親によって導かれていた。4人のうちの2人は受講と同時に「冬眠」してしまい，それぞれ中学2年，高校1年の時に病気を患うまで道場にはあまり来なかった。残りの2人は父または母が幹部であり，幼少時から道場に通って，受講後も熱心な組み手であったが，どちらも中学時代に一時期道場を離れた経験をもっている。したがって，学童の年齢で入信する「二世」の組み手の場合，何らかの挫折を経てから，組み手として成長するというパターンが広く認められるようである。

　かよ（仮名）は浪人中の18歳の女性。母親が幹部であり，生まれた時から道場に来ていて，薬を飲んだことも病院に行ったこともない。本人も入信時から熱心な組み手であり，同級生が怪我をしたりすると，すぐに手かざしをした。真光の話もよくして，周りの子に色々言われたこともあったが，最後には納得してくれたという。
　ところが，中学1年の時に自殺を考えるほどのいじめにあい，転校。どうやってとけ込んだらいいのか分からないでいたところ，たまたま話しかけてくれた子がいわゆる不良少女で，グループに引き込まれた。初めは自分が彼女らを良い方向に引っ張ろうと思っていたが，逆に自分のほうが初めて知った新しい世界に夢中になってしまう。そして，真光に対しては「自分は何でこんなとこに入っちゃったんだろう」と疑問を感じるようになる。しかし，一方で，道場にはむしろこの頃から熱心に通うようになったという。
　そうした時期が半年ほど続いて，ある大きな神祭りの時に「神くじ」を引くと，「永遠に生きるも真光を」という言葉が記されていた。彼女はそれによって自分は一生真光とともに生きる運命であると悟り，「あきらめ」がついたという。そして，中2で立ち直り，一所懸命に活動するようになると，「どうしてこんなに楽しいんだろう」と思うくらいに楽しくなった。それは遊びとは違って「空しさ」のない楽しさであり，道場から帰って夕ご飯を食べると「すっごくおいしい」という。彼女は面接時もたいへん熱心な組み手であった。

　かよの話の経緯には，いわゆる「懐疑」(religious doubt) の現象が認められる。懐疑とは幼少期に与えられた宗教的観念や習慣に疑問を抱くことで，キリスト教社会では青年に広く認められるという。大学生の宗教的態度に関する継続的な調査の結果，アメリカでは宗教の衰退が盛んにいわれた70年代前半

までは懐疑の経験が増え，かつその時期が早くなったが，その後やや少なく，かつ遅くなってきて，大体7割前後の青年が15歳頃に経験しているということが示されている（Hastings and Hoge, 1986）。松本（1979）は懐疑の原因として，自己中心的な願望が満たされなかったこと，合理主義的思考あるいは常識的通念によって神や霊魂の実在性に疑問を抱くこと，教団という組織に対して不満や不信を抱くことを上げているが，同時に，子ども時代の無批判で未熟な信仰から，より高次の信仰へと進むための契機となりうるもので，子どもから大人になるための必然的な過程であると指摘している。

　かよの事例は，懐疑とその後の回心というキリスト教社会で認められる宗教的発達のパターンによく似ている。それは，かよが幼児期から家庭と道場で充分な宗教教育（第1次的社会化）を経験しているという点で，キリスト教社会の子どもと共通していることを考えると不思議ではない。周囲の子どもたちが同じ教育を受けていないという点で不利ではあったが，彼女はよく社会化されており，小学校時代までは周りに左右されるということはなかった。

　ところが，中学校に入って，ちょうど青年期に移行した頃に環境が激変する。かよは人間関係にひどく苦しんだ後，それまでとはまったく違った新しい友達を得る。彼女がそれに夢中になったのは，その直前まで友人関係が剥奪された状態であったことが大きく影響しているだろう。心細く，自分を見失いがちであっただろう彼女が，自分を受け入れてくれたグループにアイデンティファイしたとしても不思議ではない。彼女が「何でこんなとこに入っちゃったんだろう」と感じたということは，新しい世界の魅力によって，真光という共同体から気持ちが離れていたことを示唆している。

　ここで重要なのは，かよが迷いの時期に，道場にはむしろ熱心に通っていたという点であろう。このことは，かよが新しい友達に夢中になりながらも，どこかで満足し切れていなかったことを意味している。彼女自身の言葉で言えば，遊びの楽しさには一抹の空しさがあったのだろう。それは，彼女が「信念」の面で充分に社会化されていたためではないだろうか。彼女が神くじという，信じていない者には意味のないきっかけを得て踏ん切りがついたということは，そのことを示唆している。

　その後，かよは活動にいっそう励むようになり，「空しさのない」道場での楽しさを再発見した。これは，彼女が懐疑の経験を経て，信念の面で深化したことが活動を活性化し，かよを宗教的共同体へと再び導いたことを示している。

エリクソンは青年期の心理的特質として「忠誠」を上げているが，かよは忠誠の対象を真光に定め，真光への信仰を中心としてアイデンティティを確立するに至ったといえよう。

2．事例2 —— ようこ
次に紹介するのは，ゆかと同じように子どもの頃から真光に接していたが，長く「冬眠」状態にあり，現在，懐疑のなかにいる女性である。

ようこ（仮名）は現在高校2年生。母親が組み手であるため，幼稚園の頃からお浄めを受けてきて，当たり前のように初級研修会を受講したが，最近まで冬眠していて神祭りの時くらいしか道場には来なかった。中学時代はソフトボールに熱中し，仲間といるのが楽しくて，道場には来ても馴染めずにすぐ帰ってしまっていた。だが，何かきっかけをつかんで来ようという気持ちはあったといい，高校の帰り道に道場があったのでこれで来られるようになると思ったが，ソフトボール部の練習がきつくて来られないでいた。

道場に来るきっかけになったのは「清浄化」現象である。手にひどい膿みが溜まり，痛みと悪臭もあり，病院に行っても原因不明と言われて治らなかった。それで学校を2週間近く休み，部活動は休部して，毎日道場でお浄めをして（受けて）いたところ，手は治ってきたが，今度は復部しても練習について行けず，友達グループにも馴染めなくなってしまった。それ以来，道場に来るようになって1年になるという。

しかし，ようこは今神様について疑いをもっており，子どもの頃は何も考えずに親について入ったが，今は心の支えがない状態だという。また，道場の小学生から高校生を対象としたグループに入っているが，それについては活気がない，無理をしているといった不満を述べている。その一方で，真光の外の友達と遊ぶのは楽しいものの，後で空しさが残るし，悩み事を打ち明けたりしても結局答えが決まっているのに対して，真光の友達は本当に話すことのできる友達だともいう。

ようこの場合，常に道場の内と外の人間関係の間で揺れ動いているようだ。中学時代，外の人間関係が充実していた時は，内にはほとんど関心を示していなかった。高校生になって道場に来るようになったのは，手の病の癒しという

体験があってのことだが，同時に，外の人間関係がうまく行かなくなったからでもある。現在は内の人間関係について不満を示しているが，同時に外の関係についても「空しさ」を訴えており，忠誠の対象は定まっていない。

　彼女がこのように揺れ動くのは，子ども時代に充分な宗教的社会化がなされていなかったためであると思われる。というのも，ようこを真光に導いた母親は実は父親の再婚相手であり，彼女と血がつながってなく，彼女は今も「感謝できない」「叱られると憎くて言われているように感じる」などのわだかまり（「曇り」）を示している。また，その母方の親戚は皆組み手だが，父方の祖父母は真光に反対しているという。こうしたことから，子どもの頃から道場に来ていたとはいうものの，ゆかの場合とは違って，信念の受容はあまり進んでおらず，それが彼女の長い迷いの元になっているのではないだろうか。

　注目されるのは，ようこが内と外の人間関係について，悩み事がある時に違いが出ると述べていることだ。このことは前章で見た，道場という場の特質を示しているといえよう。彼女は今懐疑のなかにいるが，そこから抜け出して組み手としてのアイデンティティを確立できるかどうかは，おそらく「共同体の癒し」，あるいは「呪術的な癒し」が得られるかどうかによるのではないだろうか。すなわち，道場での人間関係がより深いものになって，そこに自分の居場所が得られるか，あるいはさらなる問題が起こって，それがお浄めによって癒されるという体験を得た時に，ようこの長い迷いは終わるのではないか。逆に，道場の外に「本当のことを話せる」人間関係が得られたら，真光から離れてしまう可能性もあると思われる。

3．事例3 —— ゆか

　ゆか（仮名）は26歳の青年幹部である。初級研修会は高校3年の時に受講した。当時，ゆかの家は家族に病気や経済上のトラブルが相次ぎ，彼女自身も結核を患っていた。その話を友達にすると，その子がたまたま組み手であり，「それは絶対霊障だ」と無理矢理道場に連れていかれ，お浄めを受けさせられた。ゆか自身は信じていなかったというが，友達が心配していろいろと話しかけてくれるので，断れずにその後も何度かお浄めを受け，結局初級研修会も受講してしまった。講義の間はずっと早く帰りたくてイライラし，その後も道場にはほとんど行かなかった。だが，霊の存在は信じていたので，御み霊は身につけていたという。

彼女が道場に通うようになったきっかけは失恋である。大学2年の時に好きだった人にふられ，それが原因で身体をこわし，勉強にもやる気をなくして，「ただ生きているだけ」という状態に陥ってしまった。それで，「藁にもすがる思いで」道場に毎日行く決心をした。すると，10日か2週間位で感じ方が変わり，大声で笑えるようになるという「劇的な変化」を遂げたのである。それからは毎日朝と夕方，時には夕食後にも道場に行き，青年部の部会にも必ず出席した。大学生活も楽しく生き生きとしたものになり，健康も回復したという。

だが，その頃はまだお導きはできず，友達と話していると心の中は苦しかったという。それが変化したきっかけは，ひとつには「祖霊祀り」であり，自分でアルバイトをして貯めたお金で行ったところ，自分と母親の頭痛が治り，自分は1週間で5キログラムも体重が増えるという現象が起きた。それで「神様っているんだなあ」と感じ，両親の真光への態度も協力的に変わってきた。さらに，あることでヤクザが家に押しかけてきて，家族が家にいられなくなり，皆で一時道場に住まわせてもらうということがあった。それがきっかけで，家族も初級研修会を受講したのである。

ゆかはこのように数々の「霊障」を受ける身であることを自覚して幹部になる決心をしたが，まだ本心から「進みたい」という気持ちにはなっていなかった。それを推し進めたのは，大学4年の時に青年部の副部長を務め，それがひじょうに楽しかったこと，青年部の指導部長に世直しの話を聞いたこと，大学を卒業して訓練生に上がったところ，やはりひじょうに楽しかったことだという。

ゆかの話には重要な点がいくつかある。ひとつは「霊」に対する興味である。ゆかはほとんど受け身の態度で真光に接近しており，受講はしたものの，その後ほとんど宗教的社会化は進んでいなかった。しかし，霊の存在を信じ，御み霊を身につけていたということは，彼女に教えに対する親和性があり，若干だが信念の受容が行われていたことを示している。5章で示したように，真光は〈霊＝術〉型の新宗教であり，霊は教えの要である。かよやようこの様に子どもの頃から真光に接していたという経験のない人の場合，霊に興味があるということが入信の大きなポイントになるだろう。

第2の点は「呪術的な癒し」である。失恋の後で道場に通って大きな変化が

あったことについては，お浄めの効果というよりも，道場という場に受け入れられたことによる「共同体の癒し」であると思われるが，彼女はその後の祖霊祀りで自分だけでなく母親の健康も回復するという経験をし，神様の存在を実感している。ゆかの場合，健康問題は長年の課題であっただけに，ようこの場合よりもいっそう癒しの効果が大きかったであろう。祖霊祀りは手かざしと違って費用も手間も大きいので，これを実行したということは彼女の宗教的社会化がかなり進んでいたことを示しているが，その結果，大きな癒しが得られたことで，信念の面でも（「神様っているんだなあ」）社会化が促進されたのである。

　第3の点は「共同体の癒し」である。ゆかは失恋という心理的な危機に陥ったのを契機に，すがる思いで道場に通いはじめるが，この点はかよと一見似ているものの，大きな違いが認められる。かよの場合は幼少期よりの社会化によって真光の教えを充分に自分のものにしていたのに対して，ゆかの場合はそのような深い社会化はまったく行われていなかった。彼女が道場を求めたのはあくまで情緒的な危機のゆえであり，自分を受け止めてくれる場としての真光を求めてのことであろう。そして，その結果，共同体の癒しが得られたこと（「劇的な変化」）が，彼女の社会化を大きく推し進め，その後の祖霊祀りにつながったといえる。ゆかはさらに青年部の副部長と訓練生という経験がひじょうに楽しかったと述べているが，これは集団内での社会化がいっそう進んだことを意味している。

　さらに，ゆかの話では家族との関わりも興味深い。彼女の場合，そもそも自分だけでなく，家族全体に問題をかかえていた。そして，彼女の宗教的社会化が進む過程で家族もまた入信しているのである。これは前節で見た家族内ネットワーク形成のひとつの事例を示すと共に，このことが彼女の社会化過程に及ぼす影響もまた大きかったと思われる。

7-4　宗教性の多元性

　これまでの検討のなかで，宗教的社会化には信念，儀式（宗教的活動），共同体といった複数の側面があり，それらの進み方は一様ではないことが見いだされた。それは，宗教性そのものが多面的構造を有しているからにほかならない。そこで，宗教性の構造，すなわち，宗教性を構成する次元についてもう少

し検討してみよう。

　宗教性の次元（dimention）といった場合，2つのタイプの研究が認められる。ひとつは宗教性の類型を示し，それを測定する尺度を開発するものである。多くの研究があるが，最も有名なのは，おそらくオルポートの内発的（intrinsic）‐外発的（extrinsic）の次元であろう（Allport, 1966）。これは信仰の動機が個人の内にあるか外にあるかに基づく区別であり，前者の場合は信仰がパーソナリティに深く埋め込まれているのに対して，後者の場合は何かを獲得する手段として信仰を利用しているに過ぎないという。この2分法は広く受け入れられる一方で，多くの批判・検証を受けた。たとえば，バトソンはオルポートの開発した尺度は実際には盲目的・無批判的な信仰のあり方と関連していると考え，オルポート自身が本来とらえようとした，真に成熟した信仰のあり方を表すものとして，第3の「探求（quest）」の次元を提唱した（Batson, 1976）。宗教性の次元については，この他にもフロム（Fromm, 1950）の権威主義‐人間主義など，よく知られているものだけでも少なくない（Spilka, Hood, and Gorsuch, 1985 ; Hood, Spilka, Hunsberger, and Gorsuch, 1996）。

　これに対して，別のタイプの次元は宗教性のいわば「軸」に相当するものである。パーソナリティ研究に当てはめれば，オルポートやフロムの次元は類型論，こちらは特性論ということになるだろうか。宗教性についての理解を深める上では前者の価値が高いが，経験的研究にとって有効なのは後者であろう。ここで求めているのは後者の「特性」としての次元であり，そのなかで最も頻繁に吟味され，多くの実証的研究の基礎となっているものとしては，グロックの5次元をあげることができる（Glock, 1962）。それは信念（ideological），儀式（ritualistic），体験（experiential），知識（intellectual），結果（consequential）の次元からなり，信念は教えを信じること，儀式は宗教的活動の実践（教会に行く，布教を行うなど），体験は宗教的経験や感情（神の存在を身近に感じたり，敬虔な気持ちを抱いたりする），知識は教義や教典に関する知識を表し，また，結果の次元はこれら4つの次元が信者の生活の世俗的な面（社会生活）に及ぼす影響を示している。

　ここで，グロックの5次元を真光における宗教的社会化に当てはめてみると，信念の次元の社会化とは，霊や神の存在を信じることなど，教えの受容に関する宗教的社会化を意味する。儀式の次元は，手かざしやお導き，祖霊祀りなどの宗教的活動の面の社会化に関連するので，「行動」あるいは「宗教的行動」

の次元といってもよいだろう。

体験の次元は、清浄化などの「癒し」の体験を指すといえる。この体験を宗教性のなかに取り込むのは有効な発想であると思われる。そうした体験が信仰を豊かで生き生きとしたものとするのは間違いなく、オットー (Otto, 1917) のヌミノーゼのように、それこそが宗教性の核であるとも考えられるからである。また、これまで見てきたように、清浄化の体験には道場での学習の効果が見込まれるので、それが社会化の指標として有用であるのは明かだろう。さらに、癒しは信念や行動の社会化の結果として生じる一方で、その体験が社会化を促進すると考えられるので、体験と信念・行動の次元の間には深い関係があることが予想される。

グロックの5次元のなかで、残る知識と結果の次元については、他の次元とは質的に異なるものであるという指摘が少なくない (De Jong, Faulkner, and Warland, 1976; Faulkner and De Jong, 1966)。また、真光という対象に当てはめて考えても、この2つの次元についてはあまり重要性が感じられない。というのも、新宗教（特に、呪術的な癒しを重んじる新宗教）では一般に実践が第一といわれ、知識の研鑽はそれほど重視されていない。真光でも経典や機関誌を読むことは大切だが、知識を深めること自体にはさほど重きをおかれていないようだ。また、やはり日本の新宗教の特徴だと思われるが、社会生活に対する道徳的な指導や規律はさほど厳しくなく、どちらかというと、お浄めさえ行えばそれ以外は自由という感じである。このことから、知識と結果の次元を測定するのは困難であると思われるため、ここではこの2つの次元は取り入れないことにした[1]。

さて、グロックの信念、行動、体験に加えて、もうひとつの次元として、共同体の次元を取り上げたい。それは、ここでは第2次的な宗教的社会化として、特定の宗教集団における社会化について検討するからである。

キリスト教の交わりの共同体（コイノニア）、イスラム教の同胞共同体（ウンマ）、仏教の僧伽（サンガ）など、宗教的な諸伝統は古くから共同体を重視してきたが、それは、バーガーがいうように、宗教の信憑性を持続させるため

---

1) ただし、グロックは結果の次元を個人的と社会的に分けているのだが、個人的な結果については「心なおし」の視点でとらえることが可能であり、その意味では興味深い次元であったかもしれない。

には特別の共同体が必要とされることを示している (Berger, 1967)。とはいえ，日本人の宗教の母胎であった村落共同体が崩壊した現在，一般の日本人の宗教性を測るのにこの次元を用いるのは困難であるし，共同体に重きをおかない新しいタイプの新宗教も出現している。しかし，前節で見たように，ここで取り上げる新宗教においては，個人の宗教性と共同体としての教団との関係はひじょうに深いと思われる。

宗教性の次元として，共同体 (community) の次元に注目した人にバービット (Verbit, 1970) がいる。彼は宗教の共同体としての側面に注目し，宗教的な組織への参加・貢献の度合い，そこに友人や同僚が含まれる程度などを問うものとして，この次元を提唱した。また，西山 (1976) は妙智会という新宗教における信念の受容過程を把握するために，グロックの5次元を参考にしつつ，会員の教団および教団指導者への感情を問うものとして，独自の「感情的次元」を加えた。これは問い方は異なるものの，やはり教団の共同体としての側面に注目したものといえる。本章ではバービットや西山と同様に，宗教性のもうひとつの次元として「共同体[1]」の次元を取り入れ，集団との対人的・情緒的な関わり（集団への帰属感や集団内の人間関係の形成）を中心に扱うことにする。

以上のように，ここでは宗教性の枠組みとして，信念，行動，体験，共同体の4つの次元を仮定し，真光という新宗教のメンバーの宗教性について，この4次元の構造が認められるかどうかを確認するつもりである。

また，宗教性の構造については，グロックのように多元的構造を主張する立場に対して，宗教性全体がひとつの要素から成り立つとされることも少なくない (Clayton, 1971; Clayton & Gladden, 1974)。西山 (1976) は4次元構造を想定したが，結果として，ある次元におけるコミットメントの程度が高ければ別の次元においても高いという，次元間の「平行関係」を見いだしている。

筆者はこれまでの調査結果から，宗教性は多元的構造を有するが，それぞれの次元はまったく独立しているのではなく，それぞれ相互に影響しあっているのではないか，また，一世の組み手と二世の組み手の宗教性はともに多次元の構造を有するという点では同じだが，宗教的発達の道筋が異なるために，次元

---

[1] 本章の下敷きとなる論文（杉山, 1993）ではこの次元を「社会的情緒」または「情動」といったが，それは西山の「感情的次元」と同じ発想による表現であった。本書では共同体としての教団との関わりという点を強調するために表現を改めている。

間の関係が異なっているのではないかと考えている。

7-5 宗教的社会化と発達

1. 性・年齢・入信年数

　この節では質問紙調査の結果を用いて，入信後の宗教的社会化とライフサイクルにおける宗教的発達について，統計的に検討する。そのために，宗教性に影響を及ぼす要因として，性，年齢，入信年数の3つを取り上げることにする。そこで，まず，これらの要因に関するこれまでの知見を整理してみよう。

　性による宗教性の違いについては既に研究が積み重ねられており，少なくともキリスト教世界においては，女性は男性より宗教性が強いというのが定説である（Argyle, 1985）。日本でも「信仰とか信心をもっている」人は男性より女性のほうがやや多いことが知られており（石井，1997），特に従来の新宗教においては，いわゆる貧・病・争の苦しみを背負った中年の主婦が典型的な信者であったといわれている（島薗，1992b）。文化庁編の『宗教年鑑』には教師数が男女別に記されているが，それを見ると，個々の教団間の差はあるものの，おおむね新宗教では伝統宗教より女性の割合が高く，なかには女性の教師数が男性よりはるかに多い教団も少なくないことが分かる。これは，女性の活動が盛んであることのひとつの証左であろう。男女の宗教性の強さ，質の違いを統計的に検討した研究はあまり見られないが，雨宮・中村（1989）は大学生を対象に宗教的行動と宗教意識に関する質問紙調査を実施し，前者について女性の得点のほうが有意に高いという結果を示した。また，金児（1991a）は大学生とその両親を対象とした調査において，霊魂観念（霊界を志向する宗教観）が男性より女性に濃厚であることを見いだしている。

　次に，日本では年齢の高い人ほど信心深いと一般に信じられており，各種の世論調査の結果もそれを裏づけている。すなわち，ここ30年ほどの調査によると，質問の仕方によってかなり数値に差が出るものの，青年で信仰をもっている人は2割前後であり，それが年齢が高くなるとともに増加し，60歳以上では6割から8割に達するのである（石井，1997）。時を経てもその傾向には変化が見られないことから，単に昔の人は信心深かったというのではなく，加齢にともなって，それまで信仰をもっていなかった人が新たにもつようになっていることが分かる。

海外の事情に目を向けると、1986年のギャラップ調査でアメリカ国民の9割以上が信仰をもっていると答えているため、アメリカでは日本とは違って年齢による信仰の違いはあまりないように思われる。しかし、もう少し詳しい調査によると、信仰が自分にとってひじょうに重要だと答えた人は18歳から24歳では4割弱であり、それが年齢の上昇とともに増加し、50歳以上では7割に達する。さらに、毎週教会に行く人、教会に大いに信頼をおくという人についても同様の傾向が見られ、それぞれ青年では3割程度だが、50歳以上では約半数に増加するという (Spilka, Hood, & Gorsuch, 1985)。したがって、加齢による宗教性の変化としては、洋の東西を超えて単純な上昇傾向が示唆される。

入信後の宗教性の変化（入信年数の効果）に関しては、現在のところ、はっきりとしたことは分かっていない。キリスト教、イスラム教、仏教などの伝統宗教の場合はそもそもこの設問が成り立たないので、仕方のないことであろう。これに対して、新宗教には「一世」の信者が多く見られるが、単純に考えれば、年数の長い人ほど社会化過程が進行し、宗教性が強くなることが期待される。また、新宗教では一般に入信する人が多い反面、脱会する人も多い（そのため、正確な信者数がつかみにくい）ということが知られている。つまり、社会化に躓いた場合は教団に残らない可能性が高いため、長く残るのはある程度社会化が成功している人だけなのではないだろうか。したがって、年数の効果が認められる次元が、脱会者と残る人を判別するキーであると考えられる。

以上より、性、年齢、入信年数については、それぞれ次のような仮説にまとめられる。

・女性のほうが男性より宗教性が強い。
・年齢が高くなるほど宗教性が強くなる。
・入信年数が長くなるほど宗教性は強くなる。

ここでは、先に述べた宗教性の各次元においてこれらの仮説が認められるかどうか、いいかえると、これらの仮説が宗教性のどの次元において認められるのかを検討する。

2. 調査の概要

ここで用いるのは、入信状況を調べたのと同じ質問紙の後半部分である。有効回答者は209名であり、一世、二世の別と、年齢と性別による内訳は表7-4のとおりである。成人後期（61歳以上）の人は4人のみであったため、独立

表7-4　回答者の構成

	二世		一世		
	男	女	男	女	全体
学　童　期（10〜12歳）	14	16	0	0	30
青　年　前　期（13〜17歳）	19	12	1	5	37
青　年　後　期（18〜22歳）	4	7	15	11	37
成　人　前　期（23〜34歳）	1	0	15	19	35
成人中・後期（35歳以上）	0	0	38	32	70
合　　　計	38	35	69	67	209

させずに中期の人と込みにした。対象者の性・年齢別の比率は道場の人口構成をそのまま反映したものではなく，分析の都合上，なるべく揃えるように配布者に図っていただいた結果である。

　一世，二世の区別は初級研修会の受講年齢によって行った。すなわち，学童期に受講した人を「二世」の組み手[1]，青年期以降に受講した人を「一世」の組み手とした。なお，真光への「導き手」について検討すると，青年期に受講した人は親を導き手にしている人と，親以外の人の導きによって，あるいは自分から興味を抱いて受講した人に大別される。前者はおそらくその頃に親とほぼ同時に入信したものと推測され，こうした人については一世とは別のカテゴリーに分類することも考えられるが，人数がさほど多くないことと，一世と同様に第2次的社会化の効果が予想されることから，独立させずに一世の組み手に含めることにした。

　質問紙の構成　宗教性について，42の質問項目を作成した（実際には48項目あったが，そのうちの6項目は後に蛇足であると判断したため，ここでは考慮に入れない）。各項目は先行研究と筆者自身のこれまでの調査で得られた知識に基づいて，仮定した4次元に合わせてオリジナルに作成した。内訳は信念についての10項目，行動についての14項目，体験についての7項目，共同体についての11項目である（表7-5を参照）。

　各次元の内容について簡単に説明すると，信念の次元ではさまざまな教義（たとえば「前世や来世が存在する」）を信じている程度を問い，行動の次元で

---

[1]　学童期に受講した人で親以外（兄弟や親戚）を「導き手」としている人が数人いたが，この年齢で親が組み手でないのに受講するとは考えられず，少なくとも質問紙に回答した時点では全員の親（一方あるいは両方）が組み手であることが別の質問によって確認されているため，全員を二世とした。

表7-5　宗教性に関する因子分析の結果

		因子負荷量	共通性
〈第Ⅰ因子：行動（37.8％）〉			
P10	戸別訪問はどの程度しますか	.728	.588
P13	「陽光子祈言集」はどの程度読みましたか	.706	.648
P 9	地区や班の集まりには出席しますか	.683	.562
P12	「御聖言集」はどの程度読みましたか	.614	.551
P 4	道場の外で友人などに手かざしします か	.490	.615
P 8	道場での勉強会などの集まりには出席しますか	.486	.427
C 7	学校や職場の人達はあなたが組み手であるのを知っていますか	.478	.366
C 6	あなたにとって神向は生きがいですか	.411	.554
P11	霊線保持御礼の他に御奉納をしていますか	.368	.415
P 7	組み手でない友人や知人に真光の話をしますか	.345	.457
〈第Ⅱ因子：共同性（8.4％）〉			
C10	組み手のなかで尊敬できる人はどのくらいいますか	.857	.747
C11	〃　　　　信頼できる人はどうですか	.852	.752
C 9	〃　　　　好きな人はどのくらいいますか	.831	.729
C 8	〃　　　　うち解けられる人はどうですか	.745	.664
C12	〃　　　　心の支えになる人はいますか	.680	.514
C 3	道場に来るのは楽しいですか	.623	.620
<u>C 4</u>	道場に来たくないと思うことがありますか	.521	.392
C 2	自分が組み手であることに誇りを感じますか	.374	.562
〈第Ⅲ因子：信念（7.2％）〉			
B 3	地球の歴史には神の計画が働いていると思いますか	.818	.653
B 2	人間は神によってつくり出されたと思いますか	.735	.525
B 7	前世や来世についてはどう思いますか	.712	.628
B 8	霊魂は何度も生まれ変わると思いますか	.691	.464
B 4	神による奇跡についてはどう思いますか	.686	.667
B 6	霊の存在についてはどう思いますか	.686	.642
B 9	病気や事故などは霊障によって引き起こされると思いますか	.660	.661
B 5	神の意志によって現在の文明が滅びる日が来ると思いますか	.646	.417
B10	手かざしについてどう思いますか	.544	.536
B 1	神の存在についてどう思いますか	.543	.488
〈第Ⅳ因子：体験（4.1％）〉			
E 3	霊動を体験したことがありますか	.886	.696
E 5	霊障にあったことがありますか	.734	.652
E 1	清浄化を体験したことがありますか	.696	.583
E 4	「奇跡」を体験したことがありますか	.584	.632
E 2	受光しているとき濁毒や濁血が流れるのを感じますか	.573	.503
E 6	神の実在を身近に感じたことがありますか	.511	.626

注）（　）内の数字は因子寄与率を示す。項目番号の前の記号は予測次元（Pは行動，Cは共同性，Bは信念，Eは体験）を表す。下線を付したのは逆転項目である。

は組み手として望まれる活動(「友人に手かざしする」,「戸別訪問する」など)を行う頻度を尋ねている。また,体験の次元ではさまざまな宗教的現象(霊動,霊障,奇跡など)をこれまでにどのくらい経験しているかを問い,共同体の次元では教団への帰属感(組み手としての誇りや道場に来る楽しさの程度)と教団内の人間関係の評価(組み手のなかに好きな人や尊敬できる人がどの程度いるか)を扱っている。なお,調査を実施する前に,あらかじめ道場長に質問紙に目を通してもらい,不適切な箇所は訂正するようにしたが,実際には表現を1,2箇所改めただけで,ほぼそのまま認められた。

　回答の仕方は多肢選択式であり,選択肢は設問の内容に合わせて設定した。主に5～7段階の評定である。分析に際しては数値の大きいほうが宗教性が高いことを表すようにコーディングした。

3. 宗教性の次元

因子の解釈　対象者の反応が仮定した4次元の構造を有するかどうかを確認するため,全対象者の42項目に対する評定値を用いて因子分析(主成分法,オブリミン回転)を行った[1]。斜交回転を用いたのは,前節で述べたとおり,宗教性の各次元が相互に影響しあう関係を予想しているためである。共通性の低かった8項目を除いて4因子を抽出したところ,表7-5の結果が得られた。累積寄与率は57.5パーセントである。

　第Ⅰ因子を構成する項目は10個あり,そのうちの8個が行動の次元に関する項目である。残りの2項目については共同体の次元を予測していたが,C7は周囲に組み手であることを知られているかどうかを尋ねるものであり,この問いには自分が組み手であることを周囲に表明する諸々の行動が反映されるため,むしろ行動の次元の項目だったといってよい。こうした結果から,第Ⅰ因子は行動の次元を表すものであると解釈してよいだろう。なお,C6の生きがい感を尋ねる項目は,次に述べる第Ⅱ因子(共同体の因子と考えられる)にも.37という比較的高い負荷を示している。この項目は表中の34項目中で唯一,2つ以上の因子に高い負荷を示した項目であり,組み手としての生きがい感が

---

1) 統計処理にはパソコン統計パッケージ SPSS 7.5 J for Windows を用いた。なお,ここで用いたデータは杉山(1993)と同一のものだが,統計ソフトを変えて分析をやりなおしている。素データを見直した結果,被験者数が1名増加したが,そのせいもあって,因子分析の結果がやや変化した。この後の要因の検討については,分析の仕方そのものを変更している。

行動と共同体の両方の次元に強く関連していることを示唆している。

　第Ⅱ因子には共同体に関する8個の項目がまとまっており，それ以外に高い負荷をもつ項目は見られないため，これは共同体の次元を表す因子であるといえる。第Ⅲ因子には信念についての10項目がすべて.5以上の因子負荷量を示しており，それ以外には高い負荷を示した項目はなかったため，この因子は信念の次元を表しているといえる。最後に，第Ⅳ因子には体験に関する6項目がまとまっており，やはりそれ以外に高い因子負荷量を示した項目は見られないため，これは体験の次元を表す因子であるといえよう。

　このように，42項目のうちの34項目が4つの因子のどれかに高い因子負荷量を示し，そのまとまり方はほぼ予想通りであった。すなわち，各因子はそれぞれ4つの次元のどれかに相当するものとして解釈することができるため，予測した次元は因子として確認されたといえる。したがって，今後は抽出された因子をそのまま宗教性の次元として読み替えることにする。

4．二世の組み手の宗教的発達

　性による宗教性の違いはあるのか，また，年齢や入信後の時間の流れにともなって，宗教性はどのように変化するのか。これらの点を調べるために，回答者を一世の組み手と二世の組み手に分け，それぞれ別の分析を行った。それは，前述のように，両者の宗教的社会化・発達過程が大きく異なると考えられるからである。

　まず，二世の組み手についてだが，その前に，残念ながら，被験者の年齢が学童期と青年期（10歳から22歳まで）に限られていたことを断らなくてはならない（実際には成人前期の人もいたが，1名のみだったので分析から除外した）。崇教真光は調査実施時点で立教後30年余りが経過していたため，二世の成人もかなりいるはずと思われたのだが，質問紙を配布したのが地方都市であったせいか，期待したようにはならなかった。そのため，二世の組み手の宗教的発達が確認できるのは青年期までである。

　宗教性の4つの因子間の関係を調べるため，各因子の因子得点を用いて，2つの因子の組み合わせごとに残りの2因子を統制変数とする偏相関係数を算出した。その結果を図7-1に示す。それによると，二世の組み手では第Ⅰ因子（行動の次元）と第Ⅳ因子（体験の次元），第Ⅱ因子（共同体の次元）と第Ⅲ因子（信念の次元）の間にそれぞれ中程度の相関が見られたが，それ以外に有意

図7-1　二世の宗教性の構造

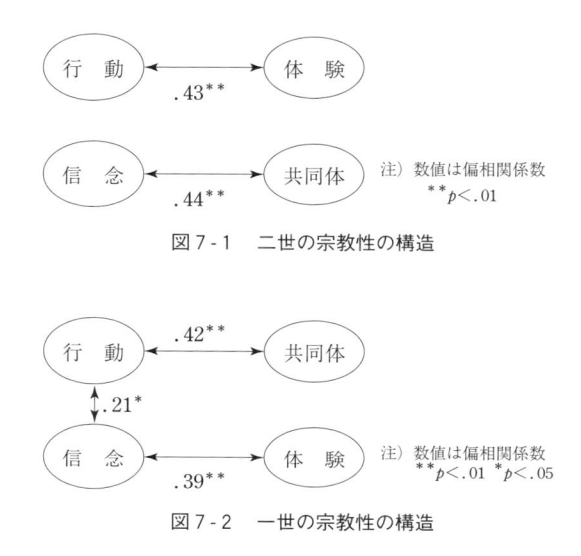

（行動 ↔ 体験　.43**）
（信念 ↔ 共同体　.44**）
注）数値は偏相関係数
**p<.01

図7-2　一世の宗教性の構造

（行動 ↔ 共同体　.42**）
（行動 ↔ 信念　.21*）
（信念 ↔ 体験　.39**）
注）数値は偏相関係数
**p<.01　*p<.05

な相関は見られなかった。このように，宗教性が〈信念‐共同体〉，〈行動‐体験〉という2つの部分に大きく分かれることは，彼らの真光という共同体における社会化が信念の発達と関連していること，その反面，道場に馴染み，真光の教えを受容していても，行動や体験が伴うとは限らないことを示唆している。

　ここで，年齢と性別を無視して，各因子の因子得点について一世と二世の平均値の差を検定すると，行動（$t(206)=7.12, p<.01$）と体験（$t(206)=5.90, p<.01$）では二世は一世より有意に低かった。信念については差は見られず，共同体については逆に二世のほうが有意に高いことが分かった（$t(206)=-2.34, p<.05$）。二世の回答者は一世の回答者よりずっと年若いにも関わらず，このような結果が得られたということは，二世の組み手の第1次的な宗教的社会化の成果が信念と共同体の面に大きく表れていることを示している。逆に，行動と体験については年齢を重ねて成長することが必要なのではないだろうか。

　次に，4因子の各因子得点を従属変数，性と年齢段階を要因とする2要因分散分析を行った[1]。性と年齢段階別の平均値を図7-3に示す。その結果，体

1）二世の組み手について，年齢と入信年数の相関を求めると，当然ながら，$r=.96$（$p<.01$）という極めて高い値であった。したがって，年数の要因は除いて分析を行った。

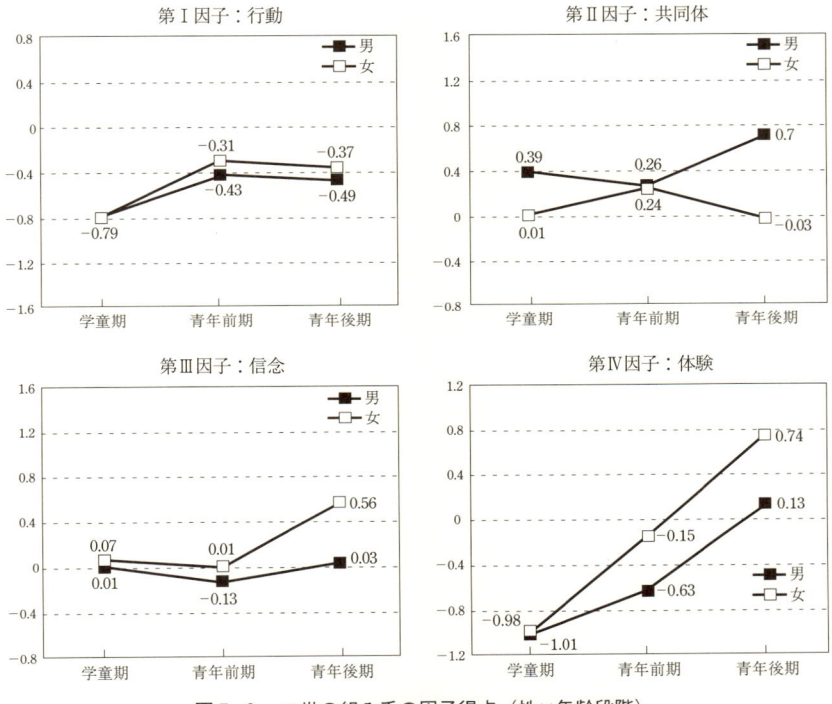

7章　宗教的社会化とアイデンティティ

図7-3　二世の組み手の因子得点（性×年齢段階）

験の因子について年齢の主効果（$F(1,66)=10.74$, $p<.01$）が見られたため，下位検定を行ったところ，青年前期は学童期より，青年後期は青年前期より得点が有意に高いことが分かった。また，行動の因子について，年齢段階の有意傾向が認められた（$F(2,66)=2.68$, $p<.10$）。

　体験に関するこの結果は，先の分析の結果と見合っている。二世の組み手は10歳で初級研修会を受講する以前から親の手でお浄めを受けていたと思われるが，体験を認知し，それを有効に語れるようになるためには，やはりある程度の年齢にならないといけないのであろう。あるいは，受講後自分でもお浄めをするようになって，徐々に主体的に体験が得られるようになったとも考えられる。この場合は，年齢というよりも宗教的社会化の成果であるといえる。前述のように，二世の組み手については加齢と入信年数の増加がほぼ一致しているため，どちらの解釈も可能である。同様に，行動についても，やはり若干の発達あるいは社会化の成果が認められるといえよう。

図7-4 一世の組み手の因子得点（性×年齢段階）

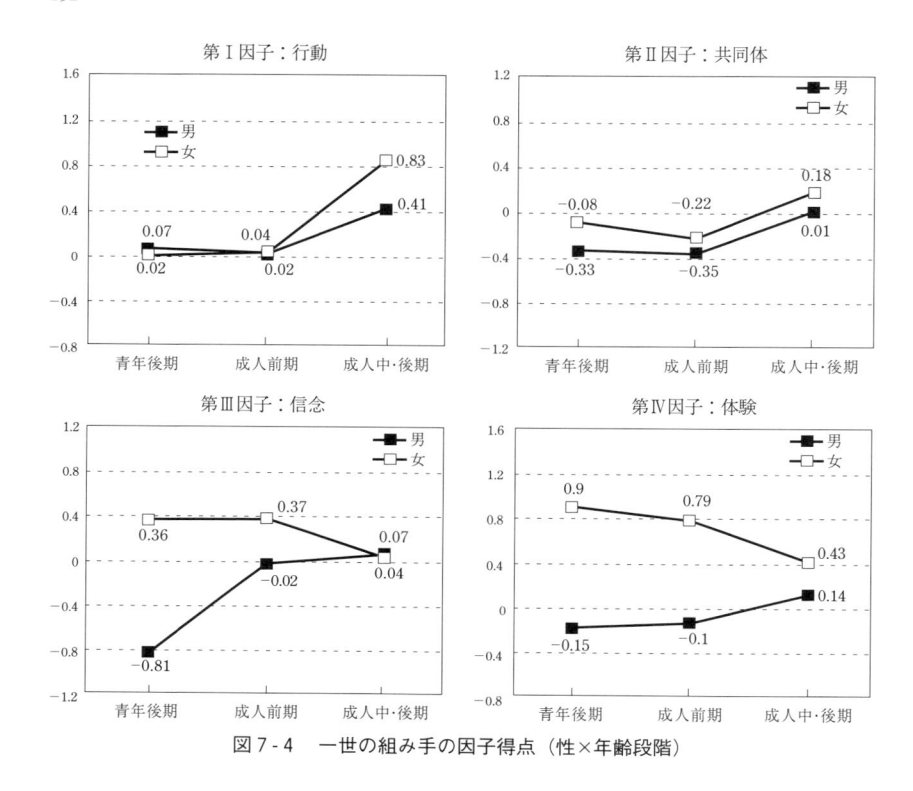

5．一世の組み手の宗教的社会化

　二世の場合と同様に，宗教性の4因子間の関係を調べたところ，図7-2に示すように，一世の組み手では第Ⅰ因子（行動の次元）と第Ⅱ因子（共同体の次元），第Ⅲ因子（信念の次元）と第Ⅳ因子（体験の次元）の間に中程度の相関が見られ，第Ⅰ因子（行動の次元）と第Ⅲ因子（信念の次元）の間にも低い相関が認められた。二世の場合とは異なり，信念の次元と共同体の次元の間には相関はほとんど見られなかった（$\beta=.06$）。このため，一世の場合，真光という共同体における社会化は行動との関連が深いことが窺われる。

　回答者に一世の組み手は136名いたが，青年前期の組み手は6名と少なかったために除外して，残る130人について4因子の各因子得点を従属変数，性と年齢段階を要因，入信年数を共変量とする共分散分析を行った。各因子得点の性・年齢段階別の平均値を図7-4に示す。

性による違いが認められたのは,信念と体験の次元である。信念の次元については性の主効果が有意($F(1,122)=6.65$, $p<.01$)であったが,同時に性と年齢の交互作用も有意($F(2,122)=3.96$, $p<.05$)であった。そこで,年齢の水準ごとに性の単純効果を分析したところ,青年後期の段階においてのみ有意であった($F(1,122)=14.38$, $p<.01$)。また,性の水準ごとに年齢の単純効果を分析したところ,男性の水準において有意($F(2,122)=4.85$, $p<.01$)であり,下位検定の結果,青年後期と成人前期及び成人中・後期の得点の間に有意差が認められた。成人前期と成人中・後期の間には有意差はなかった。すなわち,青年後期の男性は同じ年齢段階の女性よりも信念の因子得点が有意に低く,かつ,成人期の男性よりも低いことが分かった。体験の次元では性の主効果が有意($F(1,122)=23.01$, $p<.01$)であり,交互作用は有意ではなかった。つまり,男性より女性のほうが体験の因子得点が有意に高いことが分かった。その他の次元では男女の違いは認められなかった。

年齢の主効果は行動の因子において有意($F(2,122)=6.97$, $p<.01$)であり,交互作用は有意でなかったため,下位検定を行った結果,有意差は成人中・後期と他の2つの年齢段階との間で認められた。青年後期と成人前期の間では有意差はなかった。

共変量である入信年数の寄与は行動,信念,体験の3つの因子において有意であった。年数の影響の方向を明らかにするため,年数と各因子得点との相関を検討したところ,どの因子においても正の相関が認められた(順に$r=.46$, $p<.01$;$r=.299$, $p<.01$;$r=.246$, $p<.01$)。したがって,入信後の年数が長くなるほど行動,信念,体験の因子得点が上昇するといえる。

以上の結果を次元ごとにまとめていこう。まず,信念の次元においては,青年後期の男性の得点が女性より有意に低く,かつ,成人男性の得点よりも有意に低いという結果が得られた。つまり,宗教的信念については,青年後期の男性の組み手に特異な低下が見られたわけだが,これは事例のところで述べた「懐疑」の傾向を示唆するように思われる。しかし,ここで気をつけなければならないのは,懐疑の対象は通常,第1次的社会化によって獲得された幼児期からの信仰であるのに対して,ここでは一世の組み手についてその傾向が認められていることである。つまり,彼らは自ら選び取ったはずの信仰に対して懐疑を抱いていることになる。このことは,彼らの入信の動機が信念以外のところにあること,また,懐疑が単に第1次的社会化の主なエージェントである

「親」に対する反抗ではなく，より広い意味での青年期の心的特性であることを示唆している。ただし，二世にも一世の女性にもこの傾向が見られなかったことには注意しなくてはならない。

また，信念の次元においては入信年数の効果も認められたため，一世の組み手が入信後は男女ともに信念を深めていっていることが分かった。したがって，初めは疑いの心をもっていた青年男子も徐々に信念を自我に取り入れていっているといえよう。逆にいえば，それができなかった人は真光から離れていく（そのため，調査対象者には含まれない）のだと思われる。

行動の次元においては，年齢と入信年数の効果がともに有意であり，年齢については，成人中・後期の組み手の得点のみがそれ以前と比べて有意な上昇を示していた。すなわち，崇教真光ではとりわけ35歳以上の人々が熱心に活動していることが分かった。このため，新宗教の発展には青年の活力が欠かせないといわれるが，実質的に教団の実働力となっているのはやはり中高年の人々であることが窺われる。おそらく，二世の組み手も成人期になると，行動がより活発化するのではないだろうか。行動については年数の効果も有意であったことから，入信後の集団内社会化の影響も確認された。すなわち，宗教的行動に関しては「性差はなく，男女ともに35歳以上の人々の活動が盛んであり，また，組み手としてのキャリアが長くなるほど熱心に活動している」といえよう。行動の次元の傾向は比較的クリアであり，年齢・年数の影響はほぼ予想通りであった。

これに対して，体験の次元においては性による違いが認められた。前述のとおり，真光ではお浄めによる清浄化の体験がひじょうに重視されているが，結果的にはこれが明確な性差が認められた唯一の次元であり（信念の次元における性差は青年後期に限られている），女性のほうが男性より宗教体験が豊かであることが分かった。アーガイルとベイ-ハラーミは各種の調査結果のレビューを行い，神秘体験という指標において女性のほうが男性より勝ることを示しているが（Argyle & Beit-Hallahmi, 1975），この結果はそれと一致している。また，たとえば沖縄シャーマニズムにおいては，超自然的存在に接近・交流する力は男性より女性のほうがはるかに高いと考えられ，ユタもクライエントもほとんどが女性である（大橋，1998）。こうしたことから考えて，このような傾向はかなり普遍的に認められるものなのではないかと思われる。

体験の次元については，さらに，入信年数の効果が認められたため，男女と

もに組み手としての経験を積むにしたがって、宗教体験も豊かになっていくことが分かった。お浄めの場でのコミュニケーションを通じて清浄化に対する感覚が鋭敏になり、それを表現する力が磨かれていくことを前章で見たが、そうした宗教体験への社会化の効果が確認されたといえよう。

　このように、信念、行動、体験の3つの次元においてはすべて何らかの要因の効果が認められたが、共同体の次元においては年数、性、年齢のどれについても有意な効果は見いだされなかった。共同体の次元は集団に対する感情的・対人的なつながりを問うものだが、実はこれについては青年期において特に高まるのではないかと予想していた。というのも、ここでは宗教性の生涯発達という観点から、エリクソンの発達理論を重視しているが、先に示した事例にも見られるように、青年期はアイデンティティの確立という発達課題のゆえに、集団に対して強い忠誠心をもちやすい時期であると考えられるからである。しかし、そのような結果は認められず、これは二世の組み手においても同様であった。とはいえ、このことは青年のそうした心理的特性を否定するものではない。というのは、二世の組み手は学童期から青年後期、一世の組み手は青年後期以降というように年齢による回答者の分布に偏りがあり、本論では青年期とその前後の年齢段階を連続的にとらえることができなかったからである。また、むろん、質問紙が共同体の次元に関する心理的な機微を充分に汲み取れなかったということも考えられる（これは他の次元についてもいえることであるが）。この点に関しては今後の課題となる。

8章　民俗宗教と宗教性

8-1　日本人の宗教性
8-2　日本におけるモルモン教
8-3　モルモン教への入信
8-4　民俗宗教とモルモン教のダイナミクス

8-1　日本人の宗教性

　日本人は宗教性の弱い国民であるといわれる。実際，さまざまな世論調査の結果を見ると，日本人で何か宗教を信仰しているという人は全体の3割ほどであり，これは諸外国のデータと比べてかなり低い数値である。また，海外で自分の宗教について尋ねられたときに無宗教と答え，訝しがられたり怪しまれたりしたという話もよく耳にする。

　しかし，「宗教を信じていない」と考えている人々が本当に無宗教，あるいは無神論者なのか，という点については，簡単に肯定することはできない。宗教という言葉がそもそもレリジョンの翻訳のために漢語から導入されたように，「宗教を信じている」というあり方のイメージもいわば外から来たもの，すなわちキリスト教に由来するものであり，非キリスト教徒（非一神教徒）の信仰態度をとらえるのに適切とは言い難いからである。山折（1996）によると，

　　宗教を問い信仰を問うことは，いずれかの教派や宗派に排他的に所属することの如何を問い，何よりも主体的な決断を要請するものだった。そしてこのような問いがキリスト教的思考そのものに由来するものであったことはいうまでもない。

　宗教を信じることをこのように「主体的かつ排他的」なキリスト教的態度としてとらえると，日本人の伝統的な態度を省みたとき，自らを「無宗教」とする見方が生じたとしても不思議ではない。季節の折々や儀式によって神社にも

お寺にも，時にはキリスト教会にも行き，しかもあえて積極的な意志でそうするというより，単に伝統や慣習，ファッションだからというのでは，キリスト教的なまなざしには「あまりにもいい加減」と映るからである。

しかし，そうしたいわば自己卑下的な見方だけでなく，特定の宗教を排他的に信じるということを積極的に嫌う傾向もまた日本人のなかには存在する。いわゆる「日本教」論に代表される意見だが，日本人は宗教に寛容なようでいて決してそうではない。日本人には世間一般（昔なら村落共同体）の常識に沿って自己主張せずに生きることを大切に思い，ある特定の立場やイデオロギーを絶対視することを忌み嫌う傾向がある。宗教については，他の宗派を認め，従来の伝統を尊重するものに対しては寛容だが，たとえば仏壇を壊すよう主張するような宗派のことは徹底的に排除しようとする。島田（1997）はそうした日本的な宗教観について取り上げ，その仏教的な表現が「空」であり，神道的な表現では「言挙げせず」に当たるという。

したがって，日本人の無宗教的態度の裏には，外からの規範に照らして引き起こされたやや自虐的な気分と，その規範自体を拒否する気持ちの両方が存在するといえよう。このことは，日本人の無宗教さというより，キリスト教圏と日本との宗教観そのものの違いを表していると思われる。

しかし，キリスト教的規範を排他的とはいっても，実際のところ，欧米人の信仰も決して純粋にキリスト教のみから成り立っているわけではない。キリストの生誕を祝うクリスマスが，実はキリスト教伝来以前のヨーロッパの冬至の祭りと結びついているように，キリスト教のなかにもさまざまな民俗宗教的要素が入り混じっているのである。

日本のキリスト教については，欧米よりもむしろ純粋で真面目な信仰を保っているという指摘がある（島田，1997）。日本ではキリスト教がいわゆる知識階級を中心に広がり，しかもあまり勢力を拡大せずに少数派にとどまっている（人口の1パーセント未満）という事情のため，とりわけその印象が強いのかもしれない。しかし，プロテスタントの信仰が日本の伝統的な葬送儀礼との接触でどのように変化していったかを示した研究も見られるように（Reid, 1981），どんな信仰でも「土着化」の過程でまったく変化を被らないままでいることは不可能である。特に死にまつわる思考や感性，行動は宗教の核ともいうべき部分だが，それだけに土着の信仰の根も深く，外来の信仰によって置き換えるのが困難な部分であろう。また，大濱（1990）は普遍的なキリスト教像にとらわ

れることこそが誤りであり，むしろ積極的に「文化的抗体」を経て形成された「日本のキリスト教」がどうあったかを検討すべきであると述べ，二代，三代の信者になるにつれてキリスト教がイエの宗旨化し，初代が切り捨てた習俗を逆に取り込んでいったことを示している。

　そうした信仰の変容について考える場合，重要なのが民俗宗教という概念である。民俗宗教とは，桜井（1980）によれば，キリスト教や仏教，民族宗教である神道，またはさまざまな新宗教などの根底にあって，それらに強い影響を与えつつ，それらの内容を一部取り込んでいるものと考えられる。つまり，地域共同体における生活のなかで，さまざまな宗教的要素が矛盾なく，統合的に機能してきた実態そのものが民俗宗教を表しているのである。

　ここで，地域共同体という観点から考察すると，近年の都市化に伴う共同体の崩壊によって，民俗宗教も大きく変容しているであろうことは間違いない。最近，宗教が絡んだ異様な事件が頻発しているが，それらの根底にも地域共同体の崩壊＝民俗宗教の弱体化という現象が存在すると考えられる。ただし，本書において着目するのはそうした社会的問題ではなく，個人の宗教性である。すなわち，人々，少なくとも宗教のプロフェッショナルでない人々の宗教性の基本には民俗宗教性があり，そこには雑多な宗教的要素が入り混じっていると考えられるが，特に特定の信仰を有する人の場合，民俗宗教性とその信仰とがどのように絡み合っているのかという疑問が生じる。

　個人の信仰のレベルで考えれば，当然ながら，特定の信仰の受容は民俗宗教性に影響を及ぼすであろう。この点については西山（1978）による複数の新宗教を対象とした研究が興味深い。すなわち，妙智会信仰の受容が先祖志向的祭祀の実践を強化するのに対して，創価学会信仰の受容は伝統的宗教実践のなかでも現世志向的祈願の実践を弱化するということが分かったのである。これはそれぞれの信仰の教えの特質が信者の民俗宗教性に大きな影響を及ぼすことを示している。

　一方，先の大濱（1990）の研究が示すように，民俗宗教が信仰のあり方に影響を及ぼすということもありうる。また，そこに示されたように，世代を経るごとに信者の民俗宗教性が濃くなっていくとすると，彼らの宗教的アイデンティティはどうなっているのだろうか。第一世代の信者が習俗を切り捨てているということは，自らの選び取った信仰に強い宗教的アイデンティティをもっていることを意味しているが，では，習俗を取り入れている第二世代，第三世代

の宗教的アイデンティティは弱体化しているのか，それとも，宗教性は民俗宗教と混合していても，信者としてのアイデンティティは保たれているのだろうか。

　本章では，特定の宗教としてモルモン教を取り上げ，信者の宗教性におけるモルモン教と民俗宗教のダイナミクス，彼らの宗教的アイデンティティのあり方を探ってみたい。モルモン教を対象に選んだのは，日本の文化的基盤とは異質のところで生まれた宗教であるために民俗宗教との違いが見やすく，また，日本での歴史が比較的新しく，布教が盛んであるために，一世の信者と二世以降の信者との比較が行いやすいと考えたためである。

　本研究の分析のレベルは個人にあるが，一世と二世の信者の宗教性の違いを見ることによって，モルモン教の信仰のあり方が土着化によって受ける影響の一端を明らかにすることもできるのではないだろうか。

8-2　日本におけるモルモン教

　モルモン教は正式名称を末日聖徒イエスキリスト教会（Church of Jesus Christ of Latter-day Saints）という[1]。一般にモルモン教とかモルモン教徒と称されるのは，彼らがモルモン書という聖典（Book of Mormon）[2]を用いる故である。ここではモルモン教の成立の事情や歴史について詳しく触れることはしないが，まず重要なのは，それが1830年（日本では江戸末期。天理教の立教の8年前に当たる）という比較的新しい時期に，ジョセフ・スミスというひとりの白人青年によってアメリカ合衆国で誕生した宗教だということである。つまり，モルモン教は日本式に言えば「新宗教」なのであり，一般にキリスト教の一派と見なされているものの，アメリカの世論調査などでは「その他の宗教」に分類されることもある。現在，いわゆる「正統」なキリスト教会がモルモン教をどう位置づけているのかは定かでないが，キリスト者のなかにはモルモン教をエホバの証人，統一教会と並ぶ「異端」として扱う者もいる（たとえば，井出，1982）。

　1）　高橋（1996）によると，モルモン教にはさまざまな分派があるが，末日聖徒イエスキリスト教会はそのうちの最大のものであり，一般に「モルモン教」といえばこの教会を指す。

　2）　以前はモルモン経といわれていた。その他の重要な聖典としては『教義と聖約』『高価な真珠』があり，この3点が1冊に収められたものも発行されている。

しかし，そのように新しい宗教であり，また，有名な一夫多妻[1]の問題を中心として，長く国家と対立し迫害を受けた「セクト的宗教」としての過去を有するにも関わらず（森，1996），現在のモルモン教の最大の特徴はその「保守性」にあるといわれる。具体的なイメージとしては，日本で活躍するモルモン教徒のアメリカ人タレントに見られるような，豊かで教育のある白人の中産階級で，家庭をひじょうに大切にするというのがモルモン教徒のいわば「典型」である。政治的にはあくまで国家に忠実であり，湾岸戦争時には海外派兵にも積極的に応じた。このようなモルモン教の現状を，森（1996）は「アメリカの見えざる国教」化という。

「見えざる国教」とは，森によると，ロバート・N・ベラーの「市民宗教」に相当する概念である。すなわち，ある国家，あるいは民族にアイデンティティや存在の意味を与える特定の宗教体系や価値体系を指す。森によると，モルモン教は生き残りの過程で一夫多妻制を破棄するなど，アメリカの見えざる国教への同化という道を選択し，現在ではむしろ「超アメリカ的」といわれるほどであり，信者数はアメリカの人口の約2パーセントを占めるという。

モルモン教は，そもそも教義の上でもきわめてアメリカ的な宗教である。先にも触れたように，モルモン教では聖典として聖書と並んで（あるいはそれ以上に）モルモン書を重視するが，それは，ジョセフ・スミスが天使の導きによって地中から発掘した金版に古代エジプト文字で記されていたものだといわれる。スミスはそれを一緒に埋められていた翻訳器を用いて英語に翻訳したというが，それによると，紀元前600年，エルサレムの地を離れるよう神から命じられたリーハイとその家族がアメリカ大陸に移住した。その子孫で神の教えを守ったのが白人のニーファイ人，神の教えを離れてニーファイ人を滅ぼし，そのために肌の色が黒くなったのがレーマン人であり，レーマン人は後にアメリカ・インディアンとなる。最後のニーファイ人であったモルモンが息子に託して埋めさせたのがニーファイ人の歴史を刻んだ金版，すなわち，現在のモルモン書となる。

このように，モルモン教はアメリカ中心の歴史観を有し，また，伝統的に白人中心主義の立場をとる。黒人に対する人種差別は長らく存在し，アメリカ国内の公民権運動の高まりや第三世界への布教の推進の結果，黒人にも神権（モ

---

1) この問題については高山（1992）が詳しい。

ルモン教徒として，バプティスマを授けるなどのさまざまな行為を行うための権利）が与えられたのは20数年前のことである（ただし，白人でも黒人でも女性にはまだ認められていない）。

こうしたモルモン教の白人中心主義を考えると意外な感もあるが，非白人圏への布教は古くから活発に行われ，日本に初めて宣教師が訪れたのは1901年のことである。井上・孝本・対馬・中牧・西山（1996）によると，日米関係の悪化によって太平洋戦争前後の20数年間は布教が中断されたが，1948年には再開し，1970年の大阪万博に参加したのを契機に飛躍的に教勢を拡大した。1980年には東京の麻布に東洋初の神殿である「東京神殿」が建設され，それまで海外の神殿に出向かなければ受けられなかったさまざまな儀式が国内でも可能になった。

伝道体制としては地区制を取っており，信者が30～40人集まると支部，100人から150人になるとワードとなり，10カ所ほどの支部とワードを統合するのがステークである。信者数は依拠するデータによってかなり異なるが，筆者の聞き取りでは，現在，筆者が調査を依頼した仙台ステークには約3,000人の信者が登録されており，日本全体で約10万人，世界中では950万人の信者がいるという。

モルモン教の布教の大きな特徴は，一般の信者が宣教師になって世界中に赴くということであろう。伝統的な宗教では，宣教師は「プロ」の宗教家であることが多い。一方，日本の新宗教では信者それぞれが日々の生活のなかで布教を行うものの，自分のフィールドを離れて各地の支部に行くのはやはり幹部や幹部候補生である。それに対して，モルモン教の場合，一般の信者が男性なら2年，女性なら1年半の間，学業や仕事を中断して布教に出るのである。いわばボランティアであり，その間の生活費は自分で貯めたお金や家族の援助で賄われる。また，地域の教会の管理責任に当たる人も，ほとんどの場合は世俗の仕事をしながら無報酬で行っているという。

さて，仙台の教会での聞き取りによると，モルモン教は最近，中南米や東南アジアで爆発的な成長を示しているのに対して，日本では伸び悩んでいるという[1]。その理由のひとつとして挙げられるのが戒律の厳しさである。

日本の宗教は一般に戒律に関しては厳しくない傾向がある。僧侶が激しい修

---

1) 井上ら（1996）によれば，日本における信者数は17万人，世界全体で902万人である。

業をすることで知られる仏教の宗派であっても，日常生活においてはタイやビルマなどの「上座部」の僧侶とは比べられないほど「自由」な生活をしており，まして在家の信徒にとっては戒律は無いに等しい。新宗教においても，精神的な負担が大きかったり，時間的な拘束の長い活動を課せられることはあっても，「こうしてはならない」という禁止事項は少ないようである。この背景には，大村（1990）がいうように，人間の欲望は無理に断とうとするほど反対に高まるものであり，禁欲はむしろ不健全であるという認識があるのかもしれない。

それに対して，モルモン教の場合，まさしくキリスト教の伝統に沿って，いくつかの明確な戒律（律法）が存在する。代表的なものを挙げると，安息日（日曜日には仕事やレジャー，買い物などをしてはならない。仕事についてはやむを得ない場合は認められるが，これを守るために仕事を変える人も珍しくない），知恵の言葉（酒，タバコ，コーヒー，お茶，その他の刺激物を摂取してはならない），純潔（性的な力は神聖なものであり，夫婦の間でのみ認められる）などである。また，十分の一の律法（信者は全員各自の収入の10分の1を教会に納める）は現在のモルモン教会の財政的な成功の要因としても重要である。

これらのことは一般にも比較的広く知られており，日本の宗教的な伝統からすると「異質」という感が否めない。では，モルモン教の教えや儀式の中で，日本の民俗宗教に通じるような面は存在しないのだろうか。

ここで注目されるのが，「死者のバプティスマ」（身代わりのバプティスマ）と「系図の作成」である。死者のバプティスマとは，神の教えを知らないままに亡くなった先祖が霊界でバプティスマを受けられるように子孫が身代わりになって行う儀式であり，聖書にその根拠をおくというが，他のキリスト教には見られない教えであり，モルモン教を異端とする立場からは最も弾劾される材料のひとつである。この儀式はモルモン教徒にとって非常に大切なものであり，信者は皆そのために自分の先祖を調べ，系図を作成することが推奨される。少なくとも曾祖父母の代までは「義務」であり，そうして調べ上げられた系図は核戦争にも耐えられる施設に収められているという。

真言宗の僧侶でもある佐伯（1991）の指摘によれば，系図調べというのは移民の国であるアメリカでは広く見られる現象であり，その意味ではきわめてアメリカ的な行為である。しかし，それは日本の新宗教にしばしば見られる先祖の戒名の付け替えという風習にも似ているのである。

日本の民俗宗教の柱のひとつとして「祖先崇拝」を認めるのに異論がある人は少ないだろう。平たくいえば，「ご先祖様を大切にする」，「今の自分があるのはご先祖様のおかげ」という感覚が日本人（少なくともある程度年配の日本人）には広く認められるのであり，改宗した人が戒名の付け替えをするというのも，その感覚の延長線上にある行為であろう。実際，新宗教の信者にインタビューをすると，「先祖を大切にする宗教だから良いと思った」という発言が聞かれることは少なくない。モルモン教の教えでは，キリストの再臨後，来世において住む王国は3つに分かれており，バプティスマを受けた人たちは「日の栄え」の王国に家族一緒に暮らせるが，どんなに行いが良くてもバプティスマを受けずに死んだ場合は別の王国にひとりで住まなければならない。したがって，先祖を救うために身代わりのバプティスマという儀式が必要となるのだが，これが「先祖を大切にする」という「日本的」な心情にアピールする程度は少なくないのではないだろうか。モルモン教が日本で教勢を拡大した要因のひとつに，この点を指摘することができよう。

　このように，モルモン教には教義のうえでの意味や形式の面では異なるものの，大まかにいえば，日本の民俗宗教性の重要な要素である祖先崇拝と通じるような面を見いだすことができる。では，モルモン教徒は現実の社会生活のなかで，一般の宗教的慣習にどのように対応しているのだろうか。

　この点について一言でいえば，「形の上で合わせる」ということになるようである。たとえば，葬儀は教会の礼拝堂で執り行うことができるが，周囲の意向によっては仏式で行ってもよく，墓も東京には教会の墓園があるが，地方では普通の寺や墓園の墓でも構わないという。ただ，教会員が有志で共同の墓所を購入することはあるそうだ。また，墓参は「先祖にとってはあまり意味はない」が，「先祖に心を向ける機会」なので普通に行うという。仏壇は教会員でない兄弟や親戚に譲ってなるべく家におかないよう指導されるが，現実にはなかなか難しいそうである。そのほか，たとえば集団で神社に行くことになったようなときには，心では拝まず，手だけ合わせることによって対処するという。

　こうした対処の仕方は，結果的には一般のキリスト教徒と共通しているかもしれないが，いっそうはっきりと割り切ったものであるように思われる。形の上で合わせるというのは，それ自体がきわめて「日本的」な手法であり，これがモルモン教の採用する一般的なやり方なのか，それとも日本での布教のための独自のやり方なのかは分からないが，興味深い点である。民俗宗教との関係

でいえば，このような手法をとること自体が民俗宗教からの影響，すなわち土着化の表れと考えることもできる。このように「形で合わせる」ことが内容の変質を伴わないのか，すなわち，形を合わせているうちに，それが意味するものを意識のなかにも取り込んでしまうことはないのかということが，布教のうえで大きな問題となろう。

8-3　モルモン教への入信

1．調査の概要

ここでは，筆者が行った質問紙調査から入信に関する部分のデータを用いて，モルモン教への入信の特徴について検討する。

調査を行ったのは1994年と96年であり[1]，末日聖徒イエスキリスト教会の東北地方（仙台市，盛岡市，福島市）の3つの教会にそれぞれご協力をいただいた。手順としては，まず手紙で調査の依頼をし，許可を受けてから配布可能な人数分の質問紙を送付した。質問紙の信者への配布および回収は相談の上，教会の方に一任した。調査報告書を提出後，教会を訪問し，信者の人に面接して質問紙の結果から感じた疑問点などについて詳しい話を伺った。

ここでは，3つの支部から受け取った回答（仙台84名，盛岡30名，福島26名の計140名）をすべて込みにして分析を行う。人数が少ないため，欠損値のあるデータを除かなかったので，項目によって回答者数は大きく変動する。回答者の性別は男性65名，女性74名（不明1名）。年齢段階別の内訳は青年期（13歳から22歳）が43名，成人前期（23歳から34歳）が42名，成人中期（35歳以上）が51名（不明4名）であり，平均年齢は32歳である[2]。職業としては，会社員および公務員が3割強を占め，学生と主婦が約2割ずつであった。

モルモン教への入信については，入会と入信が教えのうえで区別されているのが特徴である。すなわち，教会員になるためには全身を水に沈めるという儀式（バプティスマ，あるいは水のバプティスマという）を受けるのだが，これとは別に「火のバプティスマ」といわれる体験が重視されている。これは神の

---

1) それ以前にも卒業論文の作成時（1986年）に数ヶ月間モルモン教会に通って数人の宣教師に面接を重ね，信者の家庭や儀式を見学した。
2) この性・年齢別構成は教会の人口構成を反映したものではなく，なるべく性・年齢段階間で均等になるよう取り計らっていただいた結果である。

表8-1　教会に来るようになったきっかけ

	入信年齢					性		全体
	8～12歳	13～17歳	18～22歳	23～34歳	35歳以上	男	女	
街で宣教師に出会った	0 (0.0)	4(17.4)	11(34.4)	9(25.7)	0 (0.0)	15(23.8)	9(12.3)	24(17.6)
宣教師の訪問を受けた	0 (0.0)	4(17.4)	7(21.9)	11(31.4)	6(40.0)	15(23.8)	13(17.8)	28(20.6)
英会話教室に通っていた	0 (0.0)	7(30.4)	2 (6.3)	4(11.4)	1 (6.7)	3 (4.8)	11(15.1)	14(10.3)
親や兄弟の影響で	30(96.8)	4(17.4)	1 (3.1)	1 (2.9)	0 (0.0)	20(31.7)	16(21.9)	36(26.5)
結婚相手の影響で	0 (0.0)	0 (0.0)	0 (0.0)	2 (5.7)	0 (0.0)	0 (0.0)	2 (2.7)	2 (1.5)
友人・知人の影響で	1 (3.2)	2 (8.7)	9(28.1)	3 (8.6)	3(20.0)	5 (7.9)	13(17.8)	18(13.2)
自分から教会を訪ねた	0 (0.0)	1 (4.3)	2 (6.3)	2(13.3)	2(13.1)	5 (7.9)	4 (5.5)	9 (6.6)
その他	0 (0.0)	1 (4.3)	0 (0.0)	3 (8.6)	3(20.0)	0 (0.0)	5 (6.8)	5 (3.7)
計	31(22.8)	23(16.9)	32(23.5)	35(25.7)	15(11.0)	63(46.3)	73(53.3)	136(100.0)

啓示を受けて身を焼かれるような経験をすることであり，いわば，古典的宗教心理学における回心に相当する。本論の視点では両方のバプティスマを宗教的社会化のプロセスの一部と見なすが，この節でいう「入信」は水のバプティスマを受けることを指す。

2．入信の状況

入信の状況についてまとめると，まず，バプティスマを受けた時の平均年齢は22歳である。教会に来るようになったきっかけは表8-1に示したとおりであり，男女別に見ると，男性では宣教師との出会い（街頭及び戸別訪問）をきっかけとする人がかなり多く，半数近くを占める。女性の場合も宣教師をきっかけとする人は少なくないが（約3割），男性と比べて教会の英会話教室や友人・知人の影響が大きいのが特徴的である。年齢による違いを見ると，まず，小学生（12歳まで）はほとんど全員が親や兄弟の影響で入信していたが，中・高校生（13～17歳）ではそうした人は2割に満たず，18歳以上ではほとんどいない。前章で示したように，筆者が崇教真光で行った調査では青年期でも4割以上の人が親の導きで入信していたので，それとはかなり異なった傾向である。中学・高校生の年齢で最も多いのは英会話教室をきっかけとするケースであり，18歳以上の人たちには宣教師による布教の効果が顕著に認められる。これに対して，自分から教会を訪ねたという人は，どの年齢層でも少なかった。

次に，教会に来るようになった動機だが，その当時何らかの悩みをもっていたかどうかでは，「悩みがあった」人が36パーセント，「なかった」人が64パーセントで，なかったという人のほうが多数派であった。真光の場合と比べて

8章 民俗宗教と宗教性　167

表8-2　入信時の悩み

	入信年齢					性		全体
	8～12歳	13～17歳	18～22歳	23～34歳	35歳以上	男	女	
病気	0 (0.0)	2 (8.7)	5(15.1)	3 (8.8)	2(12.5)	6 (9.4)	6 (8.2)	12 (8.8)
人間関係	1 (3.2)	3(13.0)	5(15.1)	6(17.6)	6(37.5)	9(14.1)	12(16.4)	21(15.3)
経済的問題	0 (0.0)	0 (0.0)	0 (0.0)	1 (2.9)	2(12.5)	0 (0.0)	3 (4.1)	3 (2.2)
進路	0 (0.0)	1 (4.3)	2 (6.1)	1 (2.9)	2(12.5)	2 (3.1)	4 (5.5)	6 (4.4)
性格や生き方	0 (0.0)	7(30.4)	7(21.2)	10(29.4)	3(18.8)	11(17.2)	16(21.9)	27(19.7)
その他	0 (0.0)	0 (0.0)	1 (3.0)	4(11.8)	0 (0.0)	2 (3.1)	3 (4.1)	5 (3.6)
なし	30(96.8)	15(65.2)	21(63.6)	15(44.1)	8(50.0)	41(64.1)	47(64.4)	88(64.2)
回答者数	31(22.6)	23(16.8)	33(24.1)	34(24.8)	16(11.7)	64(46.7)	73(53.3)	137(100.0)

※複数回答，パーセンテージの分母は回答者数

表8-3　バプティスマを受けた理由

	入信年齢					性		全体
	8～12歳	13～17歳	18～22歳	23～34歳	35歳以上	男	女	
教えが真実だと思った	20(64.5)	16(69.6)	25(75.8)	29(85.3)	9(56.3)	46(71.9)	53(72.6)	99(72.3)
教会の雰囲気・信者の魅力	8(25.8)	14(60.9)	22(66.7)	15(44.1)	6(37.5)	31(48.4)	34(46.6)	65(47.4)
悩みを解決したかった	0 (0.0)	2 (8.7)	2 (6.1)	5(14.7)	1 (6.3)	3 (4.7)	7 (9.6)	10 (7.3)
受けるのが当然	20(64.5)	2 (8.7)	4(12.1)	3 (8.8)	2(12.5)	13(20.3)	18(24.7)	31(22.6)
その他	0 (0.0)	5(21.7)	5(15.2)	7(20.6)	3(18.8)	8(12.5)	12(16.4)	20(14.6)
回答者数	31(22.6)	23(16.8)	33(24.1)	34(24.8)	16(11.7)	64(46.7)	73(52.9)	137(100.0)

※複数回答，パーセンテージの分母は回答者数

悩みがなかった人の割合が倍近くに上り，モルモン教では何かの悩みを契機にするというより，それ以外の動機で入信する人が多いことが分かる。

　悩みがあった人を対象に，その内容を複数回答で尋ねた結果が表8-2である。悩みの内容に男女差はあまりなく，最も多いのが「性格や生き方に関する悩み」，次いで「人間関係の問題」，「病気など身体上の問題」の順である。モルモン教は健康問題には関心が高いものの，いわゆる「病気治し」を行う宗教ではないので，当然ながら，真光に比べると病気の悩みを示す人ははるかに少ない。年齢別で見ると，人数が少ないのではっきりしたことは言えないものの，13歳から34歳までの層では性格や生き方についての悩みが多いのが特徴である。また，35歳以上の成人には人間関係に関する悩みが比較的多く認められる。

　しかし，入信の理由を尋ねた場合（表8-3），「悩みを解決したかった」ということを挙げた人は全体のわずか7パーセント（悩みがあった人の約5分の1）であった。選択肢の表現が直截的に過ぎて選びにくかったのかもしれないが，複数回答であることを考えるとかなり小さい数字だといえよう。それに対して，

「教えが真実だと思った」というのはいわば信者の公式見解であり，数値がどの年齢層でも高いのは当然であろう（最も重要な理由としては，これを選んだ人が圧倒的に多かった）。

　だが，それだけでなく，このことはモルモン教が真光のような「術の宗教」ではなく，「信の宗教」であることを示している。前述のように，モルモン教の核といえるのはモルモン書という聖典であり，信者はその教えにしたがって，厳しい戒律のある生活を営んでいる。これはまさに「信の宗教」の特徴である。したがって，モルモン教における癒しとしては，そうした学びと修養によって得られる「修養的な癒し」が中心になると考えられる。

　さらに，「教会の雰囲気や信者の人たちに魅力を感じた」という対人的な理由を挙げた人がどの年齢層でも多く，特に青年前期においては「教え」に匹敵するほどであることにも注目される。これは真光での経験を参考にして設けた項目だが，「共同体の癒し」を示唆するといってよいだろう。前述のように，モルモン教では入信時に目立った問題をもたない人が多いが，何ら動機づけがなく，バプティスマを受けるとは考えにくい。信じるものを求める気持ち（「教えが真実」）と自分の生きる世界を求める気持ちがその動機づけとなっているのではないだろうか。

　その他に特徴的な点としては，学童期で「受けるのが当然だと思っていた」という理由が多く選ばれているが，これは真光の場合と同様に，家族の影響による入信を示している。なお，「その他」として内容が記述されたものが11例あったが，その内の5つが宣教師との関係に触れたもので，「宣教師に感銘を受けた」パターンと「断りきれなかった」パターンの2通りであった。

　入信の状況としては，このほかに入信以前の宗教経験について質問した。入会以前に宗教に興味があったかどうかについては，「あまり興味はなかった」人が32パーセント，「少し興味があった」人が38パーセント，「とても興味があった」人が32パーセントであり，男性より女性のほうが「とても興味があった」という人の割合が大きいものの，顕著な差は見られなかった。これに対して，入会以前に別の宗教の経験があったかどうかについては，男性より女性のほうが経験があったという人がかなり多かった。すなわち，「特になかった」人が男性で84パーセント，女性でも61パーセントだったが，「プロテスタントかカトリックの教会に通った」人が男性では6パーセントに過ぎないのに対して，女性では22パーセントに上った。「お寺に通った」のは3対7パーセント，

「その他の宗教のメンバーになった」のは6対9パーセントとあまり差が見られないので、女性の信者には特にキリスト教に惹かれる傾向のある人が多いということが指摘できよう。

なお、ここで「その他の宗教」としてどのようなものが挙げられたかを記しておく。天理教が2例あった以外はどれも1例ずつで、エホバの証人、ＧＬＡ、日蓮宗、真光、生長の家、創価学会、霊波の光である。キリスト教系なのはエホバの証人のみであり、宗教間の移動のパターンのようなものは特に見られなかった。

8-4　民俗宗教とモルモン教のダイナミクス

民俗宗教性とモルモン信仰について検討するためには、まず、民俗宗教性の項目にどのような内容を入れるかが重要な課題となる[1]。ここでは、主に金児（1993a）とＮＨＫ世論調査部（1991）を参考にして、オカゲやタタリの意識、迷信・俗信、現世利益的行動に関する18項目を採用した。また、モルモン教の信仰に関する項目は、筆者の過去の調査経験に基づいて、オリジナルに8項目を作成した。各項目への反応（2～5件法）は、民俗宗教性や信仰の程度が高いほうが得点が高くなるようにスコアリングした。

1. 宗教性の構造

初めに、宗教性に関する全項目[2]の評定値を用いて因子分析を行った結果、表8-4のような結果が得られた。主成分法、オブリミン回転で累積寄与率は53％である。

第Ⅰ因子を構成するのは、迷信・俗信に関する6項目と「死者の供養をしないとたたりがあると思う」という項目である。俗信のなかでも「命名するときの字画の数」という、ポジティブな内容のものはこの因子には高い負荷を示さなかった。つまり、この因子は民俗宗教の負の側面を強く表したものといって

---

1) 民俗宗教という言葉は用いていないが、特定の宗派に限定されない宗教意識に関する最近の研究として、西脇（2002）がある。
2) 「針供養などの宗教的行事は無意味な習俗である」という項目は唯一の逆転項目であったせいか、回答に信頼性が欠けるように見受けられたので、分析から除外した。また、ここでの有効回答者は72名である。

表8-4　民俗宗教性とモルモン教の信仰に関する因子分析

	I	II	III	IV	共通性
葬式から帰ったときに塩をまき忘れる（のは気になる）	.811				.720
仏滅の日に結婚式をあげる（のは気になる）	.808				.689
北に頭を向けて寝る（のは気になる）	.782				.588
友引の日に葬式をする（のは気になる）	.742				.646
悪い方角に移転する（のは気になる）	.730				.763
死者の供養をしないとたたりがあると思う	.540				.399
祖先崇拝は大切な風習である		.760			.607
お盆などの昔からの宗教的行事には親しみを感じる		.724			.589
神社の境内にいると心が落ち着く		.709			.631
氏神の祭りは地域の結びつきを高めるのに必要である		.672			.455
観音さんやお不動さんに親しみを感じる		.664			.459
「苦しいときの神頼み」はもっともなことだ		.579			.412
モルモン書が真実の書物であることを信じている		－.502			.446
水子供養はするべきである		.487			.579
日曜日には教会に行く			.723		.649
ふだんプライベートにお祈りをする			.688		.564
教会のプログラムには参加する			.624	－.400	.504
お守りやお札など，縁起物を身の回りにおいている			－.540		.443
この1～2年の間におみくじ，易，占いを経験した			－.507		.380
命名するときの字画の数（は気になる）			－.497		.625
知恵の言葉を守っている			.428		.296
この1～2年の間に祈願しに行ったことがある			－.383		.398
十分の一を納めている				.682	.547
祈っているとき，みたまの導きを感じることがある				.673	.535
友人の5人のうちの末日聖徒の人の数				.579	.422
因子寄与率（%）	25.7	11.4	9.1	7.1	

注）.40未満の因子負荷量は省略した

よく，「俗信・タタリ」の因子と命名する。

　第II因子には民俗宗教性に関する項目の多くが集まっており，その内容は祖先崇拝意識，民俗宗教的なものに対する親しみの感情，水子供養の肯定である。水子供養については「タタリ」意識との関係が強いと予想されたのだが，この結果によるとそうではなかった。おそらく，若い年齢の回答者が多かったために，タタリを恐れるというより，単に「かわいそうだから供養すべき」といった意味でとらえられたのではないかと思われる。この因子は金児（1993a）に倣って「加護観念[1]」と命名する。重要なのは，この因子に「モルモン書が真

1）　この章の下敷きとなる論文（杉山，1997）では「民俗宗教性」としていた。なお，ここでは分析そのものも新たにやりなおしている。

実の書物であることを信じている」という項目が負の因子負荷量を示したことである。このことは，民俗宗教的なものに対する親しみの感情とモルモン教への信念の強さが逆向きの関係にある，つまり，一方が高ければ他方が低い関係にあることを示している。

　第Ⅲ因子は正負の反対方向に負荷を示す2つの種類の項目から構成されている。すなわち，一方がモルモン教の信者としての行動に関する4項目であり，他方が現世利益的行動（占い，祈願，お守り）の実践を示す3項目と「字画」である。このことは，これらの項目に関する回答者の反応がやはり逆向きの関係にあることを示しているため，因子としては「モルモン信仰対現世利益的行動」の因子であるといえる。

　第Ⅳ因子に高い負荷を示した項目はモルモン信仰に関する3つの項目だが，これと第Ⅲ因子に高い負荷を示した項目の違いについて，信者の人に意見を聞いたところ，第Ⅳ因子に関連した「十分の一」と「みたまの導き」および友人の数は，信仰を表すもののなかでも「難易度」が高いということであった。そのためか，この3つの項目への反応は残りの項目に比べてばらつきが大きく，因子の数を変更しても，モルモン信仰に関する全部の項目がひとつにまとまることはなかった。したがって，モルモン教の信仰は一元的ではないということがいえよう。第Ⅳ因子は仮に「第二段階のモルモン信仰」とする。

　このように，因子分析の結果，モルモン教の信者の宗教性の構造は加護観念，俗信・タタリ意識，現世利益的行動という民俗宗教性に関する3つの次元と，モルモン教の2次元の信仰に別れており，これらは複雑に関連しあっていることが示された。すなわち，モルモン教の信仰が民俗宗教性と融合しているということはなく，両者は別物としてとらえられていることが分かった。したがって，モルモン教が日本の伝統的な宗教的慣習を形式的に尊重する態度をとっており，また，モルモン教の教えに一見「祖先崇拝」に通じるような面が見いだせはしても，やはり信者の意識や行動のなかで両者は区別してとらえられているのだと思われる。この点をよりはっきりとさせるために，回答者が質問紙の欄外に書き入れたコメントを参照してみよう。

　祖先崇拝についての質問の箇所にコメントをくれた回答者は8人いたが，そのうちの5人はほぼ同じ内容であった。すなわち，「祖先を大切に思うことと崇拝することは似ているようでまったく違う」，「大切にしますが崇拝するものではありません」などである。この場合，「祖先崇拝は大切な風習である」

に対する回答は大体が「まったく反対」となった。結果としては，このタイプの反応が多数派であったということになる。それに対して，「先祖を大切にするのはいいことだと思う」，「先祖がいなかったら私達はいないのでみんな大切な家族だと思う」というコメントの上で「まったく賛成」と回答した人も2人いたので，なかにはモルモン教の教えと民俗宗教的な祖先崇拝意識とを明確に区別していない人もいることが分かった。ただし，「祖先をうやまうことは大切だと思いますが，崇拝という言葉には違和感があります」とのコメントの上で回答を避けた人がひとりいたように，これらの反応には「崇拝」という言葉に対する感受性の違いが影響しているものと思われる。このことは，質問紙調査において言葉の使い方が重要であることを改めて示しているといえよう。

このほかに興味深かったのは「死者の供養をしないとたたりがあると思う」という項目についてであり，3人が「たたりはないと思うが供養は必要」という内容のコメントを寄せた。この項目は迷信・俗信と同じ因子にまとまっていたので，タタリという観念は方角を気にするのと同次元でとらえられていたと考えられるが，あえてこうした感想が記されるという点に，「死者のためのバプティスマ」という儀式をもつモルモン教らしさが窺われる。つまり，死者の供養とバプティスマは「タタリ」という意味を排除すれば，かなり通じ合うものであるのかもしれない。

2．宗教性の強さ

民俗宗教性とモルモン信仰の強さ，およびそれらの関連のしかたを検討するために，因子分析の結果に基づいて4つの宗教性尺度を構成した。それぞれの尺度の名前，項目数，および信頼性係数は，「加護観念」（第Ⅱ因子からの7項目，$\alpha=.79$），「俗信・タタリ意識」（第Ⅰ因子からの6項目，$\alpha=.83$），「現世利益的行動」（第Ⅲ因子に負の因子負荷を示した4項目，$\alpha=.58$），「モルモン信仰」（第Ⅲ因子に正の因子負荷を示した項目とモルモン書への信念に関する項目の計5項目，$\alpha=.64$）である。なお，モルモン書の項目は信念の項目として独立させることも考えられたが，第Ⅲ因子にも.337の負荷を示しており，込みにしたほうが尺度の信頼性が向上するため，このようにした。また，第Ⅳ因子に高い負荷を示した3つの項目については，尺度として独立させるには信頼性が低く（$\alpha=.34$），また，「モルモン信仰」の項目と込みにすると尺度としての信頼性が低下してしまうため，ここでは取り上げないことにした。

8章 民俗宗教と宗教性　173

　尺度を構成する各項目の評定値の合計得点を尺度得点として，各尺度得点の平均値を眺めてみると，まず，「加護観念」の平均値は17.7であり，この尺度の中位点とほぼ一致する。中位点は「どちらでもない」に相当するので，回答者の平均的な加護観念は肯定的とも否定的ともつかない，きわめて曖昧なレベルにあるといえよう。次に，「俗信・タタリ意識」の平均値（9.1）は「少し気になる」と「全然気にならない」とのほぼ中間に当たるので，回答者の平均的な俗信・タタリ意識はかなり弱い（「あまり気にならない」あたりか）と思われる。なお，この2つの尺度について，一世と二世[1]の平均値の差を検定したが，有意差は見られなかった。

　「現世利益的行動」については，尺度得点ではなく，それらの行為を行っている人の割合を見てみると，「おみくじ・易・占い」が25パーセント，「祈願」が7パーセント，「お守り・お札」が12パーセントであり，一世と二世の顕著な差はやはり見られなかった。1988年の世論調査の結果では順に21，32，35パーセントだったので（NHK放送世論調査部，1991），「おみくじ・易・占い」を実践した人の割合は全国平均とほぼ同じだが，残りの2つについてはかなり少ないことが分かった。おみくじや占いを実践している人が比較的多いのは，おそらく回答者に10代，20代の若い人達が多く含まれていたためと思われる。全国調査でも，これに関しては若い人の実践率が比較的高いことが示されているからである。

　これに対して，「モルモン信仰」の平均値は最大値（22）に近い20.4であった。標準偏差が1.77と小さく，また，一世と二世の平均値の差が有意ではなかったので，ほとんどの人がきわめて高いレベルの信仰を示していることが分かった。

　これらの結果から，まず，回答者のモルモン教への信仰は全体的にひじょうに強いといえる。質問紙は教会に来た人に配られたので，回答者には信者のなかでも比較的熱心な人が多く含まれたのであろう。これに対して，俗信・タタリ意識，現世利益的行動はともにかなり弱かったが，加護観念は弱いとはいうものの，それを拒否するレベルではなかったので，モルモン教という信仰をも

　1）　一世と二世というカテゴリーは，たとえば青年期に親と一緒に入信するケースなどでは，どちらに入るのかの判断が難しい（実際にはモルモン教ではそうしたケースはあまり見られなかったが）。ここでは，質問紙内で言葉の意味を説明し，回答者自身に自分がどちらであるか（あるいはどちらでもないか）を判断してもらった。

表 8-5 一世の宗教性の尺度間の偏相関係数

	加護観念	俗信・タタリ意識	現世利益的行動
モルモン信仰	.225	−.303*	−.383**
加護観念		.350*	.278†
俗信・タタリ意識			.230

注) $N=46$. $**p<.01$ $*p<.05$ $†p<.10$

っている人にとっても否定しがたい観念であることが窺われる。

3. 民俗宗教性とモルモン信仰のダイナミクス

宗教性の次元間の関係は、先の因子分析の結果にもある程度表れている。すなわち、第Ⅱ因子と第Ⅲ因子の内容から、モルモン書を強く信じている人は加護観念が弱く、また、信者としての行動を熱心に行っている人は現世利益的行動を行わない傾向があることが分かる。

民俗宗教性とモルモン信仰の関係をより明らかにし、また、一世と二世の信者の違いを検討するために、回答者を2つのグループ[1]に分け、それぞれについて、宗教性の2つの尺度の組み合わせごとに他の2つの尺度を統制変数とする偏相関係数を求めた。

表8-5に示すとおり、一世の信者については、加護観念と俗信・タタリ意識、加護観念と現世利益的行動との間に弱いながらも有意な正の相関が認められたので、加護観念の強い人は俗信やタタリの観念を信じ、現世利益的な習俗にも関わりやすい傾向があることが分かった。これに対して、モルモン信仰と俗信・タタリ意識、モルモン信仰と現世利益的行動の間には、やはり弱いが有意な負の相関が認められたので、モルモン教の信仰の強い人は俗信やタタリの観念を信じず、現世利益的な行動は行わない傾向があるといえる。

モルモン教の信仰と俗信・タタリ意識、現世利益的行動との関係については、信仰が民俗宗教性のうちのこの2つの側面を弱める働きをしていると解釈できるのではないだろうか。一世は民俗宗教性を土台としてもち、その上で信仰を獲得した人達だからである。ただし、もともと俗信・タタリ意識が薄く、現世

---

1) 人数は一世が102人、二世が26人であった。また、一世には青年期から成人期までの人が含まれたのに対して、二世はほとんどが学童期と青年期の人であり、年齢構成に大きな違いができてしまった。

表8-6 二世の宗教性の尺度間の偏相関係数

	加護観念	俗信・タタリ意識	現世利益的行動
モルモン信仰	−.259	.253	−.765**
加護観念		.182	−.112
俗信・タタリ意識			.531*

注) $N=14$. **$p<.01$ *$p<.05$

利益的行動を行わない人ほどモルモン教の信仰が強いという可能性もある。この点については,次の宗教的社会化に関する検討を待たなくてはならないが,どちらにしても,一世の信者においては,信者としてのアイデンティティに俗信・タタリ意識と現世利益的行動は統合されていないことが分かる。

　一方,二世の信者に関する結果は表8-6に示した。二世については,おそらくは回答者数が少なかったせいで,有意な相関があまり得られず,一世の場合ほど明確な関係を見ることはできなかった。有意だったのは,俗信・タタリ意識と現世利益的行動の正の相関,モルモン信仰と現世利益的行動の間の負の相関である。前者は一世には見られなかったものであり,二世においては俗信・タタリ意識と現世利益的行動との関連が強いといえる。後者の関係は一世にも見られたが,二世においてはその関係がより強く認められた。

4．一世・二世の宗教的社会化

　一世と二世の宗教性の違いには,性や年齢などの要因も関連していると思われる。また,一世にしろ二世にしろ,信者としての経験を積んでいくことによって変化する面もあるはずである。そこで,世代に加えて,性,年齢,入信年数の要因を取り上げ,信者の宗教性について検討する。年齢と入信年数はそれぞれ,宗教的生涯発達と集団内における宗教的社会化の指標である。なお,回答者に三世の信者は含まれていなかったので,世代の水準は2つである。

　4つの宗教性尺度をそれぞれ従属変数とし,年齢と入信年数を共変量,性と世代を要因とする共分散分析を行ったが,前もって要因と共変量の平行性の検定を行ったところ,「俗信・タタリ意識」では性と入信年数の間に交互作用が見られたので,この尺度については男女を別にして分析を行った。

　その結果,まず,年齢の効果はモルモン信仰においてのみ有意であり,年齢が高い人ほど信仰に熱心であることが示された。世代の要因との交互作用は見られなかったので,これは一世と二世とを問わない傾向である。真光の調査で

は行動の次元において同じ傾向が見られたが，モルモン信仰の尺度を構成する項目もほとんどが行動に関するものである。したがって，年齢の高い信者ほど宗教的活動が活発だという傾向はかなり広く認められることが示唆される。ただし，対象者には高齢者はほとんど含まれていないので，これは10代の初めから60歳くらいまでの傾向である。

次に，年数の効果は「加護観念」（$F(1,66)=3.07, p<.10$），「現世利益的行動」（$F(1,89)=9.2, p<.01$），「モルモン信仰」（$F(1,112)=6.89, p<.05$）の3つの尺度について有意，もしくは有意傾向であった。年数の影響の方向を調べるために，年数と尺度得点の相関を見たところ，年数と民俗宗教性尺度との相関はすべてマイナスであり，モルモン信仰との相関のみプラスであった。このことは，信者としての経歴が長くなるにつれてモルモン教の信仰は強くなり，逆に加護観念と現世利益的行動は弱まることを示している。なお，「俗信・タタリ意識」については女性の対象者についてのみ年数の効果が有意であり（$F(1,42)=10.53, p<.01$），年数と尺度得点との相関はやはりマイナスであったので，女性の信者は年数が長くなるほど俗信やタタリを信じる気持ちが低下することが分かった。

入信年数は入信後の社会化の指標であるが，大まかにいって，入信年数が長くなるにつれて民俗宗教性はより弱まり，モルモン教の信仰はより強くなるという結果が得られた。したがって，先に述べた仮説「モルモン教の信仰が民俗宗教性（俗信・タタリ意識と現世利益的行動）を弱める」は支持されたといえよう。ここには第2次的な宗教的社会化の成果が現れており，日本の民俗宗教とは異質な宗教への回心が民俗宗教性を低減すること，すなわち，信者の宗教性の根底に民俗宗教性があったとしても，それは信者としての宗教的アイデンティティが強化されるに伴って弱体化することを示している。

さらに，性および世代の効果について検討すると，主効果はどの尺度においても有意でなかったが，「モルモン信仰」（$F(1,112)=11.07, p<.01$）と「現世利益的行動」（$F(1,89)=11.56, p<.01$）の2つの尺度において，交互作用が有意であった。この2つの尺度得点の性と世代別の平均値を図8-1に示す。

単純効果を分析したところ，「現世利益的行動」に関しては，男性において世代の単純効果が有意（$F(1,89)=7.78, p<.05$）であり，同じく女性においても有意（$F(1,89)=7.17, p<.05$）であった。また，性の単純効果は一世において有意（$F(1,89)=4.09, p<.05$）であり，二世においてもやはり有意（F

8章 民俗宗教と宗教性

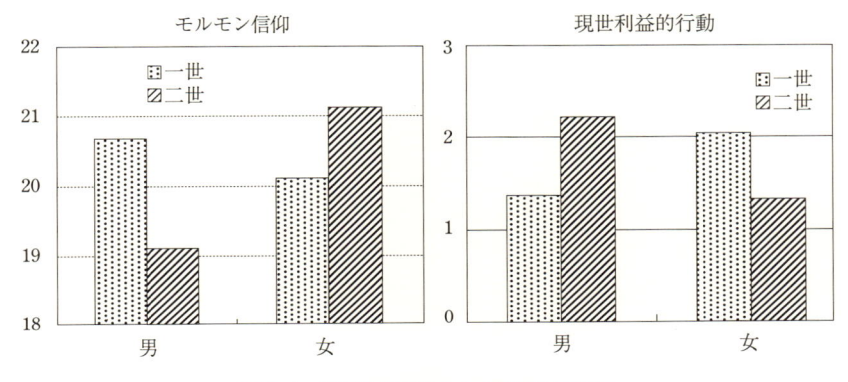

図8-1 交互作用が見られた尺度の平均値

$(1, 89) = 8.39$, $p < .01$)であった。また,「モルモン信仰」に関しては,単純効果を分析したところ,男性において世代の効果が有意($F(1,112) = 18.04$, $p < .01$)であり,女性においては有意傾向($F(1,112) = 3.61$, $p < .10$)であった。また,二世の水準において性の単純効果が有意($F(1,112) = 13.86$, $p < .01$)であった。以上の結果は次のようにまとめられよう。すなわち,男性の信者に関しては,二世は一世よりも現世利益的行動をやや多く実践しており,モルモン教の信仰は逆にやや弱かった。そして,女性の信者については男性とは反対に,一世よりも二世のほうがモルモン教の信仰がやや強く,現世利益的行動の実践はやや少なかったのである。

この結果については,二世の回答者数が少なかったこともあって,あまりはっきりしたことはいえないが,特に男性についての結果には興味深い点がある。というのも,前述のように,回答者に含まれた二世の信者はほとんどが学童期と青年期の人たちであり,平均年齢は17.3歳だった。したがって,これは青年に認められる「懐疑」の傾向と考えられるのである。前章の真光の調査では懐疑の傾向は一世の男性に認められたので,それとは異なっており,むしろ,子ども時代の信仰に対する懐疑という意味では,キリスト教社会において一般に認められる傾向と共通しているといえよう。ただ,真光でもモルモン教会でも,どちらも男性にのみ認められたという点は興味深い。

このような二世の懐疑の傾向は,信者の人の話からも窺われた。二世の信者が小学生のうちは熱心であっても,中学生,高校生の年齢になって教会に来なくなるというのはよくあることであり,二世信者の育成は教会にとって大きな

問題になっているそうである。聞き取りではその傾向は男女共に見られるとのことであったが，分析の結果を見るところでは，おそらく男性においてより顕著なのではないだろうか。本調査にはまったく信仰から離れてしまっている人は参加していないわけだが，そうした人を除いて，教会に通っている人を対象としてもこの傾向が見られたということは無視できない。今回の分析には残念ながら，二世の成人がほとんど含まれていなかったが，こうした二世の信者が今後どのように変わっていくのか，すなわち，「回心」を経て熱心な信者になるのか，それともいっそう教会から離れていくのかは，日本におけるモルモン教会の将来とも密接に絡んだ問題であり，注目されるところである。

あとがき

　本書は東北大学に提出した博士論文「新宗教の社会心理学的研究——回心・社会化・生涯発達」(2002年) をもとにしている。論文から本の形にするにあたって，一部を削除し，構成を変えるとともに，全体的に加筆修正を行った。各章の下敷きになった論文は以下の通りだが，博論をまとめる段階と今回の2度の手直しを経て，なかには表現・内容ともにかなり変化しているものがあることをお断りしておく。

　　第1章　書き下ろし
　　第2章　書き下ろし
　　第3章　「日本における宗教心理学の歴史と現状」心理学評論，*44*, 307-327, 2001.
　　第4章　「回心論再考——新宗教の社会心理学的研究に向けて」日本文化研究所研究報告，*31*（別巻），129-150. 1995.
　　第5章　「宗教と心理療法——人はいかに癒されるか」日本文化研究所研究報告，*32*（別巻），139-156. 1996.
　　第6章　書き下ろし
　　第7章　"Parental influence upon religious orientation in a Japanese new religious group" *Tohoku Psychologica Folia*, *49*, 90-96. 1990.
　　　　　「青年の忠誠心（fidelity）と宗教心 —— 事例分析をもとに」東北大学学生相談所紀要，*17*, 1-10. 1990.
　　　　　「宗教心の多元性について —— 性，年齢，入信後年数による検討」社会心理学研究，*9*, 13-21. 1993.
　　第8章　「外来宗教と民俗宗教とのダイナミクス —— モルモン教徒の世代による変化を中心に」宗教研究，*71*, 401-426. 1997.

　ここには含めなかったが，博論では「宗教の定義」に関する議論を試みた。宗教とそうでないものの境目が曖昧な現在，自分なりの視点をもつことが必要だと感じたからである。心理学の立場から宗教の定義を試みたものとしては，

金児（1997）による「宗教とは，超越的存在と関係する信念と実践の統一された体系である」というものがある。私自身は「集団によって共有される生と死および死後にまつわる信念と実践の体系」としたが，その際に主に指針としたのは加地（1994）の「宗教とは死ならびに死後の説明である」という定義である。というのも，多くの信者の方たちと接し，お話を聞くなかで，私が最も共感できたのが「死」の問題であった。逆にいえば，この部分で共感できるからこそ，曲がりなりにも調査を続けることができたのである。この問題については今後の課題としたい。

さて，博士論文を書き，本書を刊行するまでには多くの方々のお世話になった。

まず，卒論，修論以来，快く調査の願いを受け入れて下さった教団の方たち，部外者である私の無遠慮な観察を許し，インタビューに応じ，質問紙に回答して下さった大勢の信者の方たちに心より御礼を申し上げたい。当時，一人ひとりの方に十分なお礼と説明を述べることができなかったのが心残りである。

資金面では以下の研究助成をいただき，本書も科研費の出版助成を得て刊行することができた。記して感謝申し上げる。

　平成3年度上廣倫理財団研究助成
　平成7年度科学研究費補助金（奨励研究A）
　平成8年度庭野平和財団研究助成
　平成12年度科学研究費補助金（奨励研究B）
　平成15年度科学研究費補助金（研究成果公開促進費）

勉強も研究もマイペースで細々とやってきた私だが，それを支えて下さった先生方には改めて感謝申し上げたい。特に大橋英寿先生（元東北大学文学研究科教授，現放送大学教授・東北大学名誉教授）には学生・院生時代からその後も，常にご指導と暖かな励ましをいただいた。先生のフィールドワーカーとしてのお姿が身近にあってこそ，私も自分なりの研究を続けてこられたといえる。また，先生の激励がなかったら，博論をまとめることも，それを出版しようとすることもなかったのは間違いない。大淵憲一先生（東北大学文学研究科教授）には修論後に初めて質問紙調査を試みたとき，質問紙の作成や統計処理に関して忍耐強いご指導をいただき，また，博論の審査者として厳しいご指摘と心強

い励ましをいただいた。金児曉嗣先生（大阪市立大学文学部教授）は宗教に関する社会心理学的研究を続けておられる数少ない研究者で，ご研究から多くの示唆が得られただけでなく，折に触れてご助言と励ましをくださった。宗教学的宗教心理学に目を向けさせてくれたのは鈴木岩弓先生（東北大学文学研究科教授）である。先生からは博論に対しても重要なご指摘をいただいたが，なかなかお応えすることができず，今後の課題になってしまった。

　夫と娘にはたびたび大きな迷惑をかけてしまったが，ふたりの存在はいつも私を力づけてくれた。娘には特に毎日元気で保育園に通ってくれたことに心から感謝している。

　最後に，本書の編集と刊行にご尽力いただき，筆者の不慣れな点を補っていただいただけでなく，随所で的確なアドバイスをくださった新曜社の塩浦暲氏と鷲北繁房氏に厚く御礼申し上げます。

2004年1月

杉山幸子

文　献

[A] ──────────────────────────────

Allport, G.W. (1950) *The Individual and his Religion*. New York: The Macmillan & Co. 原谷達夫（訳）（1953）個人と宗教　岩波書店.

Allport, G.W. (1966) The religious context of prejudice. *Journal for the Scientific Study of Religion, 5*, 447-457.

雨宮一洋・中村昭之（1989）宗教意識に関する研究(1) ── 禅心理学的研究(316)　日本心理学会第53回大会発表論文集，159.

Ames, E.S. (1910) *The Psychology of Religious Experience*. Houghton Miffin.

安藤延男（1962）宗教的情操の因子分析的研究　教育・社会心理学研究, *3*(2), 54-63.

安藤延男（1963）宗教的情操尺度の標準化 ── 主として基督教的立場から　教育・社会心理学研究, *4*, 143-155.

安藤延男（1965）宗教的行為インベントリーの標準化 ── とくに基督教的との関連における　教育・社会心理学研究, *5*, 61-73.

安藤延男（1974）サーストン態度尺度の実施法に関する実験的研究　テオリア, *17*, 1-16.

安藤延男（1976）展望：宗教的態度の心理学的研究　テオリア, *19*, 19-40.

姉崎正治（1912）宗教と教育　博文館.

新屋重彦（1995）イギリスのキリスト教社会における病いの癒し　新屋重彦・島薗進・田邉信太郎・弓山達也（編）癒しと和解 ── 現代におけるCAREの諸相 (pp.197-215) ハーベスト社.

新屋重彦・島薗進・田邉信太郎・弓山達也（1995）癒しと和解　新屋重彦・島薗進・田邉信太郎・弓山達也（編）癒しと和解 ── 現代におけるCAREの諸相 (pp.1-12) ハーベスト社.

Argyle, M. (1958) *Religious Behaviour*. London: Routledge and Kegan-Paul.

Argyle, M. (1985) New directions in the psychology of religion. In B. Brown (Ed.), *Advances in the Psychology of Religion* (pp.8-17) Pergamon Press.

Argyle, M. & Beit-Hallahmi, B. (1975) *The Psychology of Religion*. London: Routledge & Kegan Paul.

[B] ──────────────────────────────

Batson, C.D. (1976) Religion as prosocial: Agent or double agent? *Journal for the Scientific Study of Religion, 15*, 29-45.

Batson, C.D. (1977) Experimentation in psychology of religion: An impossible dream. *Journal for the Scientific Study of Religion, 16*, 413-418.

Batson, C.D. (1979) Experimentation in psychology of religion: Living with or in a dream? *Journal for the Scientific Study of Religion, 18*, 90-93.

Batson, C.D., Schoenrade, P., & Ventis, W.L. (1993) *Religion and the Individual.* New York: Oxford University Press.

Becker, H.S. (1963) *Outsiders: Studies in the Sociology of Deviance.* New York: The Free Press. 村上直之（訳）（1978）アウトサイダーズ　新泉社.

Beckford, J.A. (1978) Accounting for conversion. *British Journal of Sociology, 29*, 249-262.

Beit-Hallahmi, B. (1974) Psychology of religion 1880-1930: The rise and fall of a psychological movement. *Journal of the History of the Behavioral Science, 10*, 84-90.

Beit-Hallahmi, B. (1984) Psychology and religion. In M.H. Bornstein (Ed.), *Psychology and its Allied Disciplines* (pp.241-282). New Jersey: Lawrence Erlbaum Associates, Inc.

Beit-Hallahmi, B. & Argyle, M. (1997) *The Psychology of Religious Behaviour, Belief and Experience.* London: Routledge.

Berger, P.L. (1967) *The Sacred Canopy: Elements of a Sociological Theory of Religion.* Doubleday and Co. 園田　稔（訳）（1979）聖なる天蓋　新曜社.

Berger, P.L. & Luckmann, T. (1966) *The Social Construction of Reality: A Treatise in the Sociology of Knowledge.* New York: Doubleday & Company, Inc. 山口節郎（訳）（1977）日常世界の構成　新曜社.

Brown, L.B. (1987) *The Psychology of Religious Belief.* London: Academic Press Inc.

Byrnes, J.F. (1984) *The Psychology of Religion.* New York: The Free Press. 望月一靖・丸茂湛祥（訳）（1987）宗教の心理学　恒星社厚生閣.

[C] ─────────────────────────────

Capps, D., Ransohoff, P., & Rambo, L. (1976) Publication trends in the psychology of religion to 1974. *Journal for the Scientific Study of Religion, 15*, 15-28.

Clark, E.T. (1929) *The Psychology of Religious Awakening.* Macmillan.

Clayton, R.R. (1971) 5-d or 1? *Journal for the Scientific Study of Religion, 10*, 37-40.

Clayton, R.R. & Gladden, L.W. (1974) The five dimensions of religiosity: Toward demythologizing a sacred artifact. *Journal for the Scientific Study of Religion, 13*, 135-143.

Coe, G.A. (1916) *The Psychology of Religion.* University of Chicago Press.

Comstock, G.W. & Partridge, K.B. (1972) Church attendance and health. *Journal of Chronic Diseases, 25*, 665-672.

[D] ─────────────────────────────

De Jong, G.F., Faulkner, J.E., & Warland, R.H. (1976) Dimensions of religiosity reconsidered: Evidence from a cross-cultural study. *Social Forces, 54*, 866-889.

Deconchy, J. P. (1985) Non-experimental and experimental methods in the psychology of religion: A few thoughts on their implications and limits. In L.B. Brown (Ed.), *Advances in the Psychology of Religion* (pp.76-112). Oxford: Pergamon Press.

de Sanctis, S. (1927) *Religious Conversion: A Bio-psychological Study*. New York: Harcourt, Brace.

Downton, J.V.Jr. (1980) An evolutionary theory of spiritual conversion and commitment: The case of Devine Light Mission. *Journal for the Scientific Study of Religion, 19*, 381-396.

Durkheim, É. (1912) *Les Formes élémentaires de la Vie religieuse, La Système totémique en Australie*. Paris. 古野清人（訳）（1975）宗教生活の原初形態（上・下）岩波文庫．

[E]

エアハート，バイロン・宮家　準（編）（1983）伝統的宗教の再生 ── 解脱会の思想と行動　名著出版．

海老澤亮（1932）宗教教育の心理的基礎　日本宗教教育協会．

Eliade, M. & Couliano, J.P. (1990) *Dictionnaire des Religions*. Plon, Paris. 奥山倫明（訳）（1994）エリアーデ世界宗教事典　せりか書房．

Erikson, E.H. (1958) *Young Man Luther: A Study in Psychoanalysis and History*. Norton & Company. 大沼　隆（訳）（1974）青年ルター　教文館．

Erikson, E.H. (1969) *Ghandhi's Truth: On the Origines of Militant Nonviolence*. Norton & Company. 星野美賀子（訳）（1973）ガンディーの真理　みすず書房．

[F]

Faulkner, J.E. & De Jong, G.F. (1966) Religiosity in 5-d: An empirical analysis. *Social Forces, 45*, 246-255.

Festinger, L., Riecken, H.W., & Schachter, S. (1956) *When Prophecy Fails: An Account of a Modern Group that Predicted the Destruction of the World*. Minneapolis: University of Minnesota Press.

Fromm, E. (1950) *Psychology and Religion*. New Haven: Yale University Press. 谷口隆之助・早坂泰次郎（訳）（1971）精神分析と宗教　東京創元社．

藤森英之（1975）精神分裂病の妄想主題の変遷について ── 明治・大正・昭和における松沢病院のカルテの検討から　精神神経学雑誌, *77*(6), 409-416.

藤沢敏雄・佐々木雄司・小野泰博・菅又淳・秋元波留夫（1966）宗教事象の社会精神医学的研究 ── 教団成立を支えるもの　精神医学, *8*(11), 50-54.

古野清人（1940）宗教心理の研究　河出書房．

古野清人（1948）宗教心理学説　養徳社．

二澤雅喜（1991）「自己開発セミナー」潜入体験記　二澤雅喜・島田裕巳（著）洗脳体験　JICC出版局．

二澤雅喜・島田裕巳(1991) 洗脳体験 JICC出版局.

[G]

Galanter, M. (1980) Psychological induction into the large-group: Findings from a modern religious sect. *American Journal of Psychiatry, 137,* 1574-1579.

Gallup Report (1987) *Religion in America,* Report No. 259, April.

Glock, C.Y. (1962) On the study of religious commitment. *Religious Education Research Supplement, 57,* 90-110.

Glock, C.Y. & Bellah, R.N. (1976) *The New Religious Consciousness.* University of California Press.

Gorsuch, R.L. (1982) Practicality and ethics of experimental research when studying religion. *Journal for the Scientific Study of Religion, 21,* 370-372.

Gorsuch, R.L. (1988) Psychology of religion. *Annual Review of Psychology, 39,* 201-221.

Grensted, L.W. (1952) *The Psychology of religion.* London: Oxford University Press. 小口偉一・松本滋(訳)(1961) 宗教の心理学 社会思想研究会出版部.

[H]

芳賀 学(1994a) 新宗教は何を与えるのか 芳賀学・弓山達也(著) 祈る ふれあう 感じる —— 自分探しのオデッセー (pp.72-112) IPC.

芳賀 学(1994b) 新しい自分へのプログラム 芳賀学・弓山達也(著) 祈る ふれあう 感じる —— 自分探しのオデッセー (pp.156-192) IPC.

芳賀 学・弓山達也(1994) 祈る ふれあう 感じる —— 自分探しのオデッセー IPC.

Hall, G.S. (1882) The moral and religious training of children. *Princeton Review, 9,* 26-45.

Hastings, P.K. & Hoge, D.R. (1986) Religious and moral attitude trends among college students, 1948-84. *Social Forces, 65,* 370-377.

畑中幸子(編)(1987) 現代のこころ 崇教真光 旺文社.

Heirich, M. (1977) Change of heart: A test of some widely held theories about religious conversion. *American Journal of Sociology, 83,* 653-680.

Hine, V.H. (1970) Bridge burners: Commitment and participation in a religious movement. *Sociological Analysis, 31,* 61-66.

Homans, P. (1979) *Jung in Context: Modernity and the Making of a Psychology.* The University of Chicago Press. 村本詔司(訳)(1986) ユングと脱近代 —— 心理学人間の誕生 人文書院.

Hood, R.W., Jr., Spilka, B., Hunsberger, B., & Gorsuch, R. (1996) *The Psychology of Religion: An Empirical Approach.* second edition. New York: The Guilford Press.

堀一郎(1963) 宗教・習俗の生活規制 未来社.

堀井茂男(1984) 森田療法と内観療法の比較 現代のエスプリ, *202,* 173-178.

堀尾治代(1977) 宗教的青年のパーソナリティ特性 —— 自我の強さを中心として 名古屋市立女子短期大学研究紀要, *26,* 113-118.

堀尾治代（1978）宗教的青年のパーソナリティ特性(2) 名古屋市立女子短期大学研究紀要，27, 165-171.

堀内治世・斎藤久美子・山本昭二郎・山本博子（1960）特殊宗教家のロールシャッハ反応心理学研究，31, 115-121.

Hunsberger, B. (1979) Sources of "Psychology of Religion" journal articles: 1950-1974. *Journal for the Scientific Study of Religion, 18,* 82-85.

Hunsberger, B. (1980) Problems and promise in the psychology of religion: An emerging social psychology of religion? *Canadian Journal of Behavior Science, 12,* 64-77.

Hyde, K.E. (1990) *Religion in Childhood & Adolescence.* Birmingham, Alabama: Religious Education Press.

[I]

井出定治（1982）異端とは何か いのちのことば社.

家塚高志（1956）宗教性の測定とその統計的研究についての一つの試み 宗教研究，149, 130-150.

家塚高志（1966）宗教的態度の構造 ― 測定のための基礎論 宗教研究，39, 447-468.

家塚高志（1972）宗教意識の因子分析的研究 宗教研究，46, 25-52.

飯沼龍遠（1918）現代日本人の信仰 心理学研究会出版部.

池田秀三（1998）自然宗教の力 ― 儒教を中心に 岩波書店.

池上 至・名尾智等・池田貞美（1955a）一新興宗教団体に於ける集団的精神療法の実態の心理学機制と，その効果の変化に関する研究 佐賀大学教育学部研究論文集，5, 32-92.

池上 至・名尾智等・池田貞美（1955b）新興宗教団体の集団治療に関するグループ・ダイナミックス的研究 日本グループ・ダイナミックス学会（編）グループ・ダイナミックスの研究3 第9章（pp.239-280）理想社.

今田 恵（1934）宗教心理学 日本メソヂスト学校局.

今田 恵（1947）宗教心理学 文川堂書房.

今田 恵（1953）序 オルポート（著）原谷達夫（訳）個人と宗教 岩波書店.

今井義忠（1939）民間信仰としての縁起 心理学研究，15, 305-330.

稲垣 卓（1976）神経症と宗教 臨床精神医学，5(8), 31-35.

井上順孝・孝本 貢・塩谷政憲・島薗 進・対馬路人・西山 茂・吉原和男・渡辺雅子（1981）新宗教研究調査ハンドブック 雄山閣.

井上順孝・孝本 貢・対馬路人・中牧弘允・西山 茂（編）（1996）新宗教教団・人物事典 弘文堂.

井上順孝・島薗 進（1985）回心論再考 上田閑照・柳川啓一（編）宗教学のすすめ（pp.86-111）筑摩書房.

井上順孝・月本昭男・星野英紀（編）（1996）宗教学を学ぶ 有斐閣選書.

入谷智定（1920）禅の心理的研究 心理学研究会出版部.

石神徳門（1912a）青年の宗教心 ── 信念初発の年齢及び其動機　心理研究，1，94-103.
石神徳門（1912b）宗教心理の研究　六合館.
石神徳門（1919）機能的宗教心理学　哲学研究，4(3)，1767-1792.
石黒釛二（1984）児童青年の宗教意識における性差と地域差　愛知学院大学文学部紀要，14，1-28.
石黒釛二・酒井亮爾（1984）青年の宗教意識に関する日米比較研究　人間文化，1，1-24.
石黒釛二・酒井亮爾（1987）青年の宗教意識に関する研究 ── 日本とカナダの比較　愛知学院大学文学部紀要，17，38-47.
石黒釛二・酒井亮爾・宮本真理（1990）大学生の宗教意識と家の宗教との関係　禅研究所紀要，18，233-251.
石黒釛二・酒井亮爾・許　心華（1988）青年の宗教意識に関する研究 ── 日本・台湾・米国・カナダの比較　人間文化，3，34-65.
石黒釛二・酒井亮爾・許　心華・山田ゆかり（1986）児童青年の宗教意識に関する研究 ── 日本と台湾の比較　人間文化，2，96-128.
石黒釛二・酒井亮爾・山田ゆかり（1985）高校生の宗教意識に関する研究 ── 宗教教育の効果　禅研究所紀要，14，303-322.
石黒釛二・酒井亮爾・山田ゆかり（1987）高校生の宗教意識に関する研究(2) ── 家の宗教との関係　禅研究所紀要，15，61-74.
石黒釛二・許　心華・酒井亮爾・山田ゆかり（1986）児童青年の宗教意識における性差と個人差 ── 台湾の場合　人間文化，2，60-95.
石井研士（1992）新宗教運動と世俗化　井門富二夫（編）多元社会の宗教集団（pp.208-232）大明堂.
石井研士（1997）データブック　現代日本人の宗教 ── 戦後50年の宗教意識と宗教行動　新曜社.
石川　准（1992）アイデンティティ・ゲーム ── 存在証明の社会学　新評論.
伊藤堅逸（1919）児童宗教教育の基礎　洛陽堂.
伊藤堅逸（1921）宗教心理学　洛陽堂.
伊藤雅之（1995）外来新宗教への入信プロセスの研究 ── ラジニーシ・ムーブメントの場合　平和と宗教，14，107-126.
伊藤雅之（1997）入信の社会学 ── その現状と課題　社会学評論，48，158-176.
伊藤雅之（2003）現代社会とスピリチュアリティ　溪水社.

［J］────────────────────────

James, W. (1902) *The Varieties of Religious Experience.* Longman. 桝田啓三郎（訳）（1969）宗教的経験の諸相（上・下）岩波文庫.
Jones, E.E. (1985) Major developments in social psychology during the past five decades. In G. Lindzey and E. Aronson (Eds.), *The Handbook of Social Psychology*

(pp.47-107). New York: Random House. 大橋英寿ほか（訳）（1996）アメリカ社会心理学の動向　東北大学部文学部心理学研究室（未公刊）.
Jules-Rosette, B. (1980) Ceremonial trance behavior in an African church: Private experience and public expression. *Journal for the Scientific Study of Religion, 19,* 1-16.

[K]

加地伸行（1994）沈黙の宗教 ── 儒教　ちくまライブラリー.
金児曉嗣（1988）現代人の宗教意識　大村英昭・西山　茂（編）現代人の宗教（pp.77-116）有斐閣.
金児曉嗣（1990a）住職の信仰タイプと宗教性 ── 心理学的正定聚類型論　大村英昭・金児曉嗣・佐々木正典　ポスト・モダンの親鸞（pp.161-189）同朋舎.
金児曉嗣（1990b）宗門人の信の構造　大村英昭・金児曉嗣・佐々木正典　ポスト・モダンの親鸞（pp.249-377）同朋舎.
金児曉嗣（1991a）現代における非合理の復権と家族の宗教観　教学研究所紀要, *1,* 144-170.
金児曉嗣（1991b）宗教性と死の怖れ　黒岩卓夫（編）宗教学と医療（pp.175-208）弘文堂.
金児曉嗣（1993a）日本人の民俗宗教性とその伝播　心理学評論, *36,* 460-496.
金児曉嗣（1993b）日本人の宗教性の特質とその現世利益志向の問題　濱口惠俊（編）日本型モデルとは何か ── 国際化時代におけるメリットとデメリット　新曜社.
金児曉嗣（1994）大学生とその両親の死の不安と死観　大阪市立大学文学部紀要, *46,* 1-28.
金児曉嗣（1997）日本人の宗教性 ── オカゲとタタリの社会心理学　新曜社.
金児曉嗣（1998）宗教と心理的充足感　濱口惠俊（編）世界のなかの日本型システム（pp.301-329）新曜社.
笠原芳光（1982）宗教の現在　人文書院.
河合伊六（1956a）キリスト教に対する態度尺度の構成 ── 宗教に対する態度の研究（1）　広島女学院大学論集, *6,* 11-21.
河合伊六（1956b）キリスト教に対する態度因子の分析 ── 宗教に対する態度の研究（2）　広島女学院大学論集, *6,* 23-30.
河合伊六（1957）キリスト教に対する態度の類型的因子の分析 ── 宗教に対する態度の研究（3）　広島女学院大学論集, *7,* 45-52.
河合伊六（1959）態度インヴェントリー試案 ── 宗教に対する態度の研究（V）　広島女学院大学論集, *9,* 69-84.
河合慎吾（1947）現在学生宗教意識　外事論叢, *1*(1), 50-75.
河合慎吾（1948a）現在学生宗教意識（二）　外事論叢, *2*(1), 42-63.
河合慎吾（1948b）現在学生宗教意識（三）　外事論叢, *2*(4), 55-72.
河合慎吾（1949）現在学生宗教意識（四）　外事論叢, *3*(1), 83-99.
川崎　肇（1971）幼児の神仏概念の把握について　宗教研究, *44,* 244-246.

城戸幡太郎（1918）児童の神に対する態度の発達　児童研究所紀要，*2*, 315-363.
城戸幡太郎（1928）神と命――古代日本民族の言霊信仰について　心理学研究，*3*, 644-672.
城戸幡太郎（1929）マドンナの芸術に表現された宗教意識の分析　心理学研究，*4*, 49-67.
城戸幡太郎（1930）現代と宗教の問題　宗教研究　新7(2)，1-18.
城戸幡太郎（1931）発生心理学より見たる宗教史の問題　宗教学紀要，114-118.
菊池章夫（1990）社会化の問題　斎藤耕二・菊池章夫（編）社会化の心理学ハンドブック（pp.1-13）川島書店．
Kilbourne, B. & Richardson, J.T. (1984) Psychotherapy and new religions in a pluralistic society. *American Psychologist, 39,* 237-251.
北村晴朗（1991）自我の心理・続考　川島書店．
北村晴朗（2001）全人的心理学――仏教理論に学ぶ　東北大学出版会．
Klaf, F.S. & Hamilton, J.G. (1961) Schizophrenia—A hundred years ago and today. *Journal of Mental Science, 107,* 819-827.
Klausner, S.Z. (1964) Methods of data collection in studies of religion. *Journal for the Scientific Study of Religion, 3,* 193-203.
Kleinman, A. (1980) *Patients and Healers in the Context of Culture; An Exploration of the Borderland between Anthropology, Medicine, and Psychiatry.* University of California Press. 大橋英寿・遠山宜哉・作道信介・川村邦光（訳）（1992）臨床人類学――文化のなかの病者と治療者　弘文堂．
國學院大學日本文化研究所（編）（1997）宗教と教育――日本の宗教教育の歴史と現状　弘文堂．
小松加代子（1992）都市とリバイバリズム　井門富二夫（編）多元社会の宗教集団（pp.144-166）大明堂．
近藤勝（1950）宗教的態度の発達に関する一研究　青年心理，*1*, 202-212.
小西輝夫（1966）宗教精神病理学の方法論的考察　精神医学，*8*(11)，913-917.
河野由美・金児曉嗣（1998）インド・ネパール・日本の看護婦と看護学生の死の不安と死観　日本社会心理学会第39回大会発表論文集，268-269.
河野由美・金児曉嗣（1999）大学生の宗教観と脳死・臓器移植への態度　日本社会心理学会第40回大会発表論文集，232-233.
Köse, A. (1996) Religious conversion: Is it an adolescent phenomenon? The case of native British converts to Islam. *The International Journal for the Psychology of Religion, 6,* 253-262.
Kroll-Smith, J.S. (1980) The testimony as performance: The relationship of an expressive event to the belief system of a holiness sect. *Journal for the Scientific Study of Religion, 19,* 16-25.
久保良英（1930）宗教心理学の研究法　精神医学，*5*, 605-632.

久保田圭伍（1992）自己実現論と宗教　脇本平也・柳川啓一（編）講座宗教学1　宗教体験への接近（pp.171-201）東京大学出版会.
熊野道子・金児曉嗣（1999）大学生の人生観と脳死臓器移植への態度　日本社会心理学会第40回大会発表論文集, 230-231.
桑田芳蔵（1913）宗教心理学に於けるゼームズ対ヴント　哲学雑誌, 28(318), 807-840.
桑田芳蔵（1914）宗教心理学の研究法及び参考書　心理研究, 6, 510-520.
桑田芳蔵（1916）霊魂信仰と祖先崇拝　心理学研究会出版部.
桑田芳蔵（編）（1931）松本亦太郎博士履歴年表　心理学及芸術の研究：松本亦太郎博士在職25年記念（下）(pp.2077-2080）改造社.

[L]

Lehr, E. & Spilka, B. (1989) Religion in the introductory psychology textbook: A comparison of three decades. *Journal for the Scientific Study of Religion, 28,* 366-371.
Leuba, J.H. (1912) *A Psychological Study of Religion.* New York: Macmillan.
Lindzey, G. & Aronson, E. (1969) *Handbook of Social Psychology* (2nd ed.). Massachusetts: Addison-Wesley.
Lofland, J. (1977) "Becoming a world-saver" revisited. *American Behavioral Scientist, 20,* 805-819.
Lofland, J. & Skonovd, N. (1981) Conversion Motifs. *Journal for the Scientific Study of Religion, 20,* 373-385.
Lofland, J. & Stark, R. (1965) Becoming a world-saver: A theory of conversion to a deviant perspective. *American Sociological Review, 30,* 862-875.
Lynch, F.R. (1977) Toward a theory of conversion and commitment to the Occult. *American Behavioral Scientist, 20,* 887-908.

[M]

真野一隆（1976）宗教への行動科学的アプローチ（Ⅰ）── 宗教的行動の予測に関する実験的研究　金城学院紀要, 13, 1-73.
真野一隆（1977）私学の女子高校生の宗教観・価値観・倫理道徳観と学業成績との関係について ── 宗教への行動科学的アプローチ（Ⅱ）　日本私学教育研究所紀要, 13, 311-339.
真野一隆（1978）女子高校生の価値構造に関する心理学的研究 ── 宗教への行動科学的アプローチ（Ⅲ）　日本私学教育研究所紀要, 14, 253-287.
真野一隆（1979）仮想的事態に於ける女子高校生の宗教的行動と結婚観との機能的相互依存関係に関する実験的研究 ── キリスト教主義学校に於ける宗教教育の評価の尺度構成の検討（宗教への行動科学的アプローチⅣ）　日本私学教育研究所紀要, 15, 275-314.
Matsui, H., Horike, K., & Ohashi, H. (1980) Rorschacha responses of Okinawa shaman "Yuta". *Tohoku Psychologica Folia, 39,* 85-99.

松井裕子・堀毛一也・大橋英寿（1982）沖縄のシャーマン〈ユタ〉のパーソナリティ特性 ── 11事例のロールシャッハ反応　ロールシャッハ研究, 24, 85-99.
松宮一也（1933）現代日本人の観たる基督教 ── 基督教に対する態度の研究　立教大学哲学パンフレット, 6, 1-26.
松本　滋（1979）宗教心理学　東京大学出版会.
松岡秀明（1992）思考転換と救い ── 信仰の内面化のプロセス　島薗進（編）救いと徳 ── 新宗教信仰者の生活と思想（pp.87-116）弘文堂.
松岡秀明（1993）日系新宗教への回心 ── ブラジル世界救世教の場合　宗教研究, 67, 325-348.
松島公望（2000）あるプロテスタント教会における日本人クリスチャンの宗教的人格形成 ── 神学生を通して捉えられる信仰深化（発達）過程　日本青年心理学会第8回大会.
松島公望（2002）日本における宗教性の発達および宗教意識に関する研究の概観（未発表論文）.
McGuire, M. (1977) Testimony as a commitment mechanism in Catholic pentecostal prayer groups. *Journal for the Scientific Study of Religion, 16,* 165-168.
三木善彦（1991）内観療法　黒岩卓夫（編）講座　人間と医療を考える②　宗教学と医療（pp.37-66）弘文堂.
宮本忠雄（1976）精神分裂病と宗教　臨床精神医学, 5(8), 937-945.
宮本忠雄・小田晋（1965）宗教病理　井村恒郎ほか（編）異常心理学講座5　社会病理学（pp.133-218）みすず書房.
宮永國子（1980）現代に生きる憑依と憑抜の論理 ── 世界真光文明教団の場合　宗教社会学研究会（編）宗教の意味世界（pp.117-138）雄山閣.
森　孝一（1996）宗教からよむ「アメリカ」　講談社.
元良勇次郎（1900）現在学生の宗教心に関する調査　哲学雑誌, 15(166), 1-38（附録）.
元良勇次郎　蠟瀬彦蔵（訳）（1905）東洋哲学に於ける自我の観念　哲学雑誌, 20(221-223), 附録1-40.
村瀬孝雄（1989）内観療法　土居健郎ほか（編）異常心理学講座9　治療学（pp.339-395）みすず書房.

[N]

鍋倉　勲（1979）教会学校における小学生の宗教意識(上) ── 教育対象者の理解のために　西南学院大学神学論集, 37, 83-98.
永井美紀子（1992）修養と呪術 ── 癒しをめぐる２つの志向　島薗進（編）救いと徳 ── 新宗教信仰者の生活と思想（pp.117-152）弘文堂.
永井美紀子（1995）新宗教における修養的な癒しと呪術的な癒し　新屋重彦・島薗進・田邉信太郎・弓山達也（編）癒しと和解 ── 現代におけるCAREの諸相（pp.89-110）ハーベスト社.

中島　誠・津島　忠（1960）現代学生と宗教 —— 実態調査に基づく考察　京都哲学会哲学研究, *41*, 199-238.

中牧弘允（1989）日本宗教と日系宗教の研究 —— 日本・アメリカ・ブラジル　刀水書房.

波平恵美子（1984）病気と治療の文化人類学　海鳴社.

ＮＨＫ世論調査部（1991）現代日本人の意識構造［第三版］日本放送出版協会.

西田公昭（1994）ビリーフの形成と変化の機制についての研究(3) —— カルト・マインド・コントロールにみるビリーフ・システム変容過程　社会心理学研究, *9*, 131-144.

西田公昭（1995）ビリーフの形成と変化の機制についての研究(4) —— カルト・マインド・コントロールにみるビリーフ・システムの強化・維持の分析　社会心理学研究, *11*, 18-29.

西谷謙堂（1944）青年学生の精神的構造 —— 青年学生の宗教（その一）　三田哲学会（編）哲学, *25・26*（合併），22-85.

西脇　良（2002）カトリック学校に通う学生の宗教意識 —— 宗教意識調査の結果報告　白百合女子大学キリスト教文化研究論集, *3*, 85-104.

西山美瑳子（1968）態度変容・思想改造における集団技法について　社会学評論, *72*, 33-49.

西山　茂（1976）宗教的信念体系の受容とその影響 —— 山形県湯野浜地区妙智会員の事例　社会科学論集（東京教育大学文学部紀要）, *23*, 1-73.

西山　茂（1978）新宗教の受容による伝統的宗教実践の変化 —— 山形県湯野浜地区妙智会員の事例　森岡清美（編）変動期の人間と宗教（pp.132-165）未来社.

西山　茂（1988）現代の宗教運動 ——〈霊＝術〉系新宗教の流行と「2つの近代化」　大村英昭・西山　茂（編）現代人の宗教（pp.169-210）有斐閣.

西山俊彦（1975）自我確立と社会性との相補性 —— 宗教的パーソナリティの検討を通して　年報社会心理学, *16*, 141-155.

西山俊彦（1985）宗教的パーソナリティの心理学的研究　大明堂.

西澤頼應（1918）現代学生の宗教心に関する調査　姉崎正治（編）現代青年の宗教心（pp.1-247）博文館.

西澤頼應（1938）悟の意識態　日本宗教学会第4回大会紀要, 86-92.

西澤頼應（1940）日本戦史に現はれたる宗教経験　宗教研究, 季刊 *2*(4), 868-882.

西澤頼應（1941）安心の構造 —— 戦争と宗教に関する一問題　宗教研究, 季刊 *3*(4), 741-754.

西澤頼應（1943）悟の表現 —— 宗教心理学的考察　宗教研究, 季刊 *4*(4), 748-753.

西沢　悟（1998）宗教心理と精神健康 —— 現代大学生について　北海学園大学学園論集, *96・97*, 1-65.

野村暢清（1951）宗教的人格の研究　北斗社.

野村暢清（1954）宗教（日本応用心理学会（編）心理学講座第12巻Ⅲ, Ⅶ）　中山書

店.
野村暢清（1960）最近の宗教心理学的研究の一二をめぐって —— 具体的研究方法に関する検討を主として　宗教研究, *34*, 28-49.
野村暢清（1983）宗教現象と生きがい　九州大学公開講座委員会（編）生きがいの探求　九州大学出版会.

[O]

大場千秋（1928）呪術の心理　心理学研究, *3*, 607-643.
大場千秋（1930）鳥居について　心理学研究, *5*, 1-17.
大場千秋（1931）呪の信仰　教育研究会.
大場千秋（1932）石占について　心理学研究, *7*, 267-278.
小幡　拓（1996）パーソナリティ特性が宗教的信念に及ぼす影響についての心理学的一研究　東北大学文学部卒業論文（未発表）.
小田　晋（1989）仏教と医学　湯浅泰雄（編）大系：仏教と日本人 3 密儀と修行（pp.275-319）春秋社.
小口偉一・堀一郎（監修）（1973）宗教学辞典　東京大学出版会.
小倉清三郎（1915）宗教心理学　警醒社書店.
大濱徹也（1990）近代日本のキリスト教　國學院大學日本文化研究所（編）近代化と宗教ブーム（pp.113-170）同朋舎.
大橋英寿（1998）沖縄シャーマニズムの社会心理学的研究　弘文堂.
岡　道固（1955）戦後学生の宗教意識　大阪市立大学　人文研究, *6*, 89-102.
大村英昭（1988）現代人と宗教　大村英昭・西山　茂（編）現代人の宗教（pp.1-31）有斐閣.
大村英昭（1990）死ねない時代 —— いま、なぜ宗教か　有斐閣.
大村英昭・金児曉嗣・佐々木正典（1990）ポスト・モダンの親鸞 —— 真宗信仰と民俗宗教のあいだ　同朋舎.
恩田　彰（1992）日本における東洋的行法の研究史　心理学評論, *35*, 3-21.
Otto, R. (1917). *Das Heilige*. 山谷省吾（訳）（1968）聖なるもの　岩波文庫.

[P]

Paloutzian, R.F. (1996) *Invitation to the Psychology of Religion*. second edition. Boston; Allyn and Bacon.
Pratt, J.B. (1920) *The Religious Consciousness*. Macmillan.
Pruyser, P.W. (1987) Where do we go from here?: Scenarios for the psychology of religion. *Journal for the Scientific Study of Religion, 26,* 173-181.

[R]

Ragan, C., Malony, H.N., & Beit-Hallahmi, B. (1980) Psychologists and religion: Professional factors and personal belief. *Review of Religious Research, 21*(2), 208-217.
Rambo, L.R. (1993) *Understanding Religious Conversion*. Yale University Press.

Reid, D. (1981) Remembering the dead: Change in protestant christian tradition through contact with Japanese cultural tradition. *Journal of Religious Studies, 8,* 9-33.

李　熙洙（1961）民間信仰の関係する反応性精神病の臨床的研究　精神神経学雑誌, *63,* 296-310.

Richardson, J.T. (1985a) The active vs. passive convert: Paradigm conflict in conversion/recruitment research. *Journal for the Scientific Study of Religion, 24,* 163-179.

Richardson, J.T. (1985b) Psychological and psychiatric studies of new religions. InL.B.Brown (Ed.), *Advances in the Psychology of Religion* (pp.209-223). Pergamon Press.

Richardson, J.T. (1995) Clinical and personality assessment of participants in new religions. *The International Journal for the Psychology of Religion, 5,* 145-170.

Richardson, J.T., & Stewart, M. (1977) Conversion process models and the Jesus movement. *American Behavioral Scientist, 20,* 819-838.

Rogers, D.P. (1965) Some religious beliefs of scientists and the effect of the scientific method. *The Review of Religious Research, 7,* 70-77.

[S]

佐伯真光（1991）アメリカ教の風景　悠飛社.

西光義敞（1995）仏教カウンセリングと心の癒し　仏教, *31,* 130-139.

堺榮之介（1922a）児童宗教心発達の研究　心理研究, *22*(128), 563-581.

堺榮之介（1922b）児童宗教心発達の研究（2）心理研究, *22*(129), 655-669.

堺榮之介（1922c）児童宗教心発達の研究（3）心理研究, *22*(131), 341-364.

堺榮之介（1922d）児童宗教心発達の研究（4）心理研究, *22*(132), 414-429.

堺榮之介（1923）児童宗教心発達の研究（5）心理研究, *23*(134), 106-126.

作道信介（1984）宗教集団の発展段階と入信過程 ── 宮城県Ｓ教会を対象として　日本文化研究所研究報告, *21*（別巻）, 80-108.

作道信介（2000）Ｓキリスト教会の発展過程 ── 集団のライフサイクル論の視点から　弘前大学人文学部『人文論叢』（人文科学篇）, *4,* 69-88.

桜井徳太郎（1980）総説　民俗宗教論をめぐって　五来重・桜井徳太郎・大島建彦・宮田登（編）講座・日本の民俗宗教５　民俗宗教と社会（pp.2-30）弘文堂.

真田孝昭（1979）予言がはずれた後に ── 日本の事例の再吟味　CISR東京会議紀要, 156-170.

佐々木雄司（1969）新興宗教　からだの科学, *29,* 70-73.

佐々木雄司（1977）宗教と精神科医療（民間療法を含む）　懸田克躬ほか（編）現代精神医学大系５Ｃ（pp.335-347）中山書店.

佐藤幸治（1951）人格心理学　創元社.

佐藤達哉・溝口　元（編著）（1997）通史　日本の心理学　北大路書房.

澤田頼應（1917）盲学生の宗教経験に関する調査　心理研究, *11,* 497-508.

Schleiermacher, F.E.D. (1799) *Über die Religion.* Berlin: Deutsche Bibliothek. 佐野勝

也・石井次郎（訳）（1949）宗教論　岩波文庫.
Schumaker, J.F. (Ed.) (1992) *Religion and Mental Health*. NewYork: Oxford University Press.
Seggar, J. & Kunz, P. (1972) Conversion: Evaluation of a step-like process for problem-solving. *Review of Religious Research, 13,* 178-184.
関　寛之（1944）日本児童宗教の研究　彰考書院.
島田裕巳（1997）神と空　海鳴社.
島薗　進（1988）生長の家と心理療法的救いの思想 ── 谷口雅春の思想形成過程をめぐって　桜井徳太郎（編）日本宗教の正統と異端（pp.67-90）弘文堂.
島薗　進（1989）都市型新宗教の心なおし ── ひとのみち教団の心理療法的救済信仰　湯浅泰雄（編）大系：仏教と日本人 3　密儀と修行（pp.321-369）春秋社.
島薗　進（1992a）民衆的キリスト教と現在　井門富二夫（編）多元社会の宗教集団（pp.169-191）大明堂.
島薗　進（1992b）新新宗教と宗教ブーム　岩波ブックレットNO.237.
島薗　進（1992c）新宗教の諸類型　同（著）現代救済宗教論　第 3 章（pp.62-80）青弓社.
島薗　進（1992d）日本の新宗教の異文化進出　同（著）現代救済宗教論　第 8 章（pp.185-220）青弓社.
島薗　進（1993）宗教的物語としての体験談　島薗　進・鶴岡賀雄（編）宗教のことば（pp.118-145）大明堂.
島薗　進（1995）救いから癒しへ ── 吉本内観とその宗教的起源　新屋重彦・島薗　進・田邉信太郎・弓山達也（編）癒しと和解 ── 現代におけるCAREの諸相（pp.263-282）ハーベスト社.
島薗　進（1996）精神世界のゆくえ ── 現代世界と新霊性運動　東京堂出版.
島薗　進・西平　直（編）（2001）宗教心理の探求　東京大学出版会.
清水雅人（1994）崇教真光　清水雅人（編）新宗教時代 2（pp.223-280）大蔵出版.
Singer, C. & Underwood, E.A. (1962) *A Short History of Medicine*. Oxford University Press. 酒井シヅ・深瀬泰旦（訳）（1985）医学の歴史　朝倉書店.
塩谷政憲（1978a）宗教集団における信仰治療 ── 善隣会の事例　宗教社会学研究会（編）現代宗教への視角（pp.159-175）雄山閣出版.
塩谷政憲（1978b）宗教集団への参加と人間変革　森岡清美（編）変動期の人間と宗教（pp.99-131）未来社.
Snow, D.A. & Machalek, R. (1984) The sociology of conversion. *Annual Review of Sociology, 10,* 167-190.
Snow, D.A. & Phillips, C.L. (1980) The Lofland-Stark conversion model: A critical reassessment. *Social Problems, 27,* 430-447.
薗田　坦（1989）宗教学の立場とその研究分野　石田慶和・薗田　坦（編）宗教学を学ぶ人のために（pp.3-24）世界思想社.

Spilka, B. (1978) The current state of the psychology of religion. *The Council on the Study of Religion Bulletin, 9,* 96-99.

Spilka, B., Hood, R.W., Jr., & Gorsuch, R.L. (1985) *The Psychology of Religion: An Empirical Approach.* New Jersey: Pretice-Hall.

Spinks, G.S. (1963) *Psychology and Religion: An Introduction to Contemporary Views.* London: Methuen & Co. Ltd. 久保田圭伍（訳）(1970) 人間心理と宗教　大明堂.

Staples, C.L. & Mauss, A.L. (1987) Conversion or commitment?: A reassessment of the Snow and Machalek approach to the study of conversion. *Journal for the Scientific Study of Religion, 26,* 133-147.

Starbuck, E.D. (1899) *The Psychology of Religion.* New York: Charles Scribner's Sons.

Stark, R. (1965) Social context and religious experience. *The Review of Religious Research, 7,* 17-28.

Stark, R. & Bainbridge, W.S. (1980) Networks of faith: Interpersonal bonds and recruitment to cults and sects. *American Journal of Sociology, 85,* 1376-1395.

Stark, R. & Glock, C. (1968) *American Piety: The Nature of Religious Commitment.* University of California Press.

Straus, R.A. (1979) Religious conversion as a personal and collective accomplishment. *Sociological Analysis, 40,* 158-165.

Strunk, O., Jr. (1957) The present status of the psychology of religion. *The Journal of Bible and Religion, 25,* 287-292.

杉山明子（1981）現代人の宗教意識　ジュリスト増刊総合特集, *21,* 123-131.

Sugiyama, S. (1990) Parental influence upon religious orientation in a Japanese new religious group. *Tohoku Psychologica Folia, 49,* 90-96.

杉山幸子（1993）宗教心の多元性について —— 性，年齢，入信後年数による検討　社会心理学研究, *9,* 13-21.

杉山幸子（1995）回心論再考 —— 新宗教の社会心理学的研究に向けて　日本文化研究所研究報告, *31*（別巻）, 129-150.

杉山幸子（1996）宗教と心理療法 —— 人はいかに癒されるか　日本文化研究所研究報告, *32*（別巻）, 139-156.

杉山幸子（1997）外来宗教と民俗宗教とのダイナミクス —— モルモン教徒の世代による変化を中心に　宗教研究, *71,* 401-426.

杉山幸子・丸山欣哉（1990）青年の忠誠心（fidelity）と宗教心 —— 事例分析をもとに　東北大学学生相談所紀要, *17,* 1-10.

鈴木榮吉（1932）基督教に関する意見の調査 —— 現代人の基督教観について　心理学研究, *7,* 929-942.

鈴木範久（1965）「日本人の宗教意識」研究について —— 付　文献目録　宗教研究, *38,* 441-452.

鈴木知準（1966）森田療法と禅　精神医学, *8*(11), 933-936.

宗教社会学の会（編）（1985）生駒の神々――現代都市の民俗宗教　創元社.
[T]
橘　覺勝（1936）老人の宗教経験　浴風園調査研究紀要, *11*, 1-100.
高田信良（1989）宗教心理学　石田慶和・薗田坦（編）宗教学を学ぶ人のために (pp.117-136) 世界思想社.
高木きよ子（1952）宗教的態度の比較調査――日米両国学生を調査対象として　宗教研究, *130*, 81-109.
高橋　弘（1996）素顔のモルモン教　新教出版社.
高良武久（1976）宗教と精神医学　臨床精神医学, *5*(8), 931-935.
高山真知子（1992）アメリカ史の謎　井門富士夫（編）多元社会の宗教集団――アメリカの宗教・第2巻（pp.109-143）大明堂.
竹中信常（1939）海濱児童の宗教関心の動機　心理学研究, *14*, 251-254.
竹中信常（1957）宗教心理の研究　青山書院.
田中廣吉（1914）信仰を基とせる道徳的陶冶の研究　廣文堂.
谷　富夫（1987）神秘から宗教へ――真光に集う若者たちの世界　畑中幸子（編）現代のこころ崇教真光（pp.107-116）旺文社.
谷　富夫（1993）新宗教青年層における呪術性と共同性――崇教真光を事例として　アカデミア人文・社会科学編, *57*, 149-271.
谷本　富（1916）宗教教育原論　大日本図書.
Thouless, R.H. (1923) *The Psychology of Religion*. Cambridge: Cambridge University Press.
対馬路人（1987）信念をともにする集団　佐々木薫・永田良昭（編）集団行動の心理学（pp.273-299）有斐閣.
[U]
上野隆誠（1935）宗教心理学　東洋図書.
宇野円空（1929）宗教民族学　岡書院.
宇野円空（1931）宗教学　岩波書店.
牛尾治代（1972）宗教的行動とパーソナリティ特性　教育心理学研究, *20*, 109-117.
[V]
Verbit, M.F. (1970) The components and dimensions of religious behavior: Toward a reconceptualization of religiosity. In P.E. Hammond and B. Johnson (Eds.), *American Mosaic* (pp.24-39). New York: Random House.
Vergote, A. and Tamayo, A. (1980) *The Parental Figures and the Representation of God: A Cross-cultural Study*. The Hague: Mouton Publishers.
[W]
脇本平也（1967）パーソナリティ論の一動向と宗教学の問題――A・H・マスロウを中心として　東京大学文学部研究報告　哲学論文集, *3*, 49-135.
脇本平也（1977）回心論　脇本平也（編）講座宗教学2　信仰のはたらき（pp.57-118）

東京大学出版会.
渡辺郁子 (1960) カーディナーにおけるパーソナリティ理論と宗教の問題　宗教研究, *34*, 106-127.
渡辺　学 (1994) ユング心理学と宗教　第三文明社.
渡辺　学 (1995) 宗教心理学　AERA Mook 宗教学がわかる (pp.22-23) 朝日新聞社.
渡辺雅子 (1978) 新宗教受容過程における「重要な他者」の役割 ―― 茨城県大津町, 立正佼成会信者の場合　森岡清美 (編) 変動期の人間と宗教 (pp.29-70) 未来社.
渡部美穂子・金児曉嗣 (1998) 自己の死と近しい他者の死への態度　日本社会心理学会第39回大会発表論文集, 260-261.
渡部美穂子・金児曉嗣 (1999) 大学生の死観・来世観と脳死臓器移植への態度　日本社会心理学会第40回大会発表論文集, 228-229.

[Y]

山田洋子 (1986) モデル構成をめざす現場心理学の方法論　愛知淑徳短期大学研究紀要, *25*, 31-51. (やまだようこ (編) (1997) 現場心理学の発想に再掲載)
やまだようこ (1995) 生涯発達をとらえるモデル　無藤　隆・やまだようこ (編) 生涯発達心理学とは何か ―― 理論と方法 (pp.57-92) 金子書房.
山形孝夫 (1981) 治癒神イエスの誕生　小学館.
山折哲雄 (1996) 近代日本人の宗教意識　岩波書店.
山崎末彦 (1940) 死に対する青年の心的態度　心理学研究, 15, 469-475.
柳川啓一 (1959) 宗教　尾高邦雄・他 (編) 講座現代社会心理学6　文化の心理 (pp.189-210) 中山書店.
柳原貞次郎 (1910) 宗教教育の一研究　京都帝国大学卒業論文 (未発表).
Yeatts, J.R. & Asher, W. (1979) Can we afford not to do true experiments in the psychology of religion? A reply to Batson. *Journal for the Scientific Study of Religion, 18*, 86-89.
Yinger, J.M. (1970) *The Scientific Study of Religion.* Macmillan Publishing Co., Inc. 金井新二 (訳) (1994) 宗教社会学Ⅱ　宗教と個人　ヨルダン社.
弓山達也 (1994) 自分を変えるセミナー　芳賀学・弓山達也 (著) 祈る　ふれあう　感じる ―― 自分探しのオデッセー (pp.114-154) IPC.
弓山達也 (1995) 天理教からほんぶしんへ　新屋重彦・島薗進・田邉信太郎・弓山達也 (編) 癒しと和解 ―― 現代におけるCAREの諸相 (pp.15-32) ハーベスト社.

[Z]

張(Zhang) 日昇・高木秀明 (1989) 大学生の宗教態度と宗教観に関する日中比較研究　横浜国立大学教育紀要, *29*, 121-135.

人名索引

[A]
秋元波留夫　93
Allport, G. W.　4, 19, 41- 42, 44, 141
雨宮一洋　144
Ames, E. S.　17, 34, 60, 63-68, 73, 79
安藤延男　46-47
姉崎正治　6, 36
新屋重彦　83, 86
Argyle, M.　4, 22-25, 43, 57, 75, 86, 88, 126, 144, 154
Aristotelēs　13
Aronson, E.　21
Asher, W.　24
Augustinus, A.　14

[B]
Bainbridge, W. S.　71
Batson, C. D.　8, 24, 141
Becker, H. S.　75, 117
Beckford, J. A.　76-77, 81
Beit-Hallahmi, B.　4, 7, 9, 15-16, 18-25, 58, 60, 68, 75, 86, 88, 126, 154
Bellah, R. N.　68, 161
Berger, P. L.　71, 103, 114, 126, 142
Brown, L. B.　7, 10, 19
Byrnes, J. F.　61, 74, 87

[C]
Capps, D.　23
千葉胤成　53
Clark, E. T.　60, 68, 74
Clayton, R. R.　143
Coe, G. A.　17, 60, 63, 66-68, 70
Comstock, G. W.　86

[D]
Couliano, J. P.　14
De Jong, G. F.　142
Deconchy, J. P.　24
de Sanctis, S.　60
Descartes, R.　14
de Xavier, F.　30
Downton, J. V., Jr.　70
Durkheim, É.　18

[E]
エアハート, B. H.　129
海老澤亮　38
Eliade, M.　14
Erikson, E. H.　4, 10, 19, 42, 51, 57, 64, 129, 137, 155

[F]
Faulkner, J. E.　142
Festinger, L.　51, 57
Frazer, J. G.　15
Freud, S.　3-4, 17, 22, 42
Fromm, E.　19, 141
藤森英之　94
藤沢敏雄　93
福来友吉　31
古野清人　41
二澤雅喜　101, 104

[G]
Galanter, M.　71
Gladden, L. W.　143
Glock, C. Y.　68, 86, 141-143

Gorsuch, R. L.　17, 22-24, 48, 59, 75, 87, 126, 141, 145
Grensted, L. W.　13

[H]
芳賀　学　101-102, 104
Hall, G. S.　15-16, 20, 32, 60
Hamilton, J. G.　88
Hastings, P. K.　136
畑中幸子　107
Heirich, M.　72, 79
Hine, V. H.　71, 75
Hoge, D. R.　136
Homans, P.　101
Hood, R. W., Jr.　22-23, 48, 59, 75, 87, 126, 141, 145
堀　一郎　iii
堀井茂男　92
堀毛一也　52
堀尾治代（牛尾治代）　52
堀内治世　52
星野英紀　5
Hunsberger, B.　19-20, 23-24, 26, 126, 141
Hyde, K. E.　75

[I]
井出定治　160
家塚高志　42-43, 46
飯沼龍遠　34-36, 44
池田貞美　50, 94
池田秀三　9
池上　至　50, 94
今田　恵　1-2, 20, 33, 38, 40-41
今井義忠　38
稲垣　卓　89
井上円了　53
井上順孝　5, 50, 58-59, 68, 80, 92-93, 107, 162
入谷智定　34-35, 38, 53

石神徳門　33-36, 44
石黒鈊二　45
石井研士　43, 69, 144
石川　准　101, 103-105
伊藤堅逸　32, 35-36, 38
伊藤雅之　i, 50, 70, 78, 82

[J]
James, W.　3-4, 14-16, 22, 34, 42, 57-58, 60-66, 68, 73, 76, 78, 125
Jones, E.E.　24, 40
Jules-Rosette, B.　75, 79
Jung, C.G.　4, 17, 22, 42-43

[K]
金児曉嗣　47-48, 54, 68, 126, 144, 169-170, 180
Kant, I.　14
Kardiner, A.　42
笠原芳光　91
河合伊六　45-46
河合慎吾　44
川崎　肇　49
城戸幡太郎　35-37
菊池章夫　128
Kilbourne, B.　101
北村晴朗　52-53
Klaf, F. S.　88
Klausner, S. Z.　23
Kleinman, A.　58, 85
Kohlberg, L.　128
小松加代子　59
孝本　貢　50, 80, 92, 107, 162
近藤　勝　49
小西輝夫　87
河野由美　48
Köse, A.　10
Kroll-Smith, J.S.　76, 78-79
久保良英　38

久保田圭伍　4, 42, 61
熊野道子　48
Kunz, P.　70
黒田　亮　53
桑田芳蔵　33-35, 37-39

[L]
Lehr, E.　22
Leuba, J. H.　16, 34, 60
Lindsey, G.　21
Locke, J.　14
Lofland, J.　69-70, 73-74, 79-80, 82, 93
Luckmann, T.　71, 126
Luther, M　65
Lynch, F. R.　70

[M]
Machalek, R.　77-79, 81
Malony, H. N.　25
真野一隆　47
Marcus Aurelius, A.　14
丸山欣哉　51
Maslow, A.　4, 20, 42
松井裕子　52
松宮一也　37-38, 40, 45-46
松本亦太郎　33-35, 37, 39
松本　滋　1-4, 17, 29, 42-43, 136
松岡秀明　50, 82, 95, 97
松島公望　45, 55
Mauss, A. L.　77-79, 81
McGuire, M.　75-76, 79
Mead, G. H.　66
三木善彦　92
宮家　準　129
宮本真理　45
宮本忠雄　88, 90
宮永國子　112
溝口　元　29-30, 35, 40
森　孝一　161

元良勇次郎　32, 36, 53
Müller, F. M.　5, 18
村瀬孝雄　92

[N]
鍋倉　勲　49
永井美紀子　96-97
中島　誠　44
中牧弘允　107, 162
中村昭之　144
波平恵美子　85
名尾智等　50, 94
西田公昭　51
西平　直　3, 42, 54
西谷謙堂　43-44
西脇　良　169
西山美瑳子　94
西山　茂　50, 74, 80, 92, 94-95, 97, 107, 134, 143, 159, 162
西山俊彦　52
西澤頼應　35-36, 38, 44
西沢　悟　48
野村暢清　41-43

[O]
大場千秋　37-38
小幡　拓　52
小田　晋　90-91
小倉清三郎　32
大濱徹也　158-159
大橋英寿　52-53, 125, 154
岡　道固　44
岡田恵珠　108
岡田光玉　107
大村英昭　54, 68, 163
恩田　彰　32, 35, 53
小野泰博　93
Otto, R.　18, 142

[P]

Paloutzian, R. F. 21, 26-27, 126, 128-129
Partridge, K. B. 86
Phillips, C. L. 70
Piaget, J. 42, 128
Platōn 13-14
Pratt, J. B. 17, 34, 60, 63-68, 77
Pruyser, P. W. 8-9

[R]

Ragan, C. 25
Rambo, L. R. 23, 58, 70
Ransohoff, P. 23
Reid, D. 158
李　熙洙　93
Richardson, J. T. 70, 78, 89, 101
Riecken, H. W. 51, 57
Rogers, C. 20
Rogers, D. P. 25

[S]

佐伯真光　163
西光義敞　91
堺榮之介　35-36
酒井亮爾　45
作道信介　50-51
佐久間鼎　53
桜井徳太郎　159
真田孝昭　51
佐々木正典　54
佐々木雄司　7, 93
佐藤幸治　52-53
佐藤達哉　29-30, 35, 40
澤田頼應　35
Schachter, S. 51, 57
Schleiermacher, F. E. D. 14
Schoenrade, P. 8
Schumaker, J. F. 48
Seggar, J. 70

関　寛之　39, 41
関口　榮　108
許　心華　45 (Sheu)
島田裕巳　101, 158
島薗　進　3, 7, 9, 42, 50, 54, 58-60, 68, 73,
　　80-81, 92, 94-95, 97, 99-100, 104, 129, 144
清水雅人　107
Singer, C. 84
塩谷政憲　50, 80, 92, 94
Skonovd, N. 73-74, 79-80
Snow, D. A. 70, 77-79, 81
薗田　坦　5
Spilka, B. 22-23, 48, 59, 75, 87-89, 91, 98,
　　126, 141, 145
Spinks, G. S. 13-14
Staples, C. L. 77-79, 81
Starbuck, E. D. 3, 15-18, 32-34, 49, 57-58,
　　60-68, 73, 78, 125
Stark, R. 69-71, 74, 79-80, 82, 86, 93
Stewart, M. 70
Straus, R. A. 78
Strunk, O., Jr. 16-17
菅又　淳　93
杉山明子　90
杉山幸子　48-49, 51, 143, 170
鈴木榮吉　37
鈴木範久　42
鈴木知準　92

[T]

橘　覺勝　38, 48
高田信良　3, 15, 57, 59
高木秀明　45
高木きよ子　42
高橋　弘　160
高良武久　91
高島平三郎　35
高山真知子　161
竹中信常　38, 41, 63, 66, 80

Tamayo, A. 10
田中廣吉 33-36
谷　富夫 130, 133-4
谷本　富 33-34, 36
Thouless, R. H. 60
Tolstoi, A. K. 14
月本昭男 5
対馬路人 3, 50, 80, 92, 107, 162
津島　忠 44
Tylor, E. B. 15

[U]
上野隆誠 40-41
Underwood, E. A. 84
宇野円空 40
牛尾治代（堀尾治代） 52

[V]
Ventis, W. L. 8
Verbit, M. F. 143
Vergote, A. 10

[W]
脇本平也 42, 57, 67, 80

Warland, R. H. 142
渡辺郁子 42
渡辺　学 4, 43, 101
渡辺雅子 50, 80, 92, 129
渡部美穂子 48
Whitman, W. 14
Wundt, W. 13, 16, 29, 33-35

[Y]
山田洋子（やまだようこ） 55, 128
山田ゆかり 45
山形孝夫 86
山折哲雄 157
山崎末彦 38, 48
柳川啓一 41-42, 51
柳原貞次郎 33, 36
Yeatts, J. R. 24
Yinger, J. M. 86-87, 89
吉原和男 50, 80, 92
吉本伊信 92
弓山達也 97, 101-102

[Z]
張　日昇 (Zhang) 45

事項索引

［アルファベット］
ＥＳＰ科学研究所　100
ＧＬＡ　32, 95
Ｌ・Ｈ陽光子友之会　107
ＴＡＴ　41

［あ行］
アイデンティティ：
　――の維持　114
　――の確立　64, 155
　――の構築　101, 107, 125
　――の変容　76, 78
　新しい――　105, 124
　宗教的――　159, 176
証　75-76, 79
阿含宗　32, 95
アニミズム　126
アメリカ心理学会　21, 25
暗示　64, 79
安全な港　89, 91
安息日　163

生きがい　93
異言　71, 75, 89
意志型（の回心）　62
イスラム教　5, 9-10
一世の組み手　146, 152
一世の信者　174
一夫多妻制　161
イーミック（emic）　11, 56
意味の探求者　78
癒し　83, 96
　――のニーズ　103
　共同体の――　98, 100, 121, 124, 138, 140, 168
　修養的な――　96, 99, 168
医療人類学　58, 85
因子分析　45-47, 148, 169

エティック（etic）　9
エホバの証人　74, 76
エンカウンター・グループ　101

オウム真理教（現アーレフ）　32
大本教　31, 44, 95, 116
お浄め　110
　――による身体感覚　118
おすがり　94
御み霊　110

［か行］
懐疑　135, 137, 153, 177
解釈図式の学習　118
回心　10, 15, 38, 41, 49, 57, 62-63, 69, 78, 87, 89, 95, 125, 136, 166
　――の年齢　61, 74
　――プロセス　93, 96
　――モチーフ　73, 79, 81
　――モデル　70
　――物語　76, 81, 124
　――論　80
　意志型の――　62
　急激な――　74, 88-89, 126
　自己放棄型の――　62
　受動型の――　61, 64, 73, 78, 96
　罪からの脱出型の――　61
概念化　4
戒名の付け替え　164

戒律　162
カウンセリング　7, 87, 94
科学的心理学（科学としての心理学）　2, 13, 17
隔離型（の教団）　100, 105
隠れた動機　8, 24
加護観念　170, 173
家族内ネットワーク　140
語りの世界の変容　76, 79
カトリック　7, 30, 52
神概念　10
神々のラッシュアワー　31
カリフォルニア権威主義尺度（Fスケール）　52
カリフォルニア人格検査（CPI）　52
カルト　68
感覚遮断　75
還元主義的傾向　9
感情的な絆　70
勧誘　104

儀式というパフォーマンス　75
擬似実験法　23-24
奇跡　116
狐憑き　90
機能心理学　63
ギャラップ調査　145
急激な回心　74, 88-89, 126
共感　123
教条主義　52
共同体：
　——の癒し　98, 100, 121, 124, 138, 140, 168
　——の次元　142, 148, 155
　宗教の——　143
　信仰——　97, 100
　新宗教の——　105, 121
共分散分析　152, 175
ギリシア正教　31

ギリシア哲学　13
キリスト教　5, 7, 9, 14, 18, 30-31, 33, 36, 41, 44, 46, 86
　——的態度　157
　——に対する態度　37, 45
　日本の——　159
「義理」モチーフ　80

組み手　109
　一世の——　146, 152
　二世の——　146, 149
　未——　122
クラーク学派　16, 60
グループ・ダイナミクス　50, 94, 101
黒住教　116

経験的研究　22, 72
系図の作成　163
権威主義 - 人間主義　141
研究対象　5, 8
現世利益的行動　171, 173

業　52
行動主義　17, 20, 39
行動の次元　141, 146, 154
幸福の科学　73
交流分析　101
心なおし　7, 95, 98, 115
　心理技術的——　99
個人参加型（の教団）　73, 100, 104-105
個人心理学　61
個性記述的アプローチ　56
国家神道体制　30
古典的宗教心理学　15, 33, 36, 39, 49, 166
コミットメント　49
固有意識　53
金光教　31, 95
根本主義的セクト　104

[さ行]

催眠 64
下がる心 98, 115
サーストン法 38, 45-46
座談会 50, 94, 98, 122

死 38, 48, 55, 109
自我確立 52
自我の強さ尺度 52
思考転換 95
自己啓発セミナー 100
自己実現 4, 73, 101
　──論 42
自己像 102
自己変革 102
自己変容 78
自己放棄型（の回心） 62
死者の供養 169, 172
死者のバプティスマ 163, 172
自然崇拝 126
実験法 23-24, 55
実証的研究 2, 22, 39, 80
質問紙法 15, 24, 35, 39, 43, 55
児童の宗教心 33, 35, 39, 41
自分探し 101
市民宗教 161
社会化 88, 91, 124-125, 128
　──のエージェント 128, 133
　──の失敗 126
　宗教的── 67, 125-126, 128, 151-152, 175-176
　第1次的── 126
　第2次的── 126
社会学 58
社会心理学 2, 40, 58
社会性 52
社会精神医学 93
社会的アイデンティティ 121

社会的学習 126
シャーマニズム 53, 58, 84
シャーマン（ユタ） 52
宗教：
　──的アイデンティティ 159, 176
　──的行為 46
　──的行動の予測 47
　──的社会化 67, 125-126, 128, 151-152, 175-176
　──的生涯発達 127, 175
　──的情操 46
　──的な自己実現 66
　──的パーソナリティ 41, 55
　──的発達 128, 149
　──と心理療法の融合 99
　──と偏見 19
　──に対する態度 46
　──の共同体 143
　──の衰退 68
　──復興 26
　術の── 94, 99
　信の── 94, 98, 168
宗教意識 55
　──調査 42-43
宗教回帰 69
宗教学 3, 5-6, 41-43, 54
　──的宗教心理学 1, 4, 29
宗教教育 36, 38
宗教経験 75
『宗教研究』 37, 39, 41
宗教史的回心研究 81
宗教社会学 69
宗教心の発達 35-36, 49
宗教心理学の研究法 34, 38
宗教性：
　──尺度 172
　──の構造 143
　──の次元 141, 148
宗教精神病理学 87

「宗教的心理学」 68
宗教的態度 19, 23, 42, 45-46, 49, 55
『宗教年鑑』 144
集団療法 7, 50, 93
十分の一の律法 163
修養団捧誠会 97
修養的な癒し 96, 99, 168
重要な他者 71, 80, 103
儒教 9
受光者 110
呪術的カルト 104
呪術的な癒し 96, 99, 116, 138-139
術の宗教（〈霊＝術〉系新宗教） 94, 99
受動型（の回心） 61, 64, 73, 78, 96
受動主義 79
受容 123
純潔 163
浄土真宗 47, 52, 91-92
初期宗教心理学 15, 33, 67
初級研修会 110, 114
人格心理学 19, 41, 52
人格の統一 64
進化論 15
信教の自由 30-31
神経症 89, 93
信仰共同体 97, 100
信仰治療 54, 85
信仰復興運動（→リバイバルも参照） 18, 59, 88
人工物としての回心体験 65
新宗教 7, 9, 26, 31
　——運動 69
　——の「家の宗教」化 127
　——の海外進出 81
　——の共同体 105, 121
　——の類型論 94
　——への入信 50, 80
新新宗教 8, 31, 95, 101
深層心理学 17, 42, 58

身体距離 121
身体接触 121
身体のお浄め 111
神殿 110
神道 9, 30, 41
信念の次元 141, 146, 153
信の宗教 94, 98, 168
神秘主義的ネットワーク 104
神秘(的)体験 60, 62, 87, 89, 104, 154
神仏分離 30
親密な人間関係 103, 105-106
『心理学研究』 37-38, 41
心理学の宗教心理学 1, 29, 54
心理学のパラダイム 9
心理技術的心なおし 99
『心理研究』 33, 37
心理 - 社会決定論 70
心理 - 宗教複合的の運動 8
心理セミナー 101
『心理学叢書』 37
『心理叢書』 34, 37
心理的人間 100-101
心理療法 8, 91
新霊性運動 8-9

崇教真光 49, 52, 107, 130, 166
救い 83, 93, 95

性 144
　——による違い 153-154
生活法 39
清浄化 112, 119, 137
精神世界 101
精神的覚醒型（の回心） 61
精神的健康 48
精神病理学 58
精神分析学 17, 19
精神分裂病（統合失調症） 88, 93
精神療法 89

事項索引　209

生態学的妥当性　24
生長の家　99
青年：
　　――の宗教意識　44-45
　　――の宗教心　33, 35
青年心理学　45
生理心理学　2
世界救世教　107, 116
世界真光文明教団　107
施光者　110
世俗化　7, 25, 68
絶対依存の感情　14
世論調査　90, 144, 157
禅　35, 38, 53, 55, 91
禅宗　52
洗脳　67, 72, 74, 79
善隣会　50, 94

創価学会　31, 50, 77, 93-95, 98, 130, 134, 159
俗信・タタリ意識　173
祖先崇拝　126, 164, 171
祖霊祀り　109, 115, 139

[た行]
第1次的社会化　126
体験の次元　142, 148, 154
体験発表　81, 124
対人関係　71
対人的な絆　72
代替宗教としての心理学　4
態度研究　40, 42
態度尺度　46-47
第2次的社会化　126
太霊道　95
脱会　145
種人　109
魂のお浄め　111
檀家制度　30, 90

知恵の言葉　163
中間型（の教団）　100, 105
忠誠　137-138
罪からの脱出型（の回心）　61

手かざし　50, 103, 110, 116
　　――のスキル　120
デモグラフィック変数　72
てんかん　93
伝記的再構成　77
天理教　31, 52, 95

統一教会　32, 71
統計的手法　4
統合失調症（精神分裂病）　88, 93
道場　108, 110
特性不安　52
土着化　158
トランス　75

[な行]
内観　92, 99
内発的-外発的　141

二世の組み手　146, 149
二世の信者　175
日本教　158
日本人の宗教性　43, 47, 55, 157
『日本心理学雑誌』　37
日本のキリスト教　159
入会　49, 80
入信　33-34, 36, 38, 49, 69, 80, 125
　　――以前の宗教経験　168
　　――動機　83, 129, 133, 166
　　――年数　144, 153-154, 176
人間性心理学　42
認知心理学　17

認知的不協和理論　51

ヌミノーゼ　142

年齢　144, 151, 153-154, 175

能動型（の回心）　61, 96
能動主義　79, 81
能動的行為者　70

[は行]
剥奪理論　79-80
パーソナリティ心理学　2
パーソナリティ理論　42
発達心理学　128
場の開放性　122

比較宗教　14
比較文化的研究　45
ひとのみち教団　31, 99
火の洗礼　109
火のバプティスマ　165
ヒューマニスティック心理学　20
憑依霊　112
病気治し　84, 96, 112
平等性　122
ビリーフ（belief）　51

フィールドワーク　24, 53, 56
福音主義　64
仏教　5, 7, 9-10, 30, 41, 89
　　──カウンセリング　91
　　──心理学　53
浮霊　112
プロテスタント　9, 30, 52
文化化　126
文献法　35
分散分析　150

ヘルス・ケア・システム　85
変性意識状態（ASC）　53, 103
ペンテコステ運動　60

法座　50, 94
方法　23, 55
菩薩的人間　52
牧会カウンセリング　18
牧会心理学　7-8, 18
ほんぶしん　97
ほんみち　31

[ま行]
マインド・コントロール　51
末日聖徒イエスキリスト教会　160
真光　32, 50, 95, 107
　　──の世界観　109
　　──の業　109

見えざる国教　161
未組み手　122
見調べ　92
水子供養　170
水のバプティスマ　165
妙智会　143, 159
民間信仰　91, 93
民俗宗教　9, 159
　　──性　47-48
民族心理学　16, 34, 37-38

無意識　58
無我　52
空しさ　136-137

迷信・俗信　169
瞑想　53, 55, 99
メソディスト（メソジスト）　62, 74

モデル構成　55

森田療法　92
モルモン教　18, 48, 71, 130, 160
　──の布教　162
　──への入信　165
モルモン信仰　171, 173

[や行]――――――――――――――
薬物体験　75

ユタ（シャーマン）　52, 154
ユダヤ教　7
ユダヤ‐キリスト教　9-10
緩やかな回心　74, 89, 126

[ら行]――――――――――――――
ライフサイクル　129

リッカート法　46
立正佼成会　31, 50, 93-95, 98
リバイバル　59-60, 63, 88
理論　4, 23
臨床心理学　2

霊魂観念　144
霊主心従体属　113
〈霊＝術〉系新宗教　74, 94
霊障　109, 139
霊動　112
霊友会　81, 93

ローカス・オブ・コントロール　52
ローマ・カトリック　31
ロールシャッハ・テスト　52

著者紹介

杉山　幸子（すぎやま　さちこ）

1963年生まれ。茨城県出身。
東北大学文学部卒業。東北大学大学院文学研究科博士課程中退。
東北大学助手を経て，現在，岩手大学非常勤講師。文学博士。
盛岡市在住。
専門は社会心理学，宗教社会心理学。
共著に『おとなのメンタルヘルス・エッセンス　働くこと，楽しむこと』（日本文化科学社）。

新宗教とアイデンティティ
回心と癒しの宗教社会心理学

初版第1刷発行　2004年2月5日©

著　者　杉山幸子
発行者　堀江　洪
発行所　株式会社　新曜社
　　　　〒101-0051　東京都千代田区神田神保町2-10
　　　　電話(03)3264-4973・FAX(03)3239-2958
　　　　e-mail : info@shin-yo-sha.co.jp
　　　　URL　http://www.shin-yo-sha.co.jp/

印刷　光明社　　　　　　　　　　　　Printed in Japan
製本　光明社
　　　ISBN4-7885-0881-8 C1011

新曜社の関連書から

日本人の宗教性　オカゲとタタリの社会心理学
金児曉嗣　　　　　　　　　　　　　　　　　Ａ５判464頁・本体5500円

データブック現代日本人の宗教　戦後50年の宗教意識と宗教行動
石井研士　　　　　　　　　　　　　　　　　四六判248頁・本体2400円

銀座の神々　都市に溶け込む宗教　【日本宗教学会賞受賞】
石井研士　　　　　　　　　　　　　　　　　四六判302頁・本体2400円

宗教人類学　宗教文化を解読する
佐々木宏幹・村武精一編　　　　　　　　　　四六判296頁・本体2200円

聖なる天蓋　神聖世界の社会学
Ｐ．バーガー　薗田 稔訳　　　　　　　　　　四六判312頁・本体2600円

現実の社会的構成　知識社会学論考
Ｐ．バーガー・Ｔ．ルックマン　山口節郎訳　　四六判344頁・本体2900円

ワードマップキリスト教　その思想と歴史
久米 博　　　　　　　　　　　　　　　　　　四六判264頁・本体2000円

ワードマップ神道　日本生まれの宗教システム
井上順孝編　　　　　　　　　　　　　　　　四六判272頁・本体2200円

世界のなかの日本型システム
濱口惠俊編著　　　　　　　　　　　　　　　Ａ５判408頁・本体5500円

アジアの宗教と精神文化
脇本平也・田丸德善編　　　　　　　　　　　Ａ５判552頁・本体5300円

現場心理学の発想（フィールド）
やまだようこ編　　　　　　　　　　　　　　Ａ５判208頁・本体2400円

エリクソンは語る　アイデンティティの心理学
Ｒ．Ｉ．エヴァンズ　岡堂哲雄・中園正身訳　　四六判208頁・本体1700円

表示価格は税を含みません。